财务管理

理论·实务·课程思政案例

王金平　王　霞　主　编
全佳瑛　副主编

上海财经大学出版社

本书由上海财经大学浙江学院发展基金资助出版

图书在版编目(CIP)数据

财务管理:理论·实务·课程思政案例/王金平,
王霞主编. --上海:上海财经大学出版社,2025.7.
ISBN 978-7-5642-4656-3

Ⅰ.F275

中国国家版本馆 CIP 数据核字第 2025LM8241 号

□责任编辑　肖　蕾
□封面设计　张克瑶

财务管理:理论·实务·课程思政案例

王金平　王　霞　主　编
全佳瑛　　　副主编

上海财经大学出版社出版发行
(上海市中山北一路 369 号　邮编 200083)
网　　址:http://www.sufep.com
电子邮箱:webmaster@sufep.com
全国新华书店经销
上海景条印刷有限公司印刷装订
2025 年 7 月第 1 版　2025 年 7 月第 1 次印刷

787mm×1092mm　1/16　16.25 印张　317 千字
定价:48.00 元

前　言

《财务管理：理论·实务·课程思政案例》是高校财会专业"财务管理专题"课程的配套用书，根据财政部颁布的规范性文件、指引和学术界的最新研究成果编写。本书既适用于高等院校财会相关专业的学生学习，也可作为会计执业者、企业管理者、会计专业教师和自学者的参考用书。

本书以我国财政部《企业财务通则》为依据，以公司制企业为研究对象，系统阐述了财务管理的概念、目标与环境，以及财务管理的基础知识。在此基础上，本书详细介绍了企业长期债务筹资和权益筹资、资本成本和资本结构、项目投资与证券投资、营运资金与利润分配、企业并购与风险管理等内容。各章中的"课程思政案例及延伸阅读"紧扣章节知识点，旨在培养学生的综合素质和专业能力，深化他们对财务管理理论与实践的理解，同时加强其对企业社会责任和职业道德的认识，为未来的职业生涯奠定坚实的基础。

为满足新时期我国高等院校教学改革对新型专业教材的需求，本书突出案例教学与思政元素融合的特色。各章均设置了明确的"思政目标"和涵盖主流价值观的"育人元素"，通过典型案例分析和延伸阅读，实现了知识传授与价值引领的有机结合。本书具有以下三个显著特点：

第一，强调重点与完整相协调。在内容安排上，本书精选了财务管理领域的核心知识点，并在各章设置了"知识链接"及兼具研究性、解释性和探索性的"延伸阅读"，以促进学生对专业知识的理解，激发他们的学习热情。这种协调不仅有助于学生掌握财务管理的关键概念和技能，也保证了学习过程的系统性和连贯性。

第二，深化理论与实务相结合。在介绍财务管理的基本原理时，各章挑选了与知识点密切相关的现实经济活动案例，并设置了"案例讨论与升华"，引导学生将理论知识与实际问题相结合，进行深入分析和探讨，以培养批判性思维和创新能力。这种结合方式增强了教材的实用性,使学习过程更加生动有趣。

第三,注重教学与思政相融合。教材各章设置了明确的思政目标,围绕章节知识点设计了"课程思政案例"。通过具体的情境设计,凝练思政意义、突出价值引领,将思政元素自然地融入财务管理的教学。这种融合提升了教材的教育价值,帮助学生在掌握专业知识的同时,树立正确的价值观,全面提升综合素质。

本书由上海财经大学浙江学院会计系王金平和上海财经大学会计学院副教授、上海财经大学浙江学院会计系副主任王霞担任主编,负责全书提纲的拟定以及书稿的修改、补充和总纂等工作;上海财经大学浙江学院会计系全佳瑛担任副主编。具体分工如下:第一章由王金平、王霞合作编写;第二章由全佳瑛编写;第三章由陈玉佼编写;第四章由吴晶编写;第五章由郭萍编写;第六章由范理编写;第七章由陆怡倩编写。

本书的出版得到了上海财经大学浙江学院发展基金的大力支持。此外,上海财经大学会计学院副教授官峰对本教材的编写提供了宝贵的意见和建议,使我们在内容的整合与创新上受益匪浅。全体编写人员对此表示衷心的感谢!

在编写过程中,我们参考了多名学者的论著、教材及相关文献,在此深表谢意。由于篇幅限制和编者学识水平有限,本书难免存在疏漏和不足之处,恳请各位同仁不吝赐教,以便我们修正和完善。

编 者

2025 年 6 月

目　录

第一章　绪论/ 1

　　第一节　财务管理概述/ 1

　　第二节　财务管理基础知识的理解与应用/ 11

　　第三节　本章课程思政案例及延伸阅读/ 26

　　　　　　复习思考题与练习题/ 31

第二章　筹资决策/ 33

　　第一节　筹资决策概述/ 33

　　第二节　筹资决策重点问题的理解与应用/ 46

　　第三节　本章课程思政案例及延伸阅读/ 64

　　　　　　复习思考题与练习题/ 72

第三章　投资决策/ 73

　　第一节　投资决策概述/ 73

　　第二节　投资决策重点问题的理解与应用/ 76

　　第三节　本章课程思政案例及延伸阅读/ 100

　　　　　　复习思考题与练习题/ 109

第四章　营运资金管理/ 110

　　第一节　营运资金管理概述/ 110

第二节 营运资金管理重点问题的理解与应用/ 113

第三节 本章课程思政案例及延伸阅读/ 138

复习思考题与练习题/ 150

第五章 利润分配/ 152

第一节 利润分配概述/ 152

第二节 利润分配重点问题的理解与应用/ 155

第三节 本章课程思政案例及延伸阅读/ 179

复习思考题与练习题/ 187

第六章 企业并购/ 189

第一节 企业并购概述/ 189

第二节 企业并购重点问题的理解与应用/ 197

第三节 本章课程思政案例及延伸阅读/ 213

复习思考题与练习题/ 219

第七章 风险管理/ 220

第一节 风险管理概述/ 220

第二节 风险管理重点问题的理解与应用/ 224

第三节 本章课程思政案例及延伸阅读/ 235

复习思考题与练习题/ 246

附录/ 247

附表1 复利终值系数表/ 247

附表2 复利现值系数表/ 248

附表3 普通年金终值系数表/ 249

附表4 普通年金现值系数表/ 250

参考文献/ 251

第一章 绪 论

本章概述

本章在介绍财务管理概念及内容的基础上,分析了不同企业财务管理目标的优缺点、企业相关者之间的利益冲突与协调机制,以及以金融环境为主的外部理财环境。此外,本章结合货币时间价值、风险与报酬等财务管理的基础知识进行重点分析。最后,通过思政案例及延伸阅读进行内容拓展。

思政目标

辩证地理解企业财务管理活动对实现财务管理目标的影响;深刻理解在金融环境中风险与报酬的权衡关系。

育人元素

掌握辩证思维方法,树立风险防范意识。

第一节 财务管理概述

一、财务管理的概念

财务管理是企业管理的重要组成部分,是组织企业财务活动、处理财务关系的一项经济管理工作。具体而言,财务管理是在既定的整体目标下,关于资产的购置(投资)、资本的融通(筹资)、经营中现金流量(营运资金)以及利润分配进行的管理。

知识链接

资金是企业生产经营过程中商品价值的货币表现,财务活动则反映了企业的资金运动情况。企业再生产过程是实物商品的使用价值的生产和交换过程与价值的形成和实现过程的统一。货币资金转化成实物商品,一般需经过采购、生产和销售三个基本环节,最终又回到货币资金形态,其实物形态依次从原材料转化为在产品、产成品,资金运动过程如图 1-1 所示。货币资金转化为非货币资金,又回到货币资金,这一过程循环往复,构成了企业的资金运动。企业的资金运动过程总是与一定的财务活动相联系,并通过一系列财务活动得以实现。

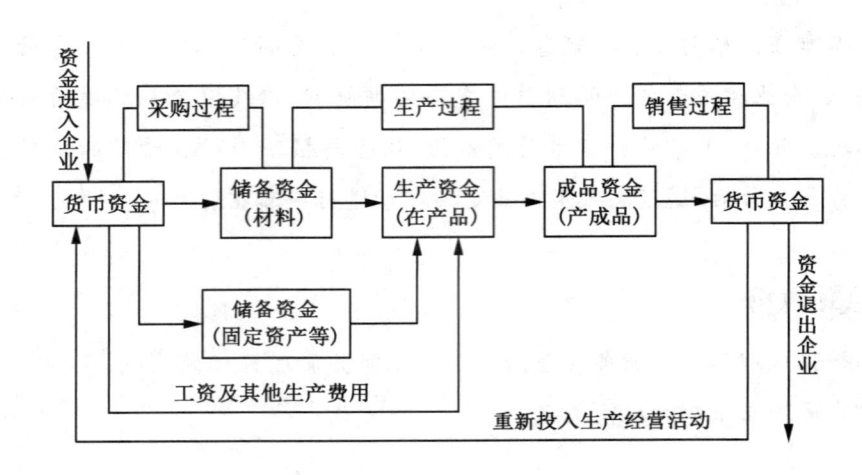

图 1-1 资金运动过程

二、财务管理的目标

任何管理都是有目的的行为,财务管理也不例外,财务管理目标是一切财务活动的出发点和归宿,是评价企业理财活动是否合理的基本标准。企业财务管理是企业管理的一个组成部分,企业财务管理的目标应该和企业总体目标保持一致,又称财务目标。目前,人们对财务管理目标的认识尚未形成统一意见,主要有以下四类不同观点。

(一)利润最大化

利润最大化观点认为,利润代表了企业新创造的财富,利润越大越好。这里的"利润",指的是利润总额或者净利润,因为这些指标容易获取且目标易于理解。同时,企业是以营利为目的的经济组织,因此利润最大化通常被认为是企业的主要财务目标。然而,企业仅以利润作为财务目标是不够的。利润最大化观点的局限性主要表现在:

(1)没有考虑所获利润和投入资本的配比关系。利润最大化是一个绝对数指标,难以在不同资本规模的企业之间或同一企业的不同期间比较。(2)没有考虑货币的时间价值,即没有考虑利润的取得时间。投资项目是否可行,不仅取决于其收益总额的大小,还要受取得收益时间的制约。因为早取得收益,就能早进行再投资,进而早获得新的收益。(3)没有考虑风险承担问题。一般而言,某一投资项目可能取得的收益越高,伴随的风险就越大。企业在追求利润最大化的过程中,有时会为了追求高收益而增加风险。(4)利润最大化可能导致企业财务决策带有短期行为,即片面地追求利润的增加,而不考虑企业长远的发展。

(二)每股收益最大化

每股收益最大化观点认为,每股收益越大越好。衡量该指标的公式:每股收益=归属于普通股股东的税后净利润÷发行在外的普通股平均股数。这一指标容易获取,考虑了所获利润和投入资本的配比关系。但是,这种观点本质上还是以利润为基础的,因此仍然存在以下三个局限:没有考虑货币的时间价值;没有考虑风险承担问题;仍然可能导致企业财务决策带有短期行为。

(三)股东财富最大化

股东财富最大化观点认为,股东财富的增加值越大越好。这也是本教材所采纳的观点。企业是由股东出资创办的,股东既是企业的所有者,也是企业经营风险的最终承担者,因此,企业要为股东创造价值。

股东财富可以用股东权益的市场价值来衡量,股东财富的增加值等于股东权益市场价值的增加值,也就是每股市价乘以股数,再减去股东投入资本。因此,股东财富最大化这一财务管理目标又被表述为股东投入资本不变时股价最大化。在资本市场有效的情况下,假设股东投入资本不变,则股价上涨反映股东财富的增加,股价下跌反映股东财富的减损。股票价格受企业预期收益和企业风险的影响,股价的高低,不仅反映了财富取得和资本投入的配比关系,而且体现了预期每股收益的多少、取得时间、所承担的风险等,从而在一定程度上避免了企业财务决策的短期行为。对于上市公司而言,该指标容易量化,便于考核和奖励。其局限性主要表现为:非上市公司该指标不易量化;股价受多种因素影响;更多强调股东的利益,而不够重视其他利益相关者的利益。

有时股东财富最大化这一财务管理目标还被表述为企业价值最大化。企业价值的增加,是由股东权益价值增加和债务价值增加引起的。假设债务价值不变,则增加企业价值与增加股东权益价值具有相同意义。假设股东投入资本和债务价值不变,股东财富最大化与企业价值最大化具有相同意义。

> **知识链接**

有效资本市场是指资本市场上的价格能够同步地、完全地反映全部可用信息。有效市场假说（Efficient Markets Hypothesis，EMH）由美国经济学家尤金·法玛（Eugene Fama）于1970年提出。法玛将与证券价格有关的信息分为三类：（1）历史信息，指证券价格、交易量等与证券交易有关的历史信息；（2）公开信息，指公司公布的财务报表、附表、补充信息等，以及政府和有关机构公布的影响证券价格的信息；（3）内部信息，指没有发布的，只有内幕人员知悉的信息。

法玛根据这三类信息，把资本市场分为三种有效强度：（1）弱式有效资本市场，指股价只充分反映历史信息的市场。在弱式有效资本市场中，股票价格的技术分析失去作用，但投资者可以通过基本分析获得超额利润。（2）半强式有效资本市场，指股价不仅反映历史信息，还能反映所有公开信息的市场。在半强式有效资本市场中，技术分析和基本分析都失去作用，投资者只能通过内部信息获得超额利润。然而，内幕交易是违法犯罪行为。（3）强式有效资本市场，指股价不仅能反映历史的和公开的信息，还能反映内部信息的市场。在强式有效资本市场中，没有任何方法能够帮助投资者获得超额利润。

（四）相关者利益最大化

相关者利益最大化观点认为，企业利益相关者的利益越大越好。利益相关者理论认为，股东不是企业唯一的主体，企业并不仅仅归出资人所有，而是为各利益相关者共同所有。任何一个企业的发展都离不开企业所有利益相关者的投入或参与。因此，企业在经营决策时，不仅要考虑股东的利益，还要考虑债权人、员工、消费者、供应商、政府、社区等其他利益相关者的利益。

相关者利益最大化财务管理目标，兼顾了各利益群体的利益，体现了合作共赢的理念；它有利于企业长期稳定发展，有利于实现企业经济效益和社会效益的统一，同时体现了前瞻性和现实性的统一。然而，由于需要兼顾各方利益，这一目标在实际操作中可能会面临一定的困难。

此外，股东财富最大化观点的持有者认为，主张股东财富最大化，并非不考虑其他利益相关者的利益。各国公司法都规定，股东权益是剩余权益，只有满足了其他各方的利益之后，才会有股东的利益，公司必须交税、给职工发工资、给顾客提供满意的产品和服务，然后才能获得税后收益。公司的其他利益相关者有特定的要求，这些要求优先于股东的要求，且必须是契约化的。如果对其他利益相关者的要求不加限制，股东就不会有"剩余"收益了。除非股东确信投资会带来满意的回报，否则股东不会出资，而其他利益相关者的要求也无法实现。

三、财务管理目标与利益冲突

企业相关者的利益冲突是影响企业财务管理目标实现更深层次的问题。利益冲突的有效协调直接关系到财务管理目标实现的程度。企业相关者的利益冲突主要包括由委托代理问题引起的利益冲突,以及企业股东利益与承担社会责任之间的冲突。其中,由委托代理问题引起的利益冲突包括股东与管理层、大股东与中小股东、股东与债权人之间的利益冲突。

(一)委托代理问题与利益冲突

1. 股东与管理层之间的利益冲突及协调

(1)股东与管理层的利益冲突

在现代公司制企业中,所有权与经营权完全分离,经营者不持有公司股票或部分持有公司股票,其经营的积极性就会降低,因为经营者努力工作的所得不能全部归自己所有。此时,经营者可能会选择轻松的工作方式,不愿意为提高股价而冒险,并设法用企业的钱为自己谋取私利,如乘坐豪华轿车、进行奢侈的出差旅行等,这些开支可计入企业成本,由全体股东分担。有的甚至蓄意压低企业股票价格,再以自己的名义买回,从中渔利,导致其他股东财富受损。由于两者追求的目标不同,这必然导致经营者利益和股东财富最大化的冲突,即经营者(经理)个人利益最大化和股东财富最大化的矛盾。

(2)股东与管理层的协调

协调股东与管理层之间的利益冲突,防止经营者背离股东目标,一般有两种方法:

①监督。经营者背离股东目标的主要原因是双方的信息不对称。经营者掌握企业实际的经营控制权,对企业财务信息的掌握远远多于股东,因而容易出现"内部人控制"的现象。为了协调这种矛盾,就要加强对经营者的监督,并采取必要的措施。第一,股东要求经营者定期公布财务报表,及时向股东通报企业的经营情况和财务状况。第二,对经营者实行定期审计制度,若发现经营者有损害企业利益的行为,及时予以纠正;如果情况严重,可考虑将其解聘甚至追究法律责任。但监督只能减少经营者违背股东意愿的行为,因为股东是分散的,难以获得充分的信息进行全面监督,还会受到合理成本的制约。

②激励。激励是指将经营者的管理绩效与其所得的报酬联系起来,使经营者能够分享企业增加的财富,从而鼓励他们自觉采取符合股东目标的行为。如允许经营者在未来某个时期以约定的固定价格购买一定数量的公司股票(即股票期权),股票价格上涨后,经营者自然获取股票涨价收益;或以每股收益、资产报酬率、净资产收益率以及资产流动性指标等对经营者的绩效进行考核,以其增长率为标准,给予经营者现金、股

票奖励。但激励作用与激励成本相关。报酬太低，可能无法起到激励作用；报酬太高，又会增加股东的激励成本，减少股东的自身利益。因此，激励也只能在一定程度上减少经营者违背股东意愿的行为，并不能解决全部问题。

通常情况下，企业采用监督和激励相结合的办法，使经营者的目标与企业目标相协调，力求使监督成本、激励成本和经营者背离股东目标的损失之和最小。

(3) 股东与管理层冲突协调的外部作用

除了企业自身的努力之外，外部市场竞争的作用也促使经营者把公司股票价格最大化作为其经营的首要目标。这种外部作用主要表现在以下三个方面：

①经营者人才市场评价。经营者人才作为一种人力资源，其价值由市场决定。资本市场的信息反映了经营者的经营绩效。公司股价高说明经营者经营有方，股东财富增加，同时经营者在人才市场上的价值提高，聘用他的公司会向他支付高报酬。此时，经营者追求利益最大化的愿望与股东财富最大化的目标一致。

②经营者被解聘的威胁。现代公司股权的分散使得个别股东难以通过投票表决来撤换不称职的总经理。同时，由于经营者被授予了很大的权力，他们实际上控制了公司。股东即使看到他们经营企业不力、业绩欠佳，也无能为力。自20世纪80年代以来，许多大公司由机构投资者控股，养老基金、共同基金和保险公司在大企业中所占的股份，足以使其有能力解聘总经理。这种被解聘的威胁促使他们不断创新、努力经营，为股东的最大利益服务。

③公司被并购的威胁。如果公司经营者经营不力或决策错误，将导致股票价格下跌，当股票价格下跌到一定水平时，公司可能会面临被其他公司并购的危险。被并购后，公司经营者的地位通常会下降，甚至可能被解雇，这对经营者利益的损害是很大的。因此，经营者为保住自己的地位和已有的权力，会竭尽全力使公司的股价最大化，这与股东利益是一致的。

2. 大股东与中小股东之间的利益冲突及协调

(1) 大股东与中小股东的利益冲突

大股东通常是指持有公司大部分股份的股东，他们会对股东大会和董事会的决议产生影响，通常委派高管来掌控公司的重大经营决策。相比之下，持有股份较少且人数较多的中小股东很难有机会参与公司的经营管理。虽然他们按照自己的持股比例享有利润的索取权，但是由于与大股东之间存在严重的信息不对称，他们的各种权利可能会受到大股东的侵害。在这种情况下，委托代理问题会引发大股东和中小股东之间的利益冲突。

大股东侵害中小股东利益的主要形式包括：①利用关联交易转移上市公司的资产；②非法占用上市公司巨额资金，或以上市公司的名义担保和恶意筹资；③通过发布虚假信息操纵股价,欺骗中小股东;④为大股东委派的高管支付不合理的报酬及特殊津贴;⑤采用不合理的股利政策,剥夺中小股东的既得利益(详见第五章)。

(2)大股东与中小股东的协调

通常可以采用以下方式协调大股东与中小股东之间的利益冲突:

①完善上市公司的治理结构,使股东大会、董事会和监事会三者有效运行,并形成相互制约的机制。具体而言,首先,采取法律措施增强中小股东的投票权和知情权。其次,提高董事会中独立董事的比例,独立董事可以代表中小股东的利益,在董事会中行使表决权。最后,建立健全监事会,保证其独立性,有效实现其监督职能,并赋予监事会更大的监督与起诉权。

②规范上市公司的信息披露制度,确保信息的完整性、真实性和及时性。同时,应完善会计准则体系和信息披露规则,加大对信息披露违规行为的处罚力度,加强对信息披露的监管。这些举措都是为了缓解大股东与中小股东之间的信息不对称问题,降低大股东对中小股东利益的侵占风险。

3.股东与债权人之间的利益冲突及协调

(1)股东与债权人的利益冲突

债权人把资金借给企业,其追求的目标是安全、及时地收回本金和利息。由于投资回报是固定的,因此债权人不希望企业投资高风险项目,也不希望企业因为举新债而降低其偿债能力。股东(所有者)的目标是股东财富最大化,因此,股东有可能未经债权人同意,要求经营者投资于比债权人预计风险更高的项目,这会增加负债的风险。若高风险的项目成功,额外利润就会被股东独享;若失败,债权人却要与股东共同负担由此造成的损失,这对债权人来说,风险与收益是不对称的。此外,股东有可能未经现有债权人同意,而要求经营者发行新债券或借新债,这会加大企业破产的风险,导致旧债券或原有债的价值降低,从而损害债权人的利益。因此,在企业财务拮据时,股东和债权人之间的利益冲突加剧。

(2)股东与债权人的协调

股东与债权人一般通过以下方式协调利益冲突:①限制性借款。通过限制借款的用途,债权人不仅可以防止企业擅自投资高风险项目,同时还可对企业举新债的条件及金额做出限制。②收回借款,不再借款。当债权人发现企业有侵蚀其债权价值的意图时,可采取收回债权和不给予公司重新放款的措施来保护自身的权益。

(二)企业社会责任与利益冲突

企业在追求股东财富最大化目标时,需要承担必要的社会责任。企业社会责任是指企业在谋求股东财富最大化之外,所负有的维护和增进社会利益的义务。具体来

说,企业社会责任的主要内容包括以下方面:

1. 对员工的责任

企业除了履行向员工支付报酬的法律责任外,还负有为员工提供安全工作环境、职业教育等保障员工利益的责任。企业对员工承担的社会责任包括:(1)按时足额发放劳动报酬,并根据社会发展逐步提高工资水平;(2)提供安全健康的工作环境,加强劳动保护,实现安全生产,积极预防职业病;(3)完善工会、职工董事和职工监事制度,培育良好的企业文化。

2. 对债权人的责任

债权人是企业的重要利益相关者,企业应依据合同的约定及法律的规定对债权人承担相应的义务,保障债权人的合法权益。这种义务既是企业的民事义务,也可视为企业应承担的社会责任。企业对债权人承担的社会责任包括:(1)按照法律、法规和公司章程的规定,真实、准确、完整、及时地披露公司信息;(2)诚实守信,不滥用公司人格;(3)主动偿债,不无故拖欠;(4)确保交易安全,切实履行合法订立的合同。

3. 对消费者的责任

公司的价值实现,很大程度上取决于消费者的选择,因此企业应重视对消费者承担的社会责任。企业对消费者承担的社会责任主要有:(1)确保产品质量,保障消费安全;(2)诚实守信,确保消费者的知情权;(3)提供完善的售后服务,及时为消费者排忧解难。

4. 对社会公益的责任

企业对社会公益的责任主要涉及慈善、社区等方面。其中,对慈善事业的社会责任是指承担扶贫济困和发展慈善事业的责任,表现为企业对不确定的社会群体(尤指弱势群体)进行帮助。捐赠是其最主要的表现形式,受捐赠的对象主要有社会福利院、医疗服务机构、教育机构、贫困地区、特殊困难人群等。此外,还包括雇用残疾人、生活困难个体、缺乏就业竞争力的人到企业工作,以及举办与公司营业范围有关的各种公益性的社会教育宣传活动等。

5. 对环境和资源的责任

企业对环境和资源的社会责任可以概括为两大方面:一是承担可持续发展与节约资源的责任;二是承担保护环境和维护自然和谐的责任。

此外,企业还有义务和责任遵从政府的管理、接受政府的监督。企业要在政府的指引下合法经营、自觉履行法律规定的义务,同时尽可能地为政府献计献策、分担社会压力、支持政府的各项事业。

一般而言,在激烈竞争的环境下,利润或投资收益率处于较低水平的公司难以承担额外增加其成本的社会责任。而对于那些利润超常的公司可以适当地承担,而且有的也确已承担一定的社会责任。因为对于利润超常的公司来说,适当地从事一些社会公益活动,有助于提高公司的知名度,促进其业务活动的开展,进而促进股价升高。但不管怎样,任何企业都无法长期单独地负担因社会责任而增加的成本。过分地强调社会责任而使企业价值减少,就可能导致整个社会资金运用的次优化,从而使社会经济发展步伐减缓。事实上,大多数社会责任都必须通过立法以强制的方式让每一个企业负担。然而,作为国民经济的细胞,企业应关注并自觉改善自身的生态环境,重视履行对员工、消费者、环境、社区等利益相关方的责任,重视其生产行为可能对未来环境的影响,特别是在员工健康与安全、废弃物处理、污染防控等方面,应尽早采取相应的措施,减少企业在这些方面可能会遭遇的各种困扰,从而有助于企业的可持续发展。

知识链接

1924年,英国学者谢尔顿(Sheldon)最早提出"企业社会责任"(Corporate Social Responsibility,CSR),认为企业应该承担满足人类需求的责任,并主张企业的经营应促进社会利益。弗里曼(Freeman)1984年所提出的利益相关者理论,为企业社会责任的发展提供了理论支撑。大量事实表明,不少企业在扩大经营规模、追求股东利益最大化的过程中,存在忽视社会责任的问题,如环境污染、劳动条件恶化、拖欠工资、拖欠货款、恶意逃避债务、产品和服务质量低劣、偷税漏税等。这不仅影响了企业自身的可持续发展,而且产生了巨大的社会成本,严重阻碍了整个社会经济的和谐发展。于是,自20世纪90年代以来,在全球范围内掀起了一场企业社会责任运动。卡罗尔(Carroll)1991年提出了关于企业社会责任的"四级金字塔模型",从下往上依次包括经济责任、法律责任、道德责任和慈善责任。

四、财务管理的外部环境

企业的财务管理环境又称"理财环境",是指对企业财务活动和财务管理产生影响的外部条件,主要包括经济环境、金融环境、法律环境和技术环境。这里仅讨论理财环境中的金融环境。金融环境包括金融机构、金融工具和金融市场三个方面。

(一)金融机构

社会资金从资金供应者转移到资金需求者,大多数情况下要通过金融机构充当资金交易的媒介。金融机构主要包括银行和非银行金融机构。其中,银行是指从事存贷款业务的金融机构,我国银行业体系主要包括中国人民银行、政策性银行、各类商业银行等。非银行金融机构,是指非从事存贷款业务的金融机构,如保险公司、投资基金、证券市场机构等。

(二)金融工具

金融工具,是指形成一方的金融资产并形成其他方的金融负债或权益工具的合同,是资金融通双方在金融市场上进行资金交易和转让的工具,具体形式包括债券、股票、外汇、保单等(债券、股票等有价证券的投资详见第三章)。

金融工具具有以下四个特征:(1)期限性,即金融工具通常有规定的偿还期限,如债券;普通股股票没有到期期限,通常假设企业持续经营,不需要偿还投资者本金。(2)流动性,是指金融工具能够在必要时转换为现金的能力。(3)风险性,即购买金融工具的本金和预定收益存在损失的可能性。(4)收益性,即金融工具通常能够带来价值增值。

(三)金融市场

1. 金融市场的概念及分类

金融市场,是指资金供求者利用一定金融工具进行交易而融通资金的场所。金融市场可以是有形的市场,如银行、证券交易所等;也可以是无形的市场,如通过电信网络交易。按照不同的标准,金融市场有不同的分类。下面仅介绍与公司投融资关系密切的几种类型。

(1)资本市场和货币市场

金融市场按照所交易的金融工具的期限是否超过1年,被划分为货币市场和资本市场。这两类金融市场的功能,交易的证券期限、利率和风险都不同。

货币市场,是指短期金融工具的交易市场,即所交易的金融工具期限不超过1年。货币市场的主要功能是保持金融资产的流动性,以便随时转换为货币,满足借款者的短期资金需求,同时为暂时性闲置资金找到出路。货币市场工具包括短期国债、可转让存单、商业票据和银行承兑汇票等。通常情况下,短期债务利率低于长期债务利率,但是波动性更大。

资本市场,是指期限在1年以上的金融工具交易市场,包括银行中长期存贷市场和有价证券市场。资本市场的主要功能是融通长期资本。资本市场工具包括股票、长期债券等。与货币市场相比,资本市场交易的证券期限较长,风险较大,因此利率或要求的报酬率更高。

(2)一级市场和二级市场

金融市场按照所交易的证券是否初次发行,分为一级市场和二级市场。

一级市场是资本需求者将证券首次出售给公众的市场,又称初级市场或发行市场。该市场的主要经营者是投资银行、经纪人和证券自营商(在我国,这三种业务统一于证券公司)。证券公司负责政府、公司新发行证券的承购或分销。证券在一级市场首次发行时,公司资本增加。

二级市场是各种证券发行后在不同的投资者之间买卖流通所形成的市场,又称次级市场或流通市场。二级市场的交易不涉及新证券的发行。证券持有者在需要资金时,可以在二级市场出售证券变现;想要投资的人,也可以进入二级市场购买已经上市的证券,资金流入出售证券的人。证券在二级市场进行后续流通,公司资本不再受影响。(本书所述及的证券价格,除特别指明外,均指二级市场价格。)

(3)债务市场和股权市场

金融市场按照证券的不同属性,分为债务市场和股权市场。

债务市场交易的对象是债务凭证,如公司债券、抵押票据等。债务凭证是一种契约,债权人按合同约定能按期收取利息、收回本金,因此风险较小。

股权市场交易的对象是股票。股票是分享公司净利润和净资产权益的凭证。股票持有人可能不定期收取股利,但不能从股票发行方那里收回本金,只能通过二级市场进行股票买卖,因此风险较大。

第二节 财务管理基础知识的理解与应用

一、货币时间价值

(一)货币时间价值的概念

货币进入社会再生产流程,经过周转再利用会产生价值增值。理论上,货币时间价值,是指在不考虑风险和通货膨胀的前提下,货币经过一定时间的投资和再投资所增加的价值。它通常有货币时间价值率和货币时间价值额两种表现形式。在实务中,人们通常以利率、报酬率等来代替货币时间价值率;货币时间价值额则是一定数额的货币与时间价值率的乘积,利息是其具体体现。

由于货币具有时间价值,因此,即使两笔金额相等的资金,如果发生在不同的时期,其实际价值量也不相等。因此,一定金额的资金必须注明其发生时间,这样才能准确地表达其实际价值。货币时间价值观念的加强,对于加速资金周转、提高资金使用效果和经济效益具有十分重要的意义。

知识链接

货币时间价值的应用:资金应"早收晚付"。一定量的资金在不同时点上具有不同价值,现在的1元钱比将来的1元钱更具价值。例如,如果现在有1万元,银行的年利率为5%,那么1年后这笔钱将增值至1.05万元。因此,现在的1万元与1年后的1.05万元在价值上相等。这是因为,现在的1万元经过1年时间增值了500元,这增值的500元就是资金在周转使用过程中,经过1年时间产生的新价值。同样地,企业的资金投入生产经营,经过生产过程的不断运行、资金的不断运动,会创造新的价值,最终使资金增值。因此,一定量的资金存入银行或投入生产经营,会取得一定的利息或利润,从而产生资金的时间价值。

(二)货币时间价值的计算

与货币时间价值计算相关的要素有四个:现值、终值、利率与计息期数。

现值又称本金,是指未来某一时点上的一定量现金折算到现在时点的价值,常记为 P。终值又称未来值或本利和,是指现在一定量的现金在将来某一时点上的价值,常记为 F。利率代表每一期间的货币时间价值率大小,一定量的货币乘以利率就是每期货币时间价值额,即利息。计算利息有两种方式:单利与复利。在单利方式下,每期都按初始本金计算利息,当期利息既不取出也不计入下期本金,计算基础不变。在复利方式下,以当期末本利和为计息基础计算下期的利息,俗称"利滚利"。货币时间价值通常按照复利方式计算。计息期数是指时间轴上相邻两次计息的间隔期。

1.复利终值和现值

(1)复利终值

复利终值是指现在一定量的资金按复利计息方式计算的、未来某个时点的本利和。例如,现在将一笔资金(P_0)存入银行,年利率为 i,如果每年按复利方式计息一次,则 n 年后的本利和就是复利终值,其计算公式为:

$$F_n = P_0 \times (1+i)^n$$

式中,$(1+i)^n$ 称为复利终值系数或1元复利终值,用符号 $(F/P, i, n)$ 表示。复利终值系数可以通过查阅本书附录附表1"复利终值系数表"直接获得。上式也可以简化为:

$$F_n = P_0 \times (F/P, i, n)$$

> **知识链接**
>
> 这里的复利终值系数,以及书中的复利现值系数、年金终值系数、年金现值系数都可以记为(未知金额/已知金额,计息期利率,计息期数)。其中,"/"前面放置未知信息,后面放置已知信息;"未知金额""已知金额"用字母表示,而"计息期利率""计息期数"则代入具体数据。例如,$(F/P, 10\%, 5)$ 是指利率为10%、5年期的复利终值系数。这些系数都可以通过查系数表得知,如 $(F/P, 10\%, 5) = 1.6105$。

[实务题1-1] 将10 000元存入银行,假设银行按年计息,年存款利率为5%,3年后该银行账户存款余额有多少?5年后呢?

[解析]

本题考察的是已知现值求复利终值,既可以采用定义公式计算,也可以通过查询复利终值系数表计算。

$$3 年末银行存款余额 = 10\,000 \times (1+5\%)^3$$
$$= 10\,000 \times (F/P, 5\%, 3)$$
$$= 10\,000 \times 1.157\,6$$
$$= 11\,576(元)$$

$$5 年末银行存款余额 = 10\,000 \times (1+5\%)^5$$
$$= 10\,000 \times (F/P, 5\%, 5)$$
$$= 10\,000 \times 1.276\,3$$
$$= 12\,763(元)$$

(2)复利现值

复利现值是指未来特定时间的一定量资金按复利计息方式折算的、现在时点的价值。将未来现金流折算成等价的现值,这个过程也称为折现或贴现,相当于为了取得将来一定本利和所需的原始本金。复利现值和复利终值的计算是互逆的,实际上它是在已知 F_n、i、n 的情况下,依据复利计息原理计算的现值 P_0。其计算公式为:

$$P_0 = F_n \times (1+i)^{-n}$$

式中,$(1+i)^{-n}$ 称为复利现值系数或 1 元复利现值,用符号 $(P/F, i, n)$ 表示。复利现值系数可以通过查阅本书附录附表 2 "复利现值系数表" 直接获得。上式也可以简化为:

$$P_0 = F_n \times (P/F, i, n)$$

[实务题 1-2] 假设某银行按年计息,年存款利率为 5%,如果 3 年后该银行账户存款余额需要有 50 000 元,现在需要向银行存入多少资金?

[解析]

本题考察的是已知复利终值求现值,既可以采用定义公式计算,也可以通过查询复利现值系数表计算。

$$目前需存入资金 = 50\,000 \times (1+5\%)^3$$
$$= 50\,000 \times (P/F, 5\%, 3)$$
$$= 50\,000 \times 0.863\,8$$
$$= 43\,190(元)$$

(3)插值法

假设一定量资金的现值(或终值)和利率(i)之间呈线性关系。已知现值、终值以及计息期数,我们可借助现值(或终值)系数表,采用插值法计算出对应的利率。插值法的基本原理是:设需查找的系数值为 α,在复利现值(或复利终值)系数表中第 n 行(n 代表计息期数)找出与 α 最接近的两个临界系数值分别设为 β_1、β_2(应该满足 $\beta_1 > \alpha > \beta_2$ 或 $\beta_1 < \alpha < \beta_2$ 的条件);将与 β_1、β_2 对应的两个临界利率分别设为 i_1、i_2,再用插值法公式计算利率 i,插值法公式可表示为:

$$i = i_1 + \frac{\beta_1 - \alpha}{\beta_1 - \beta_2} \times (i_2 - i_1)$$

[实务题1-3] 假设某银行按年计息,现向银行存入 40 000 元,预计 3 年后该银行账户存款余额有 50 000 元,试计算该银行的存款利率。

[解析]

根据已知现值、终值以及计息期数,可列出等式:

40 000 = 50 000 × $(P/F, i, 3)$

$(P/F, i, 3) = 0.8$

查复利现值系数表,n 等于 3,复利现值系数 α 等于 0.8 对应利率即可。但经查表可知,无对应信息,最接近 0.8 的两个数值分别为 $\beta_1 = 0.816\ 3$(比 0.8 大),$\beta_2 = 0.793\ 8$(比 0.8 小),β_1 对应的利率为 $i_1 = 7\%$,β_2 对应的利率为 $i_2 = 8\%$,根据插值法公式,则:

$$i = 7\% + \frac{0.816\ 3 - 0.8}{0.816\ 3 - 0.793\ 8} \times (8\% - 7\%) = 7.72\%$$

因此,该银行存款利率为 7.72%。

知识链接

线性插值法的计算公式的实质是基于相似三角形对应边成比例的原理,[实务题1-3] 的插值法计算公式如图 1—2 所示。由于直角三角形 ADC 相似于直角三角形 AEB,因此,$\frac{DC}{EB} = \frac{AD}{AE}$,$\frac{i - 7\%}{8\% - 7\%} = \frac{0.816\ 3 - 0.8}{0.816\ 3 - 0.793\ 8}$。将该等式变形,即可求得利率 i。

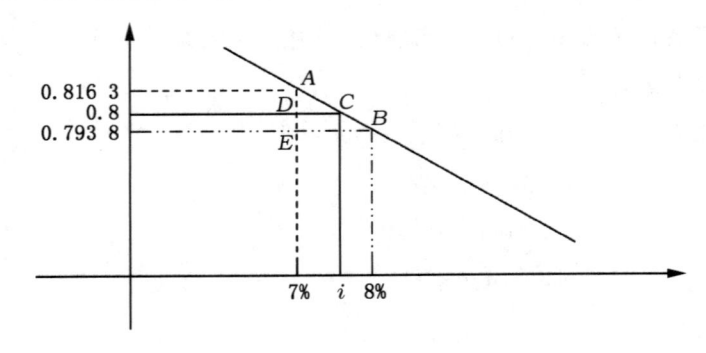

图 1—2 插值法图示

插值法同样应用于计算项目投资的内含报酬率（IRR）以及债券的到期收益率（详见第三章）。因此，利用插值法计算利率，也可以运用计算机函数功能来实现，其具体操作方法如下：在 Excel 表格中输入现金流量金额及符号；在新的空格中输入"= IRR（ ）"调用函数；在括号中输入各期现金流对应的单元格；计算机自动计算出该系列现金流量的折现率，该折现率的表现形式包括但不限于利率、报酬率等。

表 1—1　　　　　　　　　　　该笔存款现金流详情

	A	B	C	D	E
1	年份	0	1	2	3
2	现金流	−40 000	0	0	50 000

该资金的存款利率 = IRR（B2:E2）= 7.72%。

2. 年金终值和现值

在现实经济活动中，经常会发生一定时期内多次收付的款项，即系列收付款项。年金是指定期、连续、等额的系列收付款项，常记为 A。年金收付形式多种多样，如债券利息、折旧、租金、等额分期付款、养老金、保险费、零存整取等。根据每次收付发生的时点不同，年金可分为普通年金、预付年金、递延年金和永续年金四种。

（1）普通年金终值和现值

普通年金，又称后付年金，是指在未来一定时期内，每期期末、连续、等额的系列收付款项。普通年金的收付形式中（如图 1—3 所示），横线代表时间的延续，数字标出的是各期的顺序号，竖线的位置表示收付的时刻，箭头朝上代表款项流入的金额（箭头朝下代表款项流出的金额）。

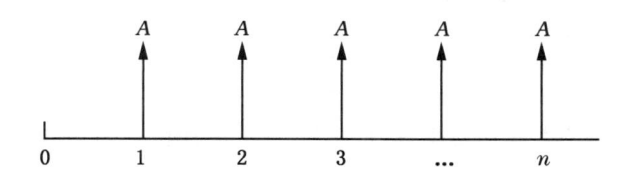

图 1—3　普通年金的收付形式

①普通年金终值

普通年金终值，是指最后一次收付时的本利和，也是每次收付的复利终值之和。已知从第 1 期开始，每期期末的等额收付金额为 A，计息期利率为 i，计息期数为 n，则按复利计算的普通年金终值 F_n 为：

$$F_n = A(1+i)^{n-1} + A(1+i)^{n-2} + \cdots + A$$
$$= A[(1+i)^{n-1} + (1+i)^{n-2} + \cdots + 1]$$

$$= A \times \frac{(1+i)^n - 1}{i}$$

式中，$\frac{(1+i)^n - 1}{i}$ 称为普通年金终值系数或1元年金终值，用符号 $(F/A, i, n)$ 表示。年金终值系数可以通过查阅本书附录附表3"普通年金终值系数表"直接获得。上式也可以简化为：

$$F_n = A \times (F/A, i, n)$$

[实务题1-4] 假设某银行按年计息，年存款利率为5%，如果每年年末向该银行账户存入10 000元，连续存入5年，到第5年年末，该银行账户存款余额有多少？

[解析]

5年末银行存款余额：$10\ 000 \times (F/A, 5\%, 5) = 10\ 000 \times 5.525\ 6 = 55\ 256$(元)

②普通年金现值

普通年金现值，是指为在每期期末收付等额款项，现在需要投入或者收取的金额。已知从第1期开始，每期期末的等额收付金额为 A，计息期利率为 i，计息期数为 n，则0时点的现值 P_0 为：

$$P_0 = A\frac{1}{(1+i)^1} + A\frac{1}{(1+i)^2} + \cdots + A\frac{1}{(1+i)^{n-1}} + A\frac{1}{(1+i)^n}$$

$$= A[(1+i)^{-1} + (1+i)^{-2} + \cdots + (1+i)^{-(n-1)} + (1+i)^{-n}]$$

$$= A \times \frac{1-(1+i)^{-n}}{i}$$

式中，$\frac{1-(1+i)^{-n}}{i}$ 称为普通年金现值系数或1元年金现值，用符号 $(P/A, i, n)$ 表示。年金现值系数可以通过查阅本书附录附表4"普通年金现值系数表"直接获得。上式也可以简化为：

$$P_0 = A \times (P/A, i, n)$$

[实务题1-5] 假设某银行按年计息，年存款利率为5%，企业需要在银行开设一个账户并存入一笔资金，预期能够在未来的5年中，每年年末从该账户支取10 000元。那么，目前应该一次性存入多少款项？

[解析]

目前应存入资金：$10\ 000 \times (P/A, 5\%, 5) = 10\ 000 \times 4.329\ 5 = 43\ 295$(元)

(2)预付年金终值和现值

预付年金，又称先付年金，是指在未来一定时期内，每期期初、连续、等额的系列收付款项。预付年金的收付形式如图1-4所示。各符号代表的含义同普通年金的收付形式。

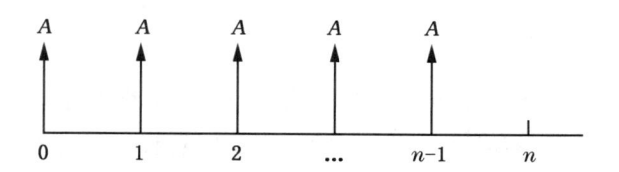

图1—4 预付年金的收付形式

①预付年金终值

已知从第1期开始,每期期初的等额收付金额为A,计息期利率为i,计息期数为n,则按复利计算的预付年金终值F_n计算方法有两种。

第一种方法:由于预付年金比同期限(n期)的普通年金提前了1期,因此预付年金的年金终值在普通年金终值的基础上乘以$(1+i)$即可。其计算公式如下:

$$F_n = A \times (F/A, i, n) \times (1+i)$$

第二种方法:在最后1期(第n期)的期末先假设存在等额的现金收付A,计息期数由原来的n期增加为$(n+1)$期,然后按照$(n+1)$期的普通年金计算终值,最后再减去假设存在的A即可。其计算公式如下:

$$F_n = A \times [(F/A, i, n+1) - 1]$$

预付年金终值系数$[(F/A, i, n+1) - 1]$与普通年金终值系数相比,期数加1,而系数减1。因此,可以通过查询附录附表3"普通年金终值系数表"查得$(n+1)$期的值,减去1后,得出1元预付年金终值。

[**实务题1—6**] 假设某银行按年计息,年存款利率为5%,如果每年年初向该银行账户存入10 000元,连续存入5年,到第5年年末,该银行账户存款余额有多少?

[**解析**]

5年末银行存款余额 $= 10\,000 \times (F/A, 5\%, 5) \times (1+5\%)$
$= 10\,000 \times 5.525\,6 \times 1.05$
$= 58\,019(元)$

或者:5年末银行存款余额 $= 10\,000 \times [(F/A, 5\%, 6) - 1]$
$= 10\,000 \times (6.801\,9 - 1)$
$= 58\,019(元)$

②预付年金现值

已知从第1期开始,每期期初的等额收付金额为A,计息期利率为i,计息期数为n,0时点的现值P。计算方法同样有两种。

第一种方法:由于预付年金比同期限(n期)的普通年金提前了1期,采用n期普通年金现值公式所计算出的值,时点为负1期,再乘以$(1+i)$则可折算为0时点的价

值。其计算公式如下:
$$P_0 = A \times (P/A, i, n) \times (1+i)$$

第二种方法:先将第 1 期期初的等额现金收付 A 剔除,然后按照 $(n-1)$ 期的普通年金计算现值,最后再加上剔除的第 1 期期初的 A 即可。其计算公式如下:
$$P_0 = A \times [(P/A, i, n-1) + 1]$$

预付年金现值系数 $[(P/A, i, n-1)+1]$ 与普通年金终值系数相比,期数减 1,而系数加 1。因此,可以通过查询附录附表 4"普通年金现值系数表"查得 $(n-1)$ 期的值,加上 1 后,得出 1 元预付年金现值。

[实务题 1-7] 假设某银行按年计息,年存款利率为 5%,企业需要在银行开设一个账户并存入一笔资金,预期能够在未来的 5 年中,每年年初从该账户支取 10 000 元。那么,目前应该一次性存入多少款项?

[解析]
目前应存入资金 = 10 000×(P/A,5%,5)×(1+5%)
= 10 000×4.329 5×1.05
= 45 460(元)

或者:目前应存入资金 = 10 000×[(P/A,5%,4)+1]
= 10 000×(3.546 0+1)
= 45 460(元)

(3)递延年金终值和现值

递延年金,是指递延一段时间后,在未来一定时期内,每期连续、等额的系列收付款项。递延年金是普通年金的特殊形式,因此其终值或现值可以在普通年金基础上调整计算。递延年金的收付形式中(如图 1-5 所示),前 m 期没有发生现金收付,第一次收付是在第 $(m+1)$ 期,一直持续到第 $(m+n)$ 期期末,其他各符号代表的含义同普通年金的收付形式。

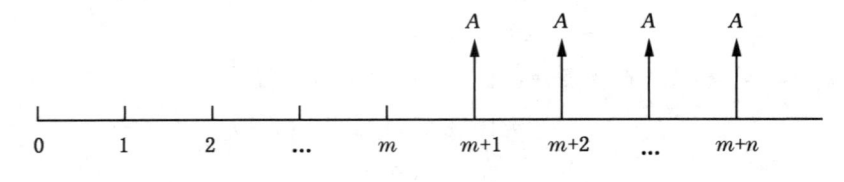

图 1-5 递延年金的收付形式

①递延年金终值

递延年金终值的大小和递延期长短无关,其计算方法和普通年金终值类似。已知在递延了 m 期之后,连续 n 期、每期期末有等额现金收付 A,计息期利率为 i,则终值

F_{m+n} 为：

$$F_{m+n}=A\times(F/A,i,n)$$

②递延年金现值

递延年金现值的大小和递延期长短有关。已知在递延了 m 期之后，连续 n 期、每期期末有等额现金收付 A，计息期利率为 i，则 0 时点的现值 P_0 有两种计算方法。

第一种方法：把递延年金视为 n 期的普通年金，求出递延期末的现值，然后再将此现值折现调整到第一期期初，即 0 时点的价值。其计算式如下：

$$P_0=A\times(P/A,i,n)\times(P/F,i,m)$$

第二种方法：假设递延期间也有等额的系列收付款项，先求出 $(m+n)$ 期的普通年金现值，再扣除实际并未收付的递延期间（以 m 表示递延期数）的年金现值，即可得出最终结果。其计算公式如下：

$$P_0=A\times[(P/A,i,m+n)-(P/A,i,m)]$$

[**实务题1-8**] 假设某银行按年计息，年存款利率为5%，企业需要在银行开设一个账户并存入一笔资金，预期从第 3 年开始，连续 5 年、每年年初从该账户支取 10 000 元。那么，目前应该一次性存入多少款项？

[解析]

本例中递延年金收付形式如图 1-6 所示。

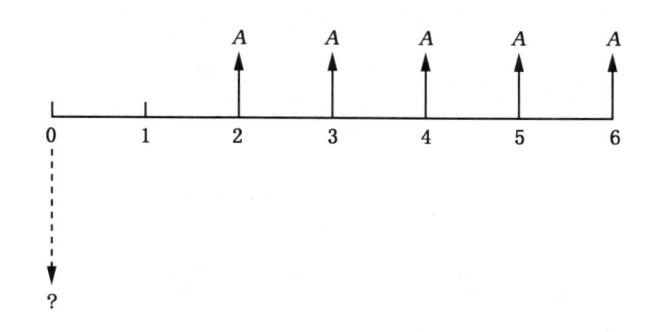

图 1-6 递延年金的收付形式

目前应存入资金 $=10\ 000\times(P/A,5\%,5)\times(P/F,5\%,1)$
$=10\ 000\times4.329\ 5\times0.952\ 4$
$=41\ 234(元)$

或者：目前应存入资金 $=10\ 000\times(P/A,5\%,6)-10\ 000\times(P/F,5\%,1)$
$=10\ 000\times[(P/A,5\%,6)-(P/F,5\%,1)]$
$=10\ 000\times(5.075\ 7-0.952\ 4)$
$=41\ 233(元)$

(4) 永续年金现值

永续年金,是指无期限、连续、等额的系列收付款项,即期限趋于无穷大。永续年金没有终止时间,也就没有终值。永续年金现值可以通过普通年金现值的计算公式导出:

$$P_0 = A \times \frac{1-(1+i)^{-n}}{i}$$

当 n 趋于无穷大时,$(1+i)^{-n}$ 的极限为 0,故上式可简写为:

$$P_0 = A \times \frac{1}{i}$$

[实务题 1-9] 某企业要建立一项永久性帮困基金,计划每年年末拿出 10 万元帮助失学儿童,年利率为 5%,则该企业现应筹集多少资金?

[解析]

目前应筹集资金:10÷5%=200(万元)

二、风险与报酬

(一)资产的收益与收益率

资产的收益,是指资产的价值在一定时期的增值,包括利息、红利或股息收益,以及资本利得。为了便于比较,我们也可以用资产收益率表示。资产的收益率或报酬率,是指资产价值的增值额与期初资产价值(价格)的比值。

$$单项资产的收益率 = \frac{资产价值的增值额}{期初资产价值(或价格)} \times 100\%$$

$$= \frac{利息(或股息)收益 + 资本利得}{期初资产价值(或价格)} \times 100\%$$

$$= 利息(或股息)收益率 + 资本利得收益率$$

资产收益率类型包括实际收益率、预期收益率、必要收益率。

1. 实际收益率

实际收益率是指已经实现或者确定可以实现的资产收益率,包括已实现或确定可以实现的利息(或股息)率以及资本利得收益率。当发生通货膨胀时,为了得到真实的收益率,应当扣除通货膨胀率的影响。

知识链接

实际收益率,不包含通货膨胀的收益率;名义收益率,包含通货膨胀的收益率。换言之,名义收益率等于实际收益率与通货膨胀率之和。

2. 预期收益率

预期收益率也称期望收益率，或期望报酬率，是指在不确定的条件下，预测的某资产未来可能实现的收益率。当决策者对未来的情况不能完全确定，但知道可能出现的结果及每种结果出现的概率，则期望收益率等于随机变量的各个取值，以相应的概率为权数的加权平均数，它反映随机变量取值的平均化，即投资者的合理预期，用 $\bar{E}$ 表示。

$$期望收益率(\bar{E}) = \sum_{i=1}^{N} P_i \times R_i$$

式中，P_i 表示第 i 种情况出现的概率；R_i 表示第 i 种情况出现时的收益率。

在经济活动中，某一事件在相同的条件下可能发生也可能不发生，这类事件称为随机事件。概率就是用来表示随机事件发生可能性大小的数值。通常情况下，我们把必然发生的事件的概率定为 1，把不可能发生的事件的概率定为 0，而一般随机事件的概率是介于 0 与 1 之间的一个数。概率越大，表示该事件发生的可能性越大。

[实务题 1-10] 甲公司打算生产 A、B 两种新型饼干，分别对应项目 A 和项目 B。假设两个项目的投资额相等，根据以往新品上市经验，预期两种饼干在未来市场上受欢迎程度有三种不同的情况，且不同情况下，两种饼干对应的预期收益率如表 1-2 所示。

表 1-2　　　　　　甲公司新项目不同情况下预期收益率

市场受欢迎程度	概率	预期收益率(项目 A)	预期收益率(项目 B)
非常受欢迎	0.2	20%	30%
受欢迎一般	0.6	10%	10%
不受欢迎	0.2	5%	-5%

要求：分别计算两个项目的期望收益率。

[解析]

项目 A：$\bar{E} = 0.2 \times 20\% + 0.6 \times 10\% + 0.2 \times 5\% = 11\%$

项目 B：$\bar{E} = 0.2 \times 30\% + 0.6 \times 10\% + 0.2 \times (-5\%) = 11\%$

两个项目产生的期望收益率相同。

3. 必要收益率

必要收益率也称必要报酬率或最低要求的收益率，表示投资者对某资产合理要求的最低收益率。只有当预期收益率大于等于必要收益率时，方案才可行。

必要收益率＝无风险收益率＋风险收益率

通常认为，政府债券没有违约风险，用短期国债的利率近似代替无风险收益率。

风险收益率,又称风险报酬率,是某资产持有者作为风险回避者,因承担该资产的风险而要求的超过无风险利率的额外收益。它由两个因素决定:①风险的大小。投资者承担的风险越高,要求的风险收益率越大。即风险报酬与风险程度呈正比。②投资者对风险的偏好(即风险回避程度)。投资者越回避风险,要求的风险收益率越大。

(二)资产的风险

前述货币时间价值原理,是建立在假设没有风险和没有通货膨胀基础上的一种投资回报率理论。然而,在现实经济活动中,任何决策都有风险,这使得风险观念在财务管理中具有普遍意义。

1. 风险的概念

风险,是指预期结果的不确定性。风险不仅包括负面效应的不确定性,即可以带来超出预期的损失;还包括正面效应的不确定性,即也可能带来超出预期的收益。该定义将风险和危险区分开来。危险专指负面效应,即损失发生及其程度的不确定性。风险的概念更加宽泛,包括危险。在企业财务管理活动中,不仅要识别、衡量、防范和控制危险,还要识别、衡量、选择和获取增加企业价值的机会。

知识链接

风险具有其自身的特点。首先,风险具有客观性。对于特定的投资活动,其风险大小是客观存在的,但是人们可以选择是否冒风险或者冒多大的风险。例如,投资国库券,其收益的不确定性较小;投资股票,则收益的不确定性大得多。到底是投资国库券还是股票,这是人的主观决策。但是一旦决定,风险的大小就无法改变。其次,风险的大小会随着时间的推移而变化。例如,某投资项目的成本,事先预计可能不是很准确,实际成本与预计成本之间的差异可能较大,因此,风险也较大。但越接近项目完工,预计的成本越准确。随着时间的推移,不确定性缩小,风险也缩小。当项目完成时,其结果也就完全确定了。因此,风险是"一定时期内"存在的现象。

2. 风险的类型

(1)系统风险和非系统风险

按照风险是否可以被分散,风险分为系统风险和非系统风险。

①系统风险

系统风险,又称市场风险或不可分散风险,是指影响整个资本市场的风险。它由企业外部因素引起,涉及所有的投资对象,企业无法控制且不能通过多元化投资来分散,如战争、自然灾害、利率的变化、经济周期的变化、通货膨胀等。

②非系统风险

非系统风险,又称企业特有风险或可分散风险,是指由于个别企业的特有事件造成的风险。它是随机发生的,不涉及所有企业和所有项目,只与个别企业和个别投资项目有关,且可以通过多元化投资来分散,如开发新产品失败、销售份额减少、工人罢工、诉讼失败等。

(2)经营风险和财务风险

按照风险形成的原因,风险分为经营风险和财务风险。

①经营风险

经营风险,又称商业风险,是指由于生产经营条件的变化对企业收益带来的不确定性,是企业没有使用债务时经营的内在风险。这些生产经营条件的变化可能来自企业内部,也可能来自企业外部。这些内、外部变化,使企业的生产经营产生不确定性,最终引起收益变化。例如,原材料价格变动,新材料、新设备的出现等因素对供应方面的影响;产品生产方向不符合市场需求、生产组织不合理等因素对生产方面的影响;产品销售失策、广告推销不佳、货款回收不及时对销售方面的影响等。

②财务风险

财务风险,又称筹资风险,是指由于企业使用债务筹资方式而产生的丧失偿付能力的风险。企业在资金不足的情况下,或者为了充分利用财务杠杆的作用,会运用负债方式筹资。但无论企业是否盈利,都需按时偿还债权人的利息和本金。如果营业利润不足以支付债务本金和利息,企业就会陷入财务危机,严重的可能导致破产,这就是负债经营的风险。如果企业没有负债,全部用自有资金经营,那么该企业只有经营风险,没有财务风险。有关杠杆在企业中的应用详见本书第二章。

知识链接

企业负债经营虽然可解决资金短缺的困难,提高自有资金的盈利能力,但同时也改变了企业的资金结构。在全部资金来源中,借入资金所占的比重越大,企业的财务负担就越重,破产风险也就越高;反之,借入资金所占的比重越小,企业的财务负担就越轻,破产风险也就越低。因此,维持适当的债务水平是风险管理的关键。企业既要充分利用举债经营来获得财务杠杆收益,提高自有资金的盈利能力,同时也要防止过度举债而增大财务风险。

3.风险的衡量

资产收益率的离散程度是用以衡量风险大小的统计指标,即:用资产收益率各种可能结果和期望收益率的偏差程度衡量风险。一般而言,离散程度越大,风险越大;离散程度越小,风险越小。常见的风险衡量指标有方差、标准差以及标准差系数。

（1）方差

方差，是某情况出现时的收益率和期望收益率之间差异的平方的加权平均数。在概率论中，方差用来度量随机变量和其数学期望（即均值）之间的偏离程度。统计学中的方差（样本方差）是每个样本值与全体样本值的平均数之差的平方值的平均数。在许多实际问题中，研究方差即偏离程度有着重要意义。方差的计算公式为：

$$\text{方差}(\sigma^2) = \sum_{i=1}^{N} [(R_i - \bar{E})^2 \times P_i]$$

式中，R_i 表示第 i 种情况出现时的收益率，$\bar{E}$ 表示期望收益率，P_i 表示第 i 种情况出现的概率。

（2）标准差

标准差是方差的平方根，是一个绝对数，用来比较期望收益率相同情况下的投资项目的风险程度。在多个方案的情况下，若期望收益率相同，则标准差越大，表明各种可能收益率偏离期望收益率的幅度越大，结果的不确定性越大，风险也越大；反之，标准差越小，表明各种可能收益率偏离期望收益率的幅度越小，结果的不确定性越小，则风险也越小。标准差的计算公式为：

$$\text{标准差}(\sigma) = \sqrt{\sum_{i=1}^{N} [(R_i - \bar{E})^2 \times P_i]}$$

［实务题1-11］ 沿用［实务题1-10］，由于甲公司A、B两个项目期望收益率一致，现计算A、B两个项目收益率的标准差。

［解析］

项目A：$\sigma = \sqrt{(20\% - 11\%)^2 \times 0.2 + (10\% - 11\%)^2 \times 0.6 + (5\% - 11\%)^2 \times 0.2}$
$= 4.90\%$

项目B：$\sigma = \sqrt{(30\% - 11\%)^2 \times 0.2 + (10\% - 11\%)^2 \times 0.6 + (-5\% - 11\%)^2 \times 0.2}$
$= 11.14\%$

由于两个项目的投资额相同，期望收益率也相同，但项目A的标准差小于项目B，表明项目A的风险比项目B的风险小。

（3）标准差系数

方差和标准差作为反映可能收益率与期望收益率偏离程度的一个指标，可以用来衡量风险。然而这两个指标是绝对数，只适用于在期望收益率相同条件下比较风险程度，对期望收益率不同的决策方案则不适用。标准差系数，也称标准离差率或变异系数，是指标准差与期望收益率的比值，用CV表示，其计算公式为：

$$\text{标准差系数}(CV) = \frac{\sigma}{E}$$

标准差系数是一个相对数,可用来衡量期望收益率不同时,投资项目的风险程度。标准差系数越大,表明可能收益率与期望收益率偏离程度越大,结果的不确定性越大,风险也越大;反之,标准差系数越小,表明可能收益率与期望收益率偏离程度越小,结果的不确定性越小,风险也越小。

[实务题1-12] 沿用[实务题1-10],计算甲公司 A、B 两个项目收益率的标准差系数。

[解析]

项目 A:$CV = \dfrac{4.90\%}{11\%} = 0.45$

项目 B:$CV = \dfrac{11.14\%}{11\%} = 1.01$

从标准差系数中也可以看出,项目 A 的风险比项目 B 的风险小。当 A、B 两个项目的期望收益率相同时,我们可以直接根据标准差来比较风险程度。如果期望收益率不相同,则必须计算标准差系数才能对比风险程度。

有了期望收益率和标准差(系数),我们可以利用其比较和选择方案。对于单个方案,我们可以将标准差(系数)与设定的可接受的最高指标值进行比较,若前者小于后者,则应该选择该方案。对于多个方案,决策的总原则是选择标准差低、期望收益率高的方案,但是具体情况还要做具体分析。

知识链接

企业的财务决策,几乎都是在有风险和不确定性的情况下进行的。离开了风险,就无法正确评价企业投资报酬的高低。按照风险的大小,企业财务决策可以分为确定型决策、风险型决策和不确定型决策三种类型。(1)确定型决策。决策者对未来的情况是完全已知并确定的决策,称为确定型决策。例如,某公司用 500 万元投资利率为 5% 的 3 年期国债,由于国债是国家发行的债券,获得 5% 的报酬几乎是确定的。因此,这种投资决策通常被认为是确定型决策。(2)风险型决策。决策者对未来的情况不能完全确定,但知道可能出现的结果及每种结果出现的概率,这种情况下的决策被称为风险型决策。(3)不确定型决策。决策者对未来的情况不但不能完全确定,而且对其出现的概率也不清楚,这种情况下的决策被称为不确定型决策。例如,企业准备投资煤炭开发工程,如果能找到理想的煤层可获得 100% 的收益率,如果找不到理想的煤层,则将发生亏损。但是,能否找到理想的煤层、获利与亏损的可能性各是多少,事先都很难预料,这种投资决策便属于不确定型决策。

企业的大多数财务决策是风险型决策和不确定型决策,其中更多的是不确定型决策。由于不确定型决策对各种情况出现的可能性不清楚且无法计量,因此在实务中,通常对不确定型决策先估计一个大致的概率,这样,不确定型决策就转化为风险型决策。在财务管理中,对风险型和不确定型不做严格区分。提到风险，可能是指一般意义上的风险，也可能是指不确定性问题。

第三节 本章课程思政案例及延伸阅读

为扩展本章内容的理解，本章课程思政案例侧重于财务管理目标和结合金融环境的风险与报酬内容的延伸。

一、本章课程思政案例

（一）案例主题与思政意义

[案例主题]

慈善捐赠作为企业"四大社会责任"之一，是上市公司履行社会责任的重要表现形式。对比个案公司（鸿星尔克案例①）和有关文献实证研究结果，理解企业通过慈善捐赠履行社会责任与企业价值之间的关系，并进一步探讨这能否促进财务管理目标的实现。

[思政意义]

结合案例和实证研究结果，辩证理解企业履行社会责任对财务管理目标的影响；树立企业社会责任意识，充分发挥财务管理在企业积极履行社会责任方面的作用，促进企业可持续发展。

（二）案例描述与分析

[案例描述1]

鸿星尔克于2000年在福建省泉州市鲤城区创立，经过20多年的发展，现已成为国内知名的综合体育用品品牌公司。自成立以来，鸿星尔克始终坚持"脚踏实地、演绎非凡"的经营理念，其"to be no.1"的品牌精神深入人心，它所倡导的坚韧、拼搏的奋斗精神，以及勇争第一的决心和勇气，鼓舞和激励着ERKE人以及广大消费者对成功的渴望和追求。

---

① 陈凌婧,胡璇.企业社会责任、网络情绪传播与品牌价值：基于鸿星尔克的案例分析[J].商业经济研究,2022(3):94—96.

[案例分析1]
鸿星尔克对河南水灾的捐助——践行企业社会责任

在与同业的竞争中,鸿星尔克曾遭遇库存挤压、门店关闭、市场份额下滑等困难,被迫将市场重心转向三四线县市。即便如此,鸿星尔克始终没有忽视社会责任的担当与履行,在国家遭受地震、疫情、旱涝灾害等危难之际倾囊相助,在扶贫助残方面更是毫不吝啬(见表1—3)。即便在鸿星尔克净利润为负的情况下,它依然坚定地践行企业社会责任,传递助残助弱、回馈社会的价值观,为国货品牌树立起行善的良好典范。

表1—3　　　　　　　　　鸿星尔克践行企业社会责任的表现

时间	具体事件表现
2008年	为汶川地震受灾地区捐款600万元
2013年	与福建省残联基金会携手捐赠了超过2 500万元的爱心物资
2018年	向福建省残疾人福利基金会捐赠6 000万元爱心物资
2019年	向中国残联捐款1亿元
2020年	向武汉捐赠价值1 000万元物资,向长泰县捐赠5万个口罩
2021年	捐赠1亿元物资用于扶贫助残

自2021年7月20日起,河南遭遇罕见的持续性强降水天气,郑州、新乡等地受灾严重。截至8月2日,河南省共有150个县、1 663个乡镇、1 453.16万人受灾,共造成302人遇难、50人失踪,直接经济损失达1 142.69亿元。"一方有难、八方支援",河南水灾迅速引起全国关注,众多企业、明星及民众纷纷捐款捐物,其中也包括鸿星尔克。7月21日,鸿星尔克在官方微博宣布向河南捐赠5 000万元物资,这令网友深感意外。因为鸿星尔克当时正处在发展瓶颈期,2020年营业额仅为28.43亿元,尚不及安踏的十分之一,也不及李宁的五分之一,同样也落后于特步和361度。然而,鸿星尔克的捐赠金额在众多运动品牌中排在第一位,其捐赠金额与营业额、市场地位的不匹配,充分彰显了鸿星尔克的魄力与责任感,也迅速引爆了网络热议。

广大消费者基于家国情怀的共情,通过"野性消费"的方式表达了对鸿星尔克的支持,这不仅是出于对品牌本身的支持,也是日益增强的民族自信、爱国情怀的抒发,更是对行善价值观的高度认同。鸿星尔克引起网民情绪高涨,主要有以下几个原因:其一,河南水灾引起全社会广泛关注,并引发企业和明星的捐款热潮。中国网民热衷于讨论各方的捐赠情况,以舆论的方式传播正能量,并对积极支援的企业给予高度赞扬。其二,鸿星尔克的发展状况并不理想,2020年仍处在亏损状态,净利润为—2.2亿元,2021年第一季度又亏损6 000多万元。鸿星尔克似乎"自身难保",也被网民调侃为"快要破产的企业"。然而,在这种艰难环境下,鸿星尔克捐助了5 000万元,与净利润达52亿元的安踏并驾齐驱。这种行为彰显了其强烈的社会责任感,其"舍小家为大家"的奉献精神,深深触动了广大网民的家国情怀,引起了广泛共鸣。其三,鸿星尔克的捐赠行为极为低调,没有借机宣传或刻意营销,默默做慈善而不博眼球,使网民在钦佩之余甚至萌生心酸、意难平的情绪。其四,当事件在微博持续发酵后,鸿星尔克始终保持谦卑的态度,创始人呼吁不要"神化"鸿星尔克,并提醒网民理性消费,同时不希望对同行造成困扰。正是这份赤子之心与胸怀,进一步激发了网民情绪的集中释放。

[案例描述2]

国际上,随着重大自然灾害(2004年12月南亚海啸、2005年8月卡特里娜飓风、2005年10月克什米尔地震)的频发,越来越多的人认识到企业在慈善救灾工作中筹集资金、实物资源等方面扮演着关键角色。在国内,2008年南方冰雪灾害、汶川地震等重大事件的发生,使得中国的公益慈善实现了从50亿元到200亿元,再到超过1 000亿元的突破,2008年的公益慈善事业也因此成为中国慈善史上的一座里程碑。截至目前,虽然我国社会捐赠水平还有待提高,但慈善在应对重大突发事件(如抗击疫情),以及支持国家重大战略实施(如脱贫攻坚)等方面的作用可圈可点,慈善捐赠正在成为促进社会公平、推进共同富裕的重要力量(王爱文,2022)。[①]

[案例分析2]

1. 企业通过慈善捐赠履行社会责任提升企业价值

基于利益相关者理论,企业积极履行社会责任,可以平衡不同利益相关者的诉求,进而提高企业价值。李敬强和刘凤军(2010)以中国上市公司百强企业为样本,采用事件研究法(Event Study)[②],研究发现市场对"汶川地震"中企业捐赠行为做出了积极反映,捐赠金额越高、越及时,平均异常累计收益显著越高。杜兴强和杜颖洁(2010)通过手工搜集"5·12"汶川地震上市公司捐赠截面数据,实证检验发现,公益捐赠显著提高了上市公司市场绩效(托宾 Q)和会计绩效(总资产收益率,ROA)。涂咏梅和张楠(2019)利用面板数据实证检验也得出一致结论。

2. 企业通过慈善捐赠履行社会责任降低企业价值

根据弗里德曼(Friedman,1970)经典论点,慈善事业应该由非营利组织或者个人发起,企业慈善转移了有价值的企业资源,倾向于抑制企业财务绩效。同时,根据委托代理理论,管理者利用企业资源满足个人慈善捐赠偏好,即通过企业慈善为自己谋取名声或利益,而股东却蒙受了机会损失。国内学者方军雄(2009)研究发现,"5·12"汶川地震中投资者的市场反应与上市公司捐赠力度和捐赠及时性显著负相关,即捐赠金

---

① 2022年6月22日广东民政要闻"正确认识把握推进共同富裕中的分配、社会福利与慈善问题"报告内容。

② 事件研究法是一种研究某个事件对公司股价、收益率等影响的统计方法,是实证研究方法的一种。

额越大、捐赠行为越及时,市场的负面反应越显著。

3. 企业通过慈善捐赠履行社会责任与企业价值无关

一些学者采用事件研究法,研究发现"玉树地震"中公司捐赠行为并未一致性地获得显著大于 0 的异常收益,即捐赠行为没有影响公司股票价格从而增加股东财富。卢正文和刘春林(2017)研究发现,慈善捐赠对会计绩效存在显著正向影响,但由于我国资本市场较国外成熟资本市场效率较低,托宾 Q 值存在一定外部干扰,因此慈善捐赠与市场绩效无显著正向影响。

(三)案例讨论与升华

[案例讨论]

以上案例分析表明,企业通过慈善捐赠履行社会责任,既可能提高企业价值,也可能降低企业价值,或者对企业价值没有影响。那么,面对这种不确定性,企业还要履行社会责任吗?

[案例升华]

企业不仅是创造财富的主体,也是分配财富的重要一环。企业改善劳动条件、提高劳动者报酬、增加环保投入、加大慈善公益捐赠等履行社会责任的行为,是推动共同富裕的重要内容。党的二十大报告中明确强调,"引导、支持有意愿有能力的企业、社会组织和个人积极参与公益慈善事业",以扎实推进共同富裕。站在新的历史方位上,企业社会责任被赋予了新的内涵和使命。一方面,我们要辩证地看待企业社会责任对企业财务管理目标的影响;另一方面,企业要置身于社会发展的宏观环境中,审时度势、顺应潮流,逐步探索出一条实现社会效益和经济效益"双赢"的路径。

二、本章延伸阅读

延伸阅读 1　ESG 投资理念

近年来,可持续发展、绿色发展理念逐渐深入人心,企业在环境、社会和公司治理(Environmental, Social, Governance, ESG)方面的表现受到社会各界的广泛关注。ESG 是一种在投资决策中将企业环境、社会和治理表现纳入考虑的投资理念,是责任投资理念的延伸和丰富。与 CSR(企业社会责任)相比,ESG 更加聚焦,主要是站在投资者的角度,其各项衡量指标是为了满足投资者的需求,服务于投资者。ESG 理念最早起源于欧美,可追溯至 18 世纪衍生的"社会责任投资"(Socially Responsible Investment, SRI)理念。当时部分投资者因受宗教教义的影响,拒绝投资对社会存在潜在危害的业务,例如酒精、武器等。2004 年,ESG 在联合国《在乎者赢》(Who Cares Wins)报告中首次正式提出。

近年来，越来越多的上市公司加强了 ESG 信息披露质量，主动进行 ESG 信息披露的 A 股上市公司数量逐年增加。2024 年，我国政府有关部门为促进企业的可持续发展，制定了多项宏观政策、监管规则及披露要求，标志着中国正在全面推进并深入发展 ESG 领域。具体而言，中共中央、国务院于 2024 年 1 月 11 日联合发布了《全面推进美丽中国建设的意见》，其中明确提出将"探索开展环境、社会和公司治理评价"作为健全美丽中国建设保障体系的内容之一。在中国证监会的指导下，上海证券交易所、深圳证券交易所和北京证券交易所于 2024 年 4 月 12 日正式发布了《上市公司可持续发展报告指引》，并于 2025 年 1 月 17 日发布了《上市公司可持续发展报告编制指南》。这些文件的发布旨在引导和规范上市公司发布《上市公司可持续发展报告》或《上市公司环境、社会和公司治理报告》（即 ESG 报告），从而持续提升可持续发展（ESG）信息披露的质量。同时，这也意味着规范化、系统化的上市公司可持续信息披露规则体系已初步构建完成。

ESG 不仅高度契合经济建设、政治建设、文化建设、社会建设、生态文明建设"五位一体"的总体布局和"创新、协调、绿色、开放、共享"的新发展理念，而且为可持续发展和绿色发展提供了系统性、可量化的操作框架。自中国提出"碳达峰""碳中和"目标以来，国内 ESG 投资增长明显加速。良好的 ESG 表现有助于获得投资者的青睐，缓解企业融资约束、改善企业经营效率、降低企业财务风险，从而提升企业价值。[①]

延伸阅读 2　云南白药投资失利——金融市场的风险与报酬

2022 年 3 月 26 日，云南白药（000538.SZ）披露了公司 2021 年年报。业绩报告显示，2021 年，云南白药实现营业收入 363.74 亿元，同比增长 11.09%；而归属于上市公司股东的净利润为 28.04 亿元，同比下降 49.17%，这是公司近 20 年来首次出现归母净利下滑的情况。

2021 年公司归母净利润近乎腰斩，主要受持有的证券、基金单位净值变化影响（见表 1—4）。云南白药自 2018 年开始进行证券投资，并于 2020 年实现收益 22.40 亿元，占利润总额比例达 32.94%。2021 年却遭遇公允价值变动损失 19.29 亿元，占利润总额比例高达 55.41%，严重影响公司利润。2021 年，云南白药共投资了包括小米集团、恒瑞医药、腾讯控股等在内的 9 只股票和 1 只债券型基金。投资的股票仅有 2 只实现微盈利（通威股份盈利 0.38 亿元、中国生物制药盈利 0.01 亿元），而多数亏损。其中，投资小米集团亏损超过 14 亿元、腾讯控股亏损 1.34 亿元、恒瑞医药亏损 2.2 亿元。

---

① 王琳璘，廉永辉，董捷. ESG 表现对企业价值的影响机制研究[J]. 证券市场导报，2022(5)：23—34.

表1-4　　　　　　　　　云南白药近5年公允价值变动损益　　　　　　　单位：亿元

时间	公允价值变动损益金额	损益金额占利润总额比例	形成原因说明
2017年	0	0.00%	—
2018年	0.42	1.09%	期末持有的以公允价值计量且变动计入当期损益的金融资产产生的公允价值变动损益
2019年	2.27	4.80%	公司持有的证券、基金单位净值变化产生
2020年	22.40	32.94%	公司持有的证券、基金单位净值变化产生
2021年	-19.29	-55.41%	公司持有的证券、基金单位净值变化产生

资料来源：公司年报整理所得。

风险广泛地存在于企业的财务活动和经营管理活动中，并影响着企业的财务目标。一般情况下，企业会尽量回避风险，但有的企业却会冒着风险投资，这是为什么呢？

更多的额外报酬即风险报酬的获得往往需要承担更大的风险。投资者从事风险活动的实际结果与预期结果（期望收益率）会发生偏离，这种偏离可能是正方向的（高于期望收益率），也可能是反方向的（低于期望收益率）。即一方面可能会取得成功，获得风险报酬；另一方面也可能会蒙受损失，产生不利影响。并且，风险越大，成功后的风险报酬越高，但失败后的损失也越大。由于这种巨大风险背后可能隐藏着巨大成功和高回报，因此成为人们冒风险从事各项经济活动的一种动力。

复习思考题与练习题

一、复习思考题

1. 企业财务管理的基本内容是什么？
2. 试论述企业是否需要履行社会责任。
3. 企业财务决策中要考虑货币时间价值吗，为什么？
4. 简述风险程度的衡量指标。

二、练习题

1. 资料：假设某银行按年计息，年存款利率为4%，企业需要在银行开设一个账户并存入一笔资金，预期从第3年开始，连续5年、每年年初存入该账户10 000元。

要求：计算到第5笔资金存入期期末，该银行账户共有多少款项。

2.资料:某企业准备投资一项目,需向银行贷款2 000万元,年贷款利率为6%,贷款本息归还方式有两种方案,每年年末还款金额如表1—5所示:

表1—5　　　　　　　　　　　　企业贷款归还计划表

方案	年限	年还款金额(万元)
1	10年	300
2	15年	230

要求:结合资金的时间价值,计算分析哪种还款方式最有利。

第二章　筹资决策

> **本章概述**

本章在介绍长期筹资方式及资本成本的基础上，围绕资本结构理论分析了杠杆在企业中的应用。同时，结合实务例题对筹资方式的应用进行具体分析，并通过思政案例与延伸阅读进行内容拓展。

> **思政目标**

深刻理解资本成本和杠杆对筹资决策的影响，增强筹资过程中的环保意识和法律意识。

> **育人元素**

树立绿色金融意识。

第一节　筹资决策概述

筹资活动是企业获得资金的重要手段，也是企业资金运动的起点。企业要长期生存与发展，需要经常持有一定规模的长期资本。因此，长期筹资是企业筹资的主要内容，而短期筹资则属于营运资本管理的内容。企业长期资本主要通过债务筹资、权益筹资以及混合筹资方式来获得。

一、长期债务筹资

(一)长期借款筹资

长期借款(Long-term Loans),是指企业向银行或其他金融机构借入的、期限超过1年(不含1年)或超过一个营业周期(通常超过1年)的各项借款。长期借款筹资是企业自主扩张重要的、经常性的资金来源。

企业通过长期借款筹资,一方面,可以弥补流动资金的不足;另一方面,企业为了扩大生产经营而添置各种机械设备、建造厂房等,需要投入大量的长期占用资金。然而,企业所拥有的经营资金往往无法满足这些需求,若等待用企业内部形成的积累资金再去购建,则可能丧失企业发展的有利时机。因此,当企业需要筹集金额较大、期限较长的资金,而又没有发行股票等权益融资的能力和条件时,可采用长期借款的方式。

1. 长期借款的分类

长期借款的种类很多,企业可根据自身的情况和各种借款条件选用。在我国,目前各金融机构提供的长期借款主要包括以下几类:

(1)按照用途,分为固定资产投资借款、更新改造借款、科技开发和新产品试制借款等。

(2)按照提供贷款的机构,分为政策性银行贷款、商业银行贷款等。此外,企业还可从信托投资公司取得实物或货币形式的信托投资贷款,从财务公司取得各种中长期贷款等。

(3)按照有无担保,分为信用贷款和抵押贷款。信用贷款是指不需要企业提供抵押品,仅凭其信用或担保人信誉而发放的贷款。抵押贷款是指要求企业以抵押品作为担保的贷款。长期贷款的抵押品通常是房屋、建筑物、机器设备、股票、债券等。

> **知识链接**
>
> 当银行向财务风险较大的企业或信誉一般的企业发放贷款时,为降低贷款风险,可向借款企业索取抵押品。 银行接受抵押品后,根据抵押品的价值决定贷款金额,这一金额一般为抵押品价值的 30%~90%。 这一比例的高低取决于抵押品的变现能力和银行的风险偏好。

2. 长期借款的条件

金融机构对企业发放贷款的原则是:按计划发放、择优扶植、有物资保证、按期归还。企业申请贷款一般应具备如下条件:

(1)独立核算、自负盈亏、有法人资格。

(2)经营方向和业务范围符合国家产业政策,借款用途符合银行贷款办法的规定。

(3)借款企业拥有一定的物资和财产保证,担保单位具有相应的经济实力。

(4)具有偿还贷款的能力。

(5)财务管理和经济核算制度健全,资金使用效益及企业经济效益良好。

(6)在银行设有账户,可供办理结算。

具备上述条件的企业欲取得贷款,先要向银行提出申请,陈述借款原因与金额、用款时间与计划、还款期限与计划。银行根据企业的借款申请,针对企业的财务状况、信用情况、盈利的稳定性、发展前景、借款投资项目的可行性等进行审查。银行审查同意贷款后,再与借款企业进一步协商贷款的具体条件,明确贷款的种类、用途、金额、利率、期限、还款的资金来源及方式、保护性条件、违约责任等,并以借款合同的形式将其法律化。借款合同生效后,企业便可取得借款。

3. 长期借款的还款方式

长期借款的偿还方式多种多样,包括但不限于以下几种:定期支付利息到期一次性偿还本金;定期等额偿还;平时逐期偿还小额本息,期末偿还剩余大额部分。

4. 长期借款筹资的优缺点

(1)长期借款筹资的优点

①筹资速度快。发行各种证券筹集长期资金所需时间一般较长,因为做好证券发行的准备以及发行证券都需要一定时间。而与发行证券相比,向金融机构借款所需时间较短,企业可以迅速地获取资金。

②借款弹性好。企业与金融机构可以直接接触,通过商谈确定借款的时间、数量、利息、偿付方式等条件。在借款期间,如果企业情况发生了变化,也可与金融机构协商,修改借款合同。借款到期后,如有正当理由,企业还可延期归还。

(2)长期借款筹资的缺点

①财务风险较大。企业举借长期借款,必须定期还本付息。企业在经营不力的情况下,可能会产生不能偿付的风险,甚至导致破产。

②限制条款较多。企业与金融机构签订的借款合同中,一般都有较多的限制性条款,这些条款可能会限制企业的经营活动。

(二)长期债券筹资

债券是发行人依照法定程序发行,约定在一定期限内还本付息的有价证券。债券的发行人是债务人,投资于债券的人是债权人。这里所说的债券,是指期限超过 1 年的公司债券,其发行目的通常是为建设大型项目筹集大笔长期资金。

1. 债券发行价格

债券的发行价格是债券发行时使用的价格,即投资者购买债券时所支付的价格。公司债券的发行价格通常有三种:平价、溢价和折价。

平价是指以债券的票面金额为发行价格;溢价是指以高出债券票面金额的价格为发行价格;折价是指以低于债券票面金额的价格为发行价格。债券发行价格的形成受诸多因素影响,其中最主要的是票面利率与市场利率的一致程度。债的票面金额、票面利率在债券发行前已参照市场利率和发行公司的具体情况确定,并载明于债券上。但在发行债券时,已确定的票面利率不一定与当时的市场利率一致。为了协调债券购销双方在债券利息上的利益,就要调整发行价格。当票面利率高于市场利率时,债券以溢价发行;当票面利率低于市场利率时,债券以折价发行;当票面利率与市场利率一致时,债券以平价发行。

以分期付息到期还本的债券为例,其发行价格的计算公式为:

$$债券发行价格 = \sum_{t=1}^{n} \frac{票面金额 \times 票面利率}{(1+市场利率)^t} + \frac{票面金额}{(1+市场利率)^n}$$

式中,n 表示债券期限;t 表示付息期数。

上述债券发行价格计算公式的基本原理,是将债券的全部现金流按照债券发行时的市场利率贴现并求和。债券的全部现金流包括债券持续期间内各期的利息现金流与债券到期支付的面值现金流。

[实务题2-1] 甲公司发行面值为1 000元,票面年利率为10%,期限为10年,每年年末付息的债券。在公司决定发行债券时,10%的利率是合理的。如果债券正式发行时市场上的利率发生变化,就要调整债券的发行价格。要求按以下三种情况分别计算债券的发行价格:

(1)资金市场上的利率保持不变,甲公司的债券利率为10%仍然合理,因此可采用平价发行。

(2)资金市场上的利率有较大幅度的上升,达到12%,则甲公司应采用折价发行。

(3)资金市场上的利率有较大幅度的下降,达到8%,则甲公司应采用溢价发行。

[解析]

(1)资金市场上的利率保持不变,甲公司的债券利率为10%仍然合理,因此可采用平价发行。

债券的发行价格 $= 1\,000 \times (P/F, 10\%, 10) + 1\,000 \times 10\% \times (P/A, 10\%, 10)$
$= 1\,000 \times 0.385\,5 + 100 \times 6.144\,6$
$= 999.96(元)$

(2)资金市场上的利率有较大幅度的上升,达到12%,则公司应采用折价发行。

债券的发行价格＝1 000×(P/F,12%,10)+1 000×10%×(P/A,12%,10)
　　　　　　＝1 000×0.322 0+100×5.650 2
　　　　　　＝887.02(元)

也就是说,只有按887.02元的价格出售,投资者才会购买此债券,并获得12%的报酬。

(3)资金市场上的利率有较大幅度的下降,达到8%,则公司应采用溢价发行。

债券的发行价格＝1 000×(P/F,8%,10)+1 000×10%×(P/A,8%,10)
　　　　　　＝1 000×0.463 2+100×6.710 1
　　　　　　＝1 134.21(元)

也就是说,投资者把1 134.21元的资金投资于甲公司面值为1 000元的债券,便可获得8%的报酬。

2.债券评级

公司公开发行债券通常需要由债券评信机构评定等级。债券的信用等级对发行公司和购买人都有重要影响。这是因为:(1)债券评级是度量违约风险的一个重要指标,债券的等级债务融资的利率以及公司债务成本有着直接的影响。一般来说,资信等级高的债券,能够以较低的利率发行;资信等级低的债券,风险较大,只能以较高的利率发行。另外,许多机构投资者将投资范围限制在特定等级的债券内。(2)债券评级方便投资者进行债券投资决策。对广大投资者尤其是中小投资者来说,由于受时间、知识和信息的限制,无法分析和选择众多债券,因此需要专业机构对债券还本付息的可靠程度进行客观、公正和权威的评定,为投资决策提供参考。

我国的债券评级工作正在开展,但尚未建立统一的债券等级标准和系统评级制度。根据中国人民银行的有关规定,凡是向社会公开发行的企业债券,需要由经中国人民银行认可的资信评级机构评信。这些机构对发行债券企业的企业素质、财务质量、项目状况、项目前景和偿债能力进行评分,以此评定信用级别。

国际上流行的债券等级是三等九级。AAA级为最高级,AA级为高级,A级为上中级,BBB级为中级,BB级为中下级,B级为投机级,CCC级为完全投机级,CC级为最大投机级,C级为最低级。

> **知识链接**
>
> 目前,国际上公认的最具权威性的信用评级机构主要包括美国标准普尔公司、美国穆迪投资服务公司、加拿大债券级别服务公司、日本公司债券研究所和上海远东资信评估公司等。其中,美国标准普尔公司和穆迪投资服务公司负责评级的债券很广泛,包括地方政府债券、公司债券、外国债券等。由于它们占有详尽的资料,采用先进科学的分析技术,又有丰富的实践经

验和大量专门人才，因此它们所做出的信用评级具有很高的权威性。标准普尔公司信用等级标准从高到低可划分为AAA级、AA级、A级、BBB级、BB级、B级、CCC级、CC级、C级和D级。穆迪投资服务公司信用等级标准从高到低可划分为Aaa级、Aa级、A级、Baa级、Ba级、B级、Caa级、Ca级和C级。两家机构信用等级划分大同小异。前四个级别的债券信誉高、违约风险小，是投资级债券；第五级以后的债券信誉低，是投机级债券。

3. 债券偿还

债券偿还的方式按其实际发生与规定的到期日之间的关系，分为到期偿还、提前偿还和滞后偿还三类。

(1) 到期偿还。到期偿还包括分批偿还和一次偿还两种形式。当一个企业在发行同一种债券时，为不同编号或不同发行对象的债券规定了不同的到期日，这种债券就是分批偿还债券。由于各批债券的到期日不同，它们各自的发行价格和票面利率也可能不相同，从而导致发行费较高。然而，这种债券便于投资人挑选最合适的到期日，从而便于发行。另外一种最为常见的形式就是到期一次偿还的债券。

(2) 提前偿还。提前偿还又称提前赎回或收回，是指在债券尚未到期之前就予以偿还。企业只有在发行债券的契约中明确规定了有关允许提前偿还的条款，才可以进行此项操作。提前偿还所支付的价格通常要高于债券的面值，并随接近到期日而逐渐下降。具有提前偿还条款的债券赋予企业融资较大的弹性。当企业资金有结余时，可提前赎回债券；当预测利率下降时，也可提前赎回债券，然后以较低的利率发行新债券。

(3) 滞后偿还。债券在到期日之后偿还即滞后偿还。这种偿还条款一般在债券发行时便订立，主要是给予持有人延长持有债券的选择权。滞后偿还有转期和转换两种形式。转期是指将较早到期的债券换成到期日较晚的债券，实际上是将债务的期限延长。常用的转期办法有两种：一是直接以新债券兑换旧债券；二是用发行新债券得到的资金赎回旧债券。转换通常指股份有限公司发行的债券可以按一定的条件转换成发行公司的股票，这种债券也被称为可转债(详见本小节第三部分"混合筹资")。

4. 债券筹资的优缺点

(1) 债券筹资的优点

①筹资规模较大。债券作为一种直接融资工具，其发行对象分布广泛，市场容量相对较大，且不受金融中介机构自身资产规模及风险管理的约束。因此，通过发行债券可以筹集较多的资金。

②具有长期性和稳定性。债券的期限比较长，且债券的投资者一般不能在债券到期前向企业索取本金，因此债券筹资方式具有长期性和稳定性的特点。金融机构对较长期限借款的比例往往会有一定的限制。

③有利于资源优化配置。债券是公开发行的,是否购买债券取决于市场上众多投资者自己的判断。投资者可以方便地交易并转让所持有的债券,这有助于加速市场竞争,提高社会资金的资源配置效率。

(2)债券筹资的缺点

①发行成本高。企业公开发行公司债券的程序复杂,需要聘请保荐人、会计师、律师、资产评估机构以及资信评级机构等中介,发行成本较高。

②信息披露成本高。发行债券需要公开披露募集说明书及其引用的审计报告、资产评估报告、资信评级报告等多种文件。债券上市后,还需要披露定期报告和临时报告。信息披露成本较高,同时对保守企业的经营、财务等信息及其他商业机密不利。

③限制条件多。发行债券的契约书中的限制条款通常比优先股及短期债务更为严格,可能会影响企业的正常发展和未来的筹资能力。

二、权益筹资

权益筹资(Equity Financing)又称股权筹资,是形成企业的权益资本的重要方式。它不仅是企业最基本的筹资方式,构成企业的原始资本,还是企业筹措各种债务资本的保证。它主要包括投入资本筹资、发行普通股筹资和留存收益筹资。其中,投入资本筹资,又称吸收直接投资,是指企业按照"共同投资、共同经营、共担风险、共享收益"的原则,以协议等形式直接吸收国家、法人、个人和外商投入资金的一种筹资方式。投入资本筹资不以股票为媒介,适用于非股份制企业,是非股份制企业筹集权益资本的基本方式。一般来说,发行普通股是股份有限公司筹集权益资本最常见的方式,留存收益筹资亦属于利润分配问题(详见第五章)。因此,本部分主要探讨发行普通股筹资的相关内容。

(一)股票的分类

股票(Stock)是一种有价证券,是股份有限公司为筹措权益资本,向出资人发行的、用于证明出资人的股东身份和权利,并据以享有权益和承担义务的一种书面凭证。根据股东的权利和义务,股票可分为普通股和优先股。

普通股是指股份公司依法发行的具有表决权、股利不固定的一类股票。它构成公司资本的基础,是股票的一种基本形式,也是发行量最大、最重要的股份。

优先股是指享有优先权的股票。优先股股东对公司资产、利润分配等方面享有优先权,因此其风险较小。但是优先股股东对公司事务无表决权,没有选举及被选举权,通常不参与公司的经营决策。此外,优先股股东不能退股,只能通过优先股的赎回条款被公司赎回。

> **知识链接**
>
> 由于优先股股息率事先设定(其实是上限),因此优先股的股息一般不会根据公司经营情况而增减。同时,优先股一般不能参与公司的剩余利润分红,也不享除自身价格以外的所有者权益,例如在资不抵债的情况下,优先股会有损失。

(二)普通股的发行

股票发行遵循公平、公正等原则,确保同股同权、同股同利。同次发行的股票,每股的发行条件和价格应当相同。同时,发行股票还应接受国务院证券监督管理机构的管理和监督。

由于各国的金融市场监管制度、金融体系结构和金融市场结构不同,因此股票发行方式也有所不同。常见的股票发行类型包括首次公开发行新股、向原始股东配股、非公开发行股票、向不特定对象公开发行股票、发行可转换债券等。

(三)普通股发行定价

1. 首次公开发行价格

我国 2017 年 9 月 7 日修订的《证券发行与承销管理办法》规定,首次公开发行股票时,可以通过向网下投资者询价的方式确定股票发行价格,也可以通过发行人与主承销商自主协商直接定价等其他合法且可行的方式确定发行价格。若公开发行股票数量在 2 000 万股(含)以下,并且无老股转让计划,那么应当通过直接定价的方式确定发行价格。

2. 配股发行价格

配股一般采取网上定价发行方式。配股价格由主承销商和发行人协商确定。

(1)配股除权价格

通常情况下,在配股股权登记日后,要对股票进行除权处理。除权后,股票的理论除权基准价格为:

$$配股除权参考价 = \frac{配股前股票市值 + 配股价格 \times 配股数量}{配股前股数 + 配股数量}$$

$$= \frac{配股前每股价格 + 配股价格 \times 股份变动比例}{1 + 股份变动比例}$$

当所有股东都参与配股时,股份变动比例(即实际配售比例)等于拟配售比例。除权参考价只是作为计算除权日股价涨跌幅度的基准,它提供的只是一个参考价格。如果除权后股票交易市价高于该除权参考价,那么参与配股的股东财富较配股前有所增加,这种情况通常被称为填权;而如果股价低于除权参考价,参与配股股东的财富则会减少,这种情况则被称为贴权。

(2)每股股票配股权价值

一般而言,原股东可以以低于配股前股票市价的价格来购买所配发的股票,即配股权的执行价格低于当前股票价格,此时配股权是实值期权,因此配股权具有价值。我们利用配股除权参考价,可以估计每股股票配股权价值。每股股票配股权价值为:

$$每股股票配股权价值=\frac{配股除权参考价-配股价格}{购买1股新配股所需的原股数}$$

[**实务题2-2**] A公司采用配股方式融资。20×2年3月21日为配股除权登记日,以公司20×1年12月31日总股数100 000股为基数,拟每10股配2股。配股价格为配股说明书公布前20个交易日公司股票交易均价5元/股的80%,即配股价格为4元/股。

假定在分析中不考虑新募集资金投资产生净现值引起的企业价值变化,计算并分析以下内容:①在所有股东均参与配股的情况下,配股后的每股价格;②每一份配股权的价值;③是否参与配股将对股东财富的影响。

[**解析**]

(1)以每股4元的价格发行了20 000股新股,筹集80 000元,由于不考虑新投资产生净现值引起的企业价值变化,普通股总市场价值增加了本次配股融资的金额,配股后股票的价格应等于配股除权参考价。

$$配股除权参考价=\frac{100\ 000\times 5+20\ 000\times 4}{100\ 000+20\ 000}=4.833(元/股)$$

假设股票市场价值增加正好反映新增资本,则配股后每股价格为4.833元。

(2)由于原股东每10股股票将配售2股股票,因此为得到1股新配股需要有5股原股票,因此每股原股票的配股权价值为0.167元[(4.833-4)/5]。

(3)假设某股东拥有10 000股A公司股票,配股前价值为50 000元。如果所有股东都行使配股权参与配股,该股东配股后所拥有股票的总价值为58 000元(4.833×12 000)。也就是说,该股东花费8 000元(4×2 000)参与配股后,其持有的股票价值增加了8 000元,因此股东的财富没有变化。但如果该股东没有参与配股,配股后的股票价格为4.847元/股[(100 000×5+18 000×4)/(100 000+18 000)],该股东配股后仍持有10 000股A公司股票,则股票价值为48 470元(4.847×10 000),该股东财富损失了1 530元(50 000-48 470)。

(四)发行普通股筹资的优点和缺点

1.普通股筹资的优点

(1)没有固定的到期日。普通股筹集的是永久性资本,没有固定的到期日,也无须偿还，除非企业破产清算才有可能偿还。这对于保证公司对资本的最低需求、促进公司长期持续稳定经营具有重要作用。

(2) 没有固定的股利负担。股利的支付与否和支付多少，视公司有无盈利和经营需要而定。若公司有盈利，并认为适合分配股利，则可以分给股东；若公司盈利较少，或虽有盈利但资本短缺或有更有利的投资机会，也可以少支付或不支付股利。相对于债券或借款利息，经营波动产生的股利支付给公司带来的财务负担较小。

(3) 筹资风险小。由于普通股筹资没有固定的到期还本付息的压力，且一般也不用支付固定的股利，因此筹资风险较小。

(4) 有助于提升公司信誉。普通股股本是公司最基本的资金来源，它反映了公司的实力，可作为其他方式筹资的基础，尤其可为债权人提供保障，提高公司的信用价值，增强公司的举债能力。

2. 普通股筹资的缺点

(1) 资本成本较高。一般而言，普通股筹资的成本要高于债务资本（资本成本的计算详见本章第二节）。这主要是因为：一方面，从投资者的角度讲，投资于普通股的风险较高，因此相应地要求有较高的投资报酬率；另一方面，对于筹资公司来讲，普通股股利从税后利润中支付，不像债券利息作为费用从税前支付，因而不具有抵税作用。此外，普通股的发行费用一般高于其他证券。一般来说，发行证券费用最高的是普通股，其次是优先股，再次是公司债券，最后是长期借款。

(2) 可能会分散公司原有股东的控制权。新股东分享公司未发行新股前积累的盈余，这会降低普通股的每股净收益，从而可能引发股价下跌。

(3) 信息沟通与披露成本较大。投资者或股东作为企业的所有者，有了解企业经营业务、财务状况、经营成果等的权利。企业需要通过各种渠道和方式加强与投资者的关系管理，以保障投资者的权益。特别是上市公司，其股东众多且分散，只能通过公司的公开信息披露了解公司状况。这就需要公司花更多的精力，有些还需要设置专门的部门，用于公司的信息披露和投资者关系管理。

三、混合筹资

（一）优先股筹资

我国《公司法》中没有关于优先股的具体规定。为了规范优先股的发行与管理，国务院在 2013 年 11 月 30 日发布了《关于开展优先股试点的指导意见》，证监会在 2014 年 3 月 21 日发布了《优先股试点管理办法》（2021 年 6 月 11 日修订）。这两项规定是我国目前关于优先股筹资的主要规范。

按照我国《优先股试点管理办法》的规定,上市公司可以发行优先股,非上市公司可以非公开发行优先股。

1. 上市公司发行优先股的一般条件

(1)最近3个会计年度实现的年均可分配利润应当不少于优先股1年的股息。

(2)最近3年现金分红情况应当符合公司章程及中国证监会的有关监管规定。

(3)在报告期内不存在重大会计违规事项。若公开发行优先股,最近3年财务报表被注册会计师出具的审计报告应当为标准审计报告或带强调事项段的无保留意见的审计报告;若非公开发行优先股,虽然最近1年财务报表被注册会计师出具非标准审计报告,但所涉及事项对公司无重大不利影响或者在发行前重大不利影响已经消除。

(4)已发行的优先股数量不得超过公司普通股股份总数的50%,且筹资金额不得超过发行前公司净资产的50%,已回购或转换的优先股不纳入计算。

2. 优先股筹资的优缺点

(1)优先股筹资优点

①与债券相比,不支付股利不会导致公司破产;②没有到期期限,不需要偿还本金;③与普通股相比,发行优先股一般不会稀释股东权益。

(2)优先股筹资缺点

①与普通股股利相同,优先股股利也不可以税前扣除;②优先股的股利支付虽然没有法律约束,但是经济上的约束使公司倾向于按时支付其股利。因此,优先股的股利通常被视为固定成本,与负债筹资的利息相似,会增加公司的财务风险,并增加普通股的成本。

知识链接

与优先股类似,永续债作为具有一定权益属性的债务工具,也是一种混合筹资工具。 永续债,又称无期债券,是指没有确定的到期期限或到期期限非常长,且发行人没有返还本金但有定期支付利息义务的混合资本证券。 在我国,永续债通常被称为"可续期公司债券"。 与普通股权融资相比,永续债融资具有以下优势:①融资成本低,永续债的融资成本与普通债券相近,远低于普通股融资的资本。 ②不会摊薄股东权益,永续债募集的资金计入其他所有者权益,不会增加股本,因此不会摊薄每股收益。 ③限制条件少,与配股和增发相比,永续债融资的限制条件少,更利于企业筹集资金。 ④永续债的债务利息可以税前扣除,具有利息抵税效果。

(二)可转换债券筹资

可转换债券,简称可转债,是指由公司发行并规定债券持有人在一定期限内按约定的条件可将其转换为发行公司普通股的债券。这种转换是一种期权,债券持有人可以选择转换,也可选择不转换而继续持有债券。同时,在资产负债表上只是负债转换为普通股,并不增加额外的资本。

1. 转换价格、转换比率与转换价值

(1) 转换价格

转换价格是指可转换债券在转换期内转换成普通股的每股价格,也称转股价格。这种转换价格通常由发行公司在发行可转换债券时约定。根据2020年我国《上市公司证券发行管理办法》的修订,转股价格应不低于募集说明书公告日前二十个交易日该公司股票交易均价和前一个交易日的均价。

(2) 转换比率

转换比率是可转债持有人将一份债券转换成普通股可获得的股份数,等于可转换债券面值除以转换价格。

[实务题2-3] 甲上市公司拟发行可转换公司债券筹集资金,每份债券面值1 000元。已知募集说明书公告日前20个交易日该公司股票交易均价为25元/股,前一个交易日均价为23元/股。

要求:

(1) 试分析甲公司本次发行拟定的转股价格不得低于多少元/股?

(2) 假定按照最低转股价转股,转换比率为多少?

[解析]

(1) 根据证券法律制度的规定,可转换公司债券的转股价格应不低于募集说明书公告日前20个交易日该公司股票交易均价和前一交易日的均价,即两者取其高。因此,甲公司本次发行拟定的转股价格不得低于25元/股。

(2) 转换比率=1 000/25=40(股),即甲公司每份可转换债券可以转换40份公司普通股股票。

(3) 转换价值

转换价值是指如果可转换债券转换为普通股票时,这些可转换债券所能够取得的价值,等于普通股每股市价乘以转换比率。通常情况下,当可转债的转换价值大于债券票面价值(即每股市价大于转换价格)时,投资者会选择转股。

$$转换价值 = 每股市价 \times 转换比率$$
$$= 每股市价 \times 可转换债券面值 \div 转换价格$$

> **知识链接**
>
> 可转换债券的最低价值，也称底线价值，应当是纯债券价值和转换价值两者中较高者，这是市场套利的结果。其中，纯债券价值是假定该可转换债券为普通公司债券并按照市场利率折现的现值。如果可转换债券的市价低于纯债券价值，人们就会购入被低估的债券，使之价格升高；如果可转换债券的市价低于转换价值，人们就会购入债券并立即转换为股票后出售套利。因此，纯债券价值和转换价值中较高者，形成了底线价值。

2.可转换债券筹资的优点和缺点

（1）可转换债券筹资的优点

①与普通债券相比，可转换债券使得公司能够以较低的利率取得资金。债权人同意接受较低利率的原因是有机会分享公司未来发展带来的收益。可转换债券的票面利率低于同一条件下的普通债券利率，从而降低了公司前期的筹资成本。与此同时，它向投资人提供了转为股权投资的选择权，使之有机会转为普通股并分享公司更多的收益。值得注意的是，可转换债券转换成普通股后，其原有的低息优势将不复存在，公司要承担普通股的筹资成本。

②与普通股相比，可转换债券使得公司具有了以高于当前股价出售普通股的可能性。有些公司本来是想要发行股票而不是债务，但是认为当前其股票价格太低，为筹集同样的资金需要发行更多的股票。为避免直接发行新股而遭受损失，才通过发行可转换债券变相发行普通股。因此，在发行新股时机不理想时，公司可以先发行可转换债券，然后通过转换实现较高价格的股权筹资。这样做既不会因为直接发行新股而进一步降低公司股票市价，又因为转换期较长，对公司股价的影响也较温和，从而有利于稳定公司股价。

（2）可转换债券筹资的缺点

①股价上涨风险。虽然可转换债券的转换价格高于其发行时的股票价格，但如果转换时股票价格大幅上涨，公司只能以较低的固定转换价格换出股票，这会降低公司的股权筹资额。

②股价低迷风险。发行可转换债券后，如果股价没有达到转股所需要的水平，可转换债券持有者没有如期转换普通股，则公司只能继续承担债务。在订有回售条款的情况下，公司短期内集中偿还债务的压力会更明显。尤其是有些公司发行可转换债券的目的是筹集权益资本，股价低迷使其原定目的无法实现。

③筹资成本高于普通债券。尽管可转换债券的票面利率比普通债券低，但是加入转股成本之后的总筹资成本比普通债券高。

(三)附认股权证债券筹资

1. 附认股权证债券的概念

附认股权证债券是指公司债券附认股权证,持有人依法享有在一定期间内按约定价格(执行价格)认购公司股票的权利,是债券加上认股权证的产品组合。认股权证是公司向股东发放的一种凭证,授权其持有者在一个特定期间以特定价格购买特定数量的公司股票。与可转换债券不同,认股权会带来新的资本。

2. 附认股权证债券筹资的优点和缺点

(1)附认股权证债券筹资的优点

①发行附认股权证债券可以起到一次发行、两次融资的作用。②可以降低相应债券的利率。发行附认股权证的债券,是以潜在的股权稀释为代价换取较低的利息。

(2)附认股权证债券筹资的缺点

①灵活性较差。相较于可转换债券,附认股权证债券的发行人一直都有偿还本息的义务,且因无赎回和强制转股条款,当市场利率大幅降低时,发行人需要承担一定的机会成本。

②如果将来公司发展良好,股票价格会大大超过执行价格,认股权证行权会使原有股东蒙受较大损失。

③附认股权证债券的发行者,其主要目的是发行债券而不是股票。虽然为了发债而附带期权,但其承销费用通常高于债务融资。

第二节 筹资决策重点问题的理解与应用

一、资本成本的概念和用途

资本成本是企业筹集和使用资本而承付的代价,如筹资公司向债权人支付的债务利息和向股东支付的股利等。在企业筹资实务中,通常运用资本成本的相对数,即资本成本率。资本成本率是指企业用资费用与有效筹资额之间的比率,通常用百分比表示。

资本成本是财务管理一个非常重要的概念,其重要性主要体现在两个方面:一是公司要达到股东财富最大化,必须使所有的投入成本最小化,其中包括资本成本,因此正确估计和合理降低资本成本是制定筹资决策的基础。二是为了增加股东财富,公司只能投资于投资报酬率高于资本成本率的项目,因此正确估计项目的资本成本是制定投资决策的关键。

根据应用对象的不同,资本成本可分为公司的资本成本和投资项目的资本成本。公司的资本成本是指投资人针对整个公司要求的报酬率,或者说是投资人对于企业全部资产要求的报酬率;项目投资的资本成本是指公司投资于资本支出项目所要求的报酬率。

(一)公司的资本成本

公司的资本成本,是指组成公司资本结构的各种资金来源的成本的组合,也就是各种资本要素成本的加权平均数。理解公司资本成本时,需要注意以下问题:

1. 资本成本是公司取得资本使用权的代价

从筹资人(公司)的角度看,假设不考虑所得税、交易费用等其他因素的影响,投资人从证券上所取得的报酬就是证券发行公司的成本。债权投资人获得的收益就是筹资公司的债务成本,而权益投资人获得的收益就是筹资公司的股权成本。任何交易都涉及至少两方,一方的所得就是另一方的所失,一方的收益就是另一方的成本。因此,投资人的税前必要报酬率等于公司的税前资本成本。

2. 资本成本是公司投资人的必要报酬率

资本成本是公司投资人的必要报酬率。如果公司的投资报酬率超过投资人的期望,必然会吸引新的投资人购买该公司股票,这样股价就会上升,现有股东的财富将增加。如果情况相反,有些股东会出售股票,股价就会下跌,股东的财富将减少。因此,假设不考虑所得税、交易费用等其他因素的影响,公司的资本成本是投资人的必要报酬率,或者说是维持公司股价不变的报酬率。

既然公司的资本成本取决于投资人的必要报酬率,那么投资人的必要报酬率又是由什么决定的呢?例如,一家银行贷款给一个公司,银行收取的利率就是银行投资给这家公司所要求的报酬率。因为银行把资金贷给别人也能得到相同的回报。这个利率是银行贷款的机会成本。同样地,股东对一家公司投资,他预期的回报率必须足够高,这样他才不会出售股份把资金转移到其他投资机会上去。股票的必要报酬率是公司股东不撤资的机会成本。由此可见,公司的资本成本与资本市场有关。如果市场上其他投资机会的报酬率上升,那么公司的资本成本也会上升。

3. 不同资本来源的资本成本不同

公司有多种资本来源,例如债务、优先股、普通股等。每一种资本来源被称为一种资本要素。每一种资本要素要求的报酬率被称为要素成本。每一种要素的投资人都希望在投资上取得报酬,但是由于风险程度的不同,每一种资本要素要求的报酬率也不同。公司的资本成本是企业资本结构中各种资金来源成本的组合,即各资本要素成本的加权平均值。

债权人要求的报酬率比较容易观察。不论是取得银行贷款或发行公司债券,都要事先规定利率。这些规定的利率可以代表投资人的要求,也就是债务的成本。当然,由于不同债务的风险不同,不同公司、不同借款期限的债务成本也不同,但总是有明确的规定。

股东要求的报酬率不容易观察。权益投资人得到的报酬不是合同规定的,他们的报酬来自股利和股价上升两个方面。公司没有义务必须支付某一特定水平的股利,分配多少股利取决于将来的经营状况和财务状况。同时,股东的股利要求权在债权人的利息之后,只有满足了债权人的要求之后,才可以分配股利。此外,股票价格有时上升,有时下降,因此股价上升的收益也是不确定的。基于以上原因,股东面临的风险比债权人大。因此,公司应当为股东支付更高的报酬。公司为了获得权益资本,必须使权益投资人相信该权益投资的报酬率至少可以与他们放弃的风险投资机会的报酬率一样。权益投资人要求的报酬率是一种事前的必要报酬率,而不是已经获得或实际获得的报酬率。实际报酬率和必要报酬率不同。公司对于必要报酬率是否能够实现,并不做任何保证。权益投资人根据公司的现状和前景等有关信息,对可能获得的期望报酬率做出判断,以决定是否投资。

4. 不同公司的资本成本不同

公司资本成本的高低通常取决于以下三个因素:(1)无风险利率,是指无风险投资所要求的报酬率,通常用短期国债的利率近似代替无风险利率。(2)经营风险溢价,是指由于公司未来前景的不确定性导致的要求报酬率增加的部分。一些公司的经营风险比另一些公司高,投资人对其要求的报酬率也会增加。(3)财务风险溢价,是指高财务杠杆产生的风险(财务杠杆见本小节第三部分"杠杆的应用")。简言之,公司的负债率越高,普通股收益的变动性越大,股东要求的报酬率也就越高。

由于公司所经营的业务不同(经营风险不同)、资本结构不同(财务风险不同),因此各公司的资本成本不同。公司的经营风险和财务风险越大,投资人要求的报酬率越高,公司的资本成本就越高。

(二)资本成本的用途

公司的资本成本主要用于投资决策、筹资决策、营运资本管理、企业价值评估和业绩评价。

1. 用于投资决策

当投资项目与公司现存业务相当时,公司资本成本可以作为合适的折现率。当然,在确定一个项目风险恰好等于现有资产平均风险时,需要审慎地判断。如果投资项目与现有资产平均风险不同,公司资本成本不能作为项目现金流量的折现率。然而,公司资本成本仍具有重要价值,它提供了一个调整基础。根据项目风险与公司风险的差别,适当调增或调减,可以估计项目的资本成本。

2. 用于筹资决策

筹资决策的核心问题是决定资本结构。最优资本结构能够实现股东财富最大化。由于估计资本结构对股东财富的影响非常困难,通常的办法是假设资本结构不改变企业的现金流,那么,加权平均资本成本最小化的资本结构就是使公司价值最大化的资本结构;在股东投资资本和债务价值不变的情况下,该资本结构也是使股东财富最大化的资本结构。预测资本结构变化对平均资本成本的影响,比预测其对股东财富的影响更容易。因此,加权平均资本成本可以指导资本结构决策。

3. 用于营运资本管理

公司各类资产的收益、风险和流动性不同,导致营运资本投资和长期资产投资的风险不同,其资本成本也不同。因此,我们可以把各类流动资产投资看作不同的投资项目,它们具有不同的资本成本。

在管理营运资本方面,资本成本可以用来评估营运资本投资政策和营运资本筹资政策。例如,用于流动资产的资本成本提高时,应适当减少营运资本投资额,并采用相对激进的筹资政策。在决定存货的采购批量和储存量、制定销售信用政策和决定是否赊购等方式时,资本成本可以作为重要依据。

4. 用于企业价值评估

在现实中,经常需要评估一个企业的价值,例如企业并购、重组等。在制定公司战略时,需要知道每种战略选择对企业价值的影响,也会涉及企业价值评估。评估企业价值时,主要采用现金流量折现法,需要使用资本成本作为公司现金流量的折现率。

5. 用于业绩评价

资本成本是投资人要求的报酬率,将其与公司实际的投资报酬率比较,可以评价公司的业绩。日渐兴起的以价值为基础的业绩评价,其核心指标是经济增加值。计算经济增加值需要使用公司资本成本。公司资本成本与资本市场相关,因此经济增加值可以把业绩评价和资本市场联系在一起。

总之,资本成本是连接投资和筹资的纽带,具有广泛的用途。首先,投资决策决定了公司所需资金的数额和时间,成为筹资决策的依据;其次,筹资决策决定了一个公司的加权平均资本成本,加权平均资本成本又成为投资决策的依据。资本成本把筹资决策和投资决策联系起来。为了实现股东财富最大化的目标,公司在筹资活动中寻求资本成本最小化,与此同时,投资于报酬高于资本成本的项目并力求净现值最大化。

二、资本成本的估计

(一)债务资本成本的估计

债务资本成本一般包括长期借款资本成本和公司债券资本成本两种。若不考虑筹集借款的费用,则长期借款资本成本等于银行或其他金融机构借款利率乘以(1-所得税税率)。公司债券资本成本测算分为以下两种情况:

1. 不考虑发行费用的债券资本成本估计

以普通公司债券为例,公司发行债券筹集资金,必须为使用该项资金支付相应的成本,即债务利息及偿还债券面值。发行债券筹集资金,就是将债券持有人获得的全部现金流按照其投资必要报酬率贴现并求和。债券持有人投资的必要报酬率,也就是公司债券的税前资本成本率,该方法也称为收益率法(详见第三章)。其测算公式为:

$$P_0 = \sum_{t=1}^{n} \frac{利息}{(1+K_d)^t} + \frac{面值}{(1+K_d)^n} = i \times F \times (P/A, K_d, n) + F \times (P/F, K_d, n)$$

式中,P_0 表示债券筹资总额,即债券的发行价格;i 表示债券票面利率;F 表示债券面值;K_d 表示债券投资的必要报酬率,即债券的税前资本成本率;n 表示债券的剩余期限,通常以年表示。

但是,由于利息支出可从发行债券公司的应税收入中扣除,而按面值赎回债券的支出无抵税效应,因此,在考虑税收的情况下,上述公式调整为:

$$P_0 = \sum_{t=1}^{n} \frac{利息 \times (1-t)}{(1+K_d)^t} + \frac{面值}{(1+K_d)^n}$$
$$= i \times F \times (1-t) \times (P/A, K_d, n) + F \times (P/F, K_d, n)$$

式中,t 表示所得税税率,其余符号含义同前式。

知识链接

由于所得税的作用,债权人要求的报酬率不等于公司的税后债务资本成本率。因为利息可以免税,政府实际上支付了部分债务成本,所以在考虑所得税的情况下,公司的债务资本成本率小于债权人要求的报酬率。

[实务题2-4] A公司发行了面值为1 000元、期限12年的长期债券,票面利率是7%,每年付息一次,发行价格为900元。不考虑企业所得税。

要求:计算A公司该债券的资本成本率。

[解析]

$$900=\sum_{t=1}^{12}\frac{1000\times 7\%}{(1+K_d)^t}+\frac{1\,000}{(1+K_d)^{12}}$$

$900=70\times(P/A,K_d,12)+1\,000\times(P/F,K_d,12)$

当 $K_d=7\%$ 时,等式右边$=70\times 7.942\,7+1\,000\times 0.444\,0=999.99$

当 $K_d=10\%$ 时,等式右边$=70\times 6.813\,7+1\,000\times 0.318\,6=795.56$

$$\frac{K_d-7\%}{10\%-7\%}=\frac{999.99-900}{999.99-795.56}$$

用插值法求解,$K_d=8.47\%$,即 A 公司该债券的资本成本率为 8.47%。该指标也可运用计算机函数(=IRR)来计算(详见第一章知识链接),此时要注意站在企业的角度标记现金流入流出。

2. 考虑发行费用的债券资本成本估计

在估计债券资本成本时,如果考虑发行费用,需要将其从筹资额中扣除。同前式,债券的资本成本率 K_d 应使下式成立:

$$P_0\times(1-f)=\sum_{t=1}^{n}\frac{利息\times(1-t)}{(1+K_d)^t}+\frac{面值}{(1+K_d)^n}$$

式中,f 表示发行费用率,其余符号含义同前式。

(二)普通股资本成本的估计

1. 不考虑发行费用的普通股资本成本的估计

由资本成本率实质上是投资的必要报酬率的思路可知,普通股的资本成本率就是普通股投资的必要报酬率,其测算方法一般有三种:资本资产定价模型、股利增长模型和债券收益率风险调整模型。

(1)资本资产定价模型

普通股收益实际上是一种风险收益,它的高低取决于投资者所冒风险的大小。美国学者夏普等人于 1964 年在投资组合理论基础上提出了"资本资产定价模型"(Capital Asset Pricing Model)。该模型的研究对象是充分组合情况下风险与必要报酬率之间的均衡关系。按照资本资产定价模型,普通股资本成本率(即普通股投资的必要报酬率)等于无风险报酬率加上风险报酬率。

$$K_e=R_f+\beta_i\times(R_m-R_f)$$

式中,K_e 表示普通股投资的必要报酬率,即普通股资本成本率;R_f 表示无风险报酬率;β_i 表示 i 公司股票的贝塔系数,代表该资产的系统风险,用来衡量个别股票或股票基金相对于整个股票市场的价格波动情况;R_m 表示市场报酬率;(R_m-R_f) 表示市场风险报酬率;$\beta_i\times(R_m-R_f)$ 表示 i 公司股票风险报酬率。资本资产定价模型是估计普通股资本成本率的常用方法。

(2)股利增长模型

公司发行股票筹集资金,就必须为使用该项资金支付相应的成本,即支付股利。投资者通常期望每年年底获得股利。发行股票筹集资金就是将股票持有人获得的股利按照其投资必要报酬率贴现并求和,股利贴现模型的计算公式为:

$$P_0 = \sum_{t=1}^{\infty} \frac{D_t}{(1+K_e)^t}$$

式中,P_0 表示普通股筹资总额;D_t 表示第 t 年的普通股股利;K_e 表示普通股投资的必要报酬率,即普通股资本成本率;t 表示股利支付期数。

运用上式计算普通股的资本成本率,其结果会因为股利政策的不同而有所不同。投资者期望公司股利未来不断增长,因此,假定公司股利以固定的年增长率递增,则普通股资本成本率的计算公式为:

$$K_e = \frac{D_1}{P_0} + g$$

式中,D_1 表示第一期期末现金股利;g 表示股利增长率,其余符号含义同前式。

使用股利增长模型的主要问题是估计长期平均增长率 g。如果一家企业在支付股利,那么 D_0 就是已知的,而 $D_1 = D_0 \times (1+g)$,因此剩下的问题只是估计增长率 g。估计长期平均增长率的方法有以下三种:

①历史增长率

这种方法是根据过去的股利支付数据估计未来的股利增长率。股利增长率可以按几何平均数计算,也可以按算术平均数计算,两种方法的计算结果存在显著差异。几何增长率适合投资者在整个期间长期持有股票的情况,而算术平均数适合在某一段时间内持有股票的情况。由于股利贴现模型需要长期的平均增长率来预测未来的股利支付情况,因此几何增长率更符合逻辑。

[实务题2-5]　假定当前日期为20×7年1月1日,甲公司刚支付股利0.393元/股,公司当前股价为8.31元/股(除息价),以前年度的股利支付均发生在年末12月31日,具体股利支付信息如表2-1所示。

表2-1　　　　　　　　甲公司近年来股利支付情况

年份	每股股利(元)
20×2	0.3
20×3	0.324
20×4	0.354
20×5	0.365

要求:计算甲公司的股利增长率。
[解析]
$0.3 \times (1+g)^4 = 0.393$

$g = 6.98\%$

采用几何增长率计算可得,甲公司的股利增长率为6.98%。

②可持续增长率

假设未来不增发新股(或股票回购),并且保持当前的经营效率和财务政策不变,则可根据可持续增长率来确定股利增长率。

股利增长率＝可持续增长率＝期初权益预期净利率×预计利润留存率

根据可持续增长率估计股利增长率,实际上隐含了一些重要的假设:利润留存率不变;预期新投资的权益净利率等于当前期望报酬率;公司不发行新股(或股票回购)。如果这些假设与未来的状况有较大区别,则可持续增长率法不宜单独使用,需要与其他方法结合使用。

③采用证券分析师的预测

证券服务机构的分析师经常发布大多数上市公司的增长率预测值。估计增长率时,可以将不同分析师的预测值汇总,并求其平均值。在计算平均值时,可以给权威性较强的机构以较大的权重,而其他机构的预测值给以较小的权重。

(3)债券收益率风险调整模型

根据"风险越大,要求的报酬率越高"的投资原理,普通股股东对企业的投资风险大于债券投资者,因此他们会在债券投资者要求的收益率基础上,再要求一定的风险溢价。基于这一理论,权益的成本公式可以表示为:

$$K_e = K_{dt} + RP_e$$

式中,K_{dt} 表示税后债务成本;RP_e 表示股东比债权人承担更大风险所要求的风险溢价。

风险溢价是凭借经验估计的。一般来说,某企业普通股相对于其自己发行的债券的风险溢价在3%～5%。对于风险较高的股票,采用5%的风险溢价,而对于风险较低的股票,采用3%的风险溢价。

2.考虑发行费用的普通股资本成本的估计

新发行普通股的资本成本,也被称为外部股权成本。由于新发行普通股会发生发行费用,因此其成本比留存收益进行再投资的内部股权成本要高。

如果把发行费用考虑在内,新发行普通股资本成本的计算公式则为:

$$K_e = \frac{D_1}{P_0 \times (1-f)} + g$$

式中，f 表示发行费用率，其余符号含义同前式。

(三)优先股资本成本的估计

优先股是股利分配和财产清偿优先于普通股的股份。优先股股息通常是固定的，是一种永续年金。优先股资本成本包括股息和发行费用。

优先股资本成本率的估计如下：

$$K_p = \frac{D_p}{P_0 \times (1-f)}$$

式中，K_p 表示优先股资本成本率；D_p 表示优先股股息；P_0 表示优先股筹资总额；f 表示优先股发行费用率。

从投资者角度来看，优先股投资的风险比债券大。当企业面临破产时，优先股的求偿权次于债权人。在公司面临财务困难时，债务利息会被优先支付，优先股股利次之。因此，同一公司的优先股股东要求的必要报酬率比债权人的高。同时，优先股投资的风险比普通股低。当企业面临破产时，优先股股东的求偿权优先于普通股股东。在公司分配利润时，优先股股息通常固定且优先支付，普通股股利只能最后支付。因此，同一公司的优先股股东要求的必要报酬率（即优先股资本成本）比普通股股东的低。

知识链接

永续债资本成本率的估计与优先股类似，公式如下：

$$K_{pd} = \frac{I_{pd}}{P_{pd} \times (1-f)}$$

式中，K_{pd} 表示永续债资本成本率；I_{pd} 表示永续债利息；P_{pd} 表示永续债筹资总额；f 表示永续债发行费用率。企业发行的永续债或优先股应按金融工具准则分类。对于分类为金融负债的永续债或优先股，无论其名称中是否包含"债"，其利息支出或股利分配，原则上按照借款费用处理，可以税前抵扣，并可在此基础上计算税后资本成本；对于分类为权益工具的永续债或优先股，无论其名称中是否包含"股"，其利息支出或股利分配都应当作为发行企业的利润分配，不可税前抵扣，因此其计算出的资本成本为税后资本成本。

(四)可转换债券资本成本的计算

与普通债券计算资本成本类似，发行可转换公司债券筹集资金就是将可转债持有人获得的全部现金流按照其投资必要报酬率贴现并求和，该投资的必要报酬率即可转债的税前资本成本率，其不同之处在于计算到期现金流出量时，要考虑可转换债券的转换价值或赎回价格。

[实务题2-6] ABC公司发行5年期可转换公司债券,票面价值为1 000元/份,票面利率为5.6%,当前每份债券市场价格为820元。预计在5年后每份可转债可以转换为ABC公司普通股股份25股,否则按面值赎回。公司当前每股市价为35元,预计年增长率为3%。不考虑企业所得税。

要求:计算该可转换债券的资本成本率。

[解析]

转换价值=每股市价×转换比率
$$= 35 \times (1+3\%)^5 \times 25$$
$$= 1\,014.36(元)$$

由于ABC公司可转换债券的到期赎回价是1 000元,转换价值大于赎回价格,预计投资者会进行转股,因此采用转换价值计算该可转债的资本成本。

$$820 = \sum_{t=1}^{5} \frac{1\,000 \times 5.6\%}{(1+K_d)^t} + \frac{1\,014.36}{(1+K_d)^5}$$

$820 = 56 \times (P/A, K_d, 5) + 1\,014.36 \times (P/F, K_d, 5)$

当 $K_d = 6\%$ 时,等式右边 $= 56 \times 4.212\,4 + 1\,014.36 \times 0.747\,3 = 993.92$

当 $K_d = 10\%$ 时,等式右边 $= 56 \times 3.790\,8 + 1\,014.36 \times 0.620\,9 = 842.10$

$$\frac{K_d - 10\%}{10\% - 6\%} = \frac{842.10 - 820}{993.92 - 842.10}$$

用插值法求解,$K_d = 10.58\%$,即ABC公司可转换债券的资本成本率为10.58%。该指标也可运用计算机函数(=IRR)来计算,此时要注意站在企业的角度标记现金流入流出。

> **知识链接**
>
> 在考虑所得税时,与普通债券一致,债券持有人转股(或到期赎回)之前,公司每年支付的债务利息可以抵税,而转股或赎回支出没有抵税效应。

(五)加权平均资本成本的计算

1.加权平均资本成本的定义

加权平均资本成本,又称综合资本成本,是公司全部长期资本的平均成本,一般按各种长期资本的比例作为权重计算,故称加权平均资本成本。其计算公式如下:

$$WACC = K_w = \sum_{i=1}^{n} K_i W_i$$

式中,K_w 表示加权平均资本成本率;K_i 表示第 i 种长期资本的资本成本率;W_i

为权重,表示第 i 种长期资本的资本比例,且 $\sum_{i=1}^{n} W_i = 1$。

因此,加权平均资本成本是由个别资本成本和各种长期资本比例两个因素决定的。

2.加权平均资本成本的计算方法

在计算公司的加权平均资本成本时,有三种权重依据可供选择,即账面价值权重、市场价值权重和目标资本结构权重。

(1)账面价值权重

账面价值权重是根据企业资产负债表上显示的会计价值来衡量每种资本的比例。资产负债表提供了负债和权益的金额,计算简便。然而,账面结构反映的是历史的结构,不一定符合未来的状态;账面价值权重会歪曲资本成本,因为账面价值与市场价值之间存在显著的差异。

(2)市场价值权重

市场价值权重是根据当前负债和权益的市场价值比例衡量每种资本的比例。由于市场价值不断变动,负债和权益的比例也随之变动,计算出的加权平均资本成本率也是经常变化的。

(3)目标资本结构权重

目标资本结构权重是根据按市场价值计量的目标资本结构衡量每种资本要素的比例。公司的目标资本结构,代表未来将如何筹资的最佳估计。如果公司向目标资本结构发展,那么目标资本结构权重更为适合。这种权重可以选用平均市场价格来计算,从而回避证券市场价格变动频繁带来的不便。目标资本结构权重适用于公司评价未来的资本结构,而账面价值权重和市场价值权重仅反映过去和现在的资本结构。

三、资本结构理论

资本结构,是指公司各种资本来源的构成及其比例关系。资本结构有广义和狭义之分。广义的资本结构是指全部资本(包括长期资本、短期资本)的结构;狭义的资本结构是指长期资本的结构。通常情况下,公司的资本由长期债务资本和权益资本构成。因此,资本结构是指长期债务资本和权益资本各占多大比例。由于短期资本的需要量和筹集量是经常变化的,且在整个资本总量中所占的比重不稳定,因此,在资本结构概念中通常不包含短期资本,短期资本不列入资本结构管理范围,而作为营运资金管理范围。

(一)MM 资本结构理论

1958 年,美国的莫迪格里安尼和米勒两位教授合作发表《资本成本、公司价值与投资理论》一文,深入探讨了公司资本结构与公司价值的关系,创立了 MM 资本结构理论(以下简称"MM 理论"),这是现代资本结构理论研究的起点。

MM 理论建立在一系列假设基础上,其所依据的直接及隐含的假设条件如下:(1)经营风险可以用息税前利润的方差来衡量,具有相同经营风险的公司称为风险同类;(2)投资者等市场参与者对公司未来的收益与风险的预期是相同的;(3)股票与债券在完全资本市场上交易,不发生交易费用;(4)借款无风险,即公司或个人投资者的所有债务利率均为无风险利率,且不受借款数额的影响;(5)所有现金流量都是永续现金流量,公司现金流预计是零增长率,投资者对公司息税前利润的预期是常数。

在上述假设的基础上,两位教授首先研究在"没有企业所得税"情况下的资本结构理论,其后又研究了在"有企业所得税"情况下的资本结构理论。因此,MM 理论又可以分为"无税 MM 理论"和"有税 MM 理论"。

1. 无税 MM 理论

在不考虑企业所得税的情况下,MM 理论研究了以下两个命题:

(1)命题Ⅰ:无论公司有无债务资本,其价值等于公司所有资产的预期收益额按适合该公司风险等级的必要报酬率折现的价值。其中,公司资产的预期收益额相当于公司的息税前利润;与公司风险等级相适应的必要报酬率相当于公司的加权平均资本成本率。其表达式如下:

$$V_L = \frac{EBIT}{K_{WACC}^0} = V_U = \frac{EBIT}{K_e^u}$$

式中,V_L 表示有债务公司的价值;V_U 表示无债务公司的价值;$EBIT$ 表示全部资产的预期收益(永续);K_{WACC}^0 表示有负债公司的加权平均资本成本率;K_e^u 表示既定风险等级的无负债公司的股权资本成本率。

命题Ⅰ的基本含义包括以下三个方面:第一,公司的价值不会受到资本结构的影响,而仅由预期收益决定,即全部预期收益(永续)按照与公司风险等级相同的必要报酬率来计算其现值;第二,有债务公司的加权平均资本成本率等同于与其风险等级相同但无债务公司的股权资本成本率;第三,公司的股权资本成本率或加权平均资本成本率与其资本结构无关,仅取决于公司的经营风险。

(2)命题Ⅱ:有负债企业的股权资本成本率随着财务杠杆的提高而增加。股权资本成本率等于无负债企业的股权资本成本率加上风险溢价,而风险溢价与以市值计算的财务杠杆(债务/股东权益)成正比。

命题Ⅱ的基本含义是:因为资本成本率较低的债务给公司带来的财务杠杆利益会被股权资本成本率的上升而抵消,最后使有债务公司的加权平均资本成本率等于无债务公司的加权平均资本成本率,所以公司的价值与其资本结构无关。

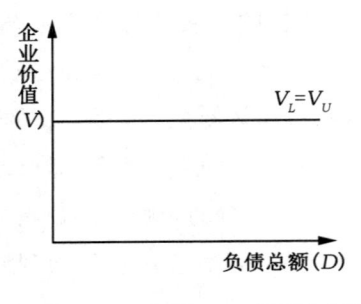

图 2—1　无税 MM 理论的命题Ⅰ　　　图 2—2　无税 MM 理论的命题Ⅱ

在公司的筹资实务中,几乎没有一家公司不关注资本结构。因此,无税 MM 资本结构的基本理论还需要不断发展。

2. 有税 MM 理论

1963 年,莫迪格里安尼和米勒合作发表了另外一篇论文——《公司所得税与资本成本:一项修正》。该文取消了公司无所得税的假设,认为若考虑公司所得税的因素,公司的价值会随财务杠杆系数的提高而增加,从而得出了公司资本结构与公司价值相关的结论,即有税 MM 理论。

有税 MM 理论研究了以下两个基本命题:

(1)命题Ⅰ:有债务公司的价值等于有相同风险但无债务公司的价值加上债务的节税利益。其表达式如下:

$$V_L = V_U + T \times D$$

式中,V_L 表示有债务公司的价值;V_U 表示无债务公司的价值;T 表示公司所得税税率;D 表示公司负债;$T \times D$ 表示利息抵税的现值。

债务利息的抵税价值,是公司为支付债务利息从实现的所得税抵扣中获得的所得税支出节省,等于抵税收益的永续年金现金流的现值,即债务金额与所得税税率的乘积(将债务利息率作为贴现率)。

该命题的表达式说明,由于债务利息可以在税前扣除,因此形成了债务利息的抵税收益,相当于增加了公司的现金流量,增加了公司的价值。随着公司债务比例的提高,公司的价值也随之增加。在理论上,当全部筹资来源于负债时,公司价值达到最大。

(2)命题Ⅱ：有债务公司的股权资本成本率等于相同风险等级的无债务公司的股权资本成本率加上与以市值计算的债务与权益比例成正比的风险报酬，且风险报酬取决于公司债务的比例以及所得税税率。

有税条件下的 MM 命题Ⅱ与无税条件下的命题Ⅱ所表述的有负债公司股权资本成本率的基本含义是一致的，其仅有的差异是由 $(1-T)$ 引起的。由于 $(1-T)<1$，因此有负债公司的股权资本成本率比无税时要小。基于公司所得税条件下的 MM 理论，最显著的特征是债务利息抵税对企业价值的影响。

早期 MM 理论的假设条件在现实世界中是难以成立的，得出的结论也有不完善的地方，但它揭示了资本结构与公司价值的关系，成为资本结构研究的基础，是现代资本结构理论研究的起点。此后，在 MM 理论的基础上不断放宽假设，从不同的视角对资本结构进行了大量研究，推动了资本结构理论的发展。其中，最具代表性的理论有权衡理论、代理成本理论和啄序理论。

(二)权衡理论

未来现金流量不稳定以及对经济冲击高度敏感的公司，如果使用过多的债务，会导致其陷入财务困境，出现财务危机甚至破产。公司陷入财务困境后所引发的成本，分为直接成本与间接成本。财务困境的直接成本，是指公司因破产、清算或重组所发生的法律费用和管理费用等；间接成本，通常比直接成本大得多，是指因财务困境所引发的公司资信状况恶化以及持续经营能力下降而导致的公司价值损失，具体表现为公司客户、供应商、员工的流失，投资者的警觉与谨慎导致的筹资成本增加，被迫接受保全他人利益的交易条款等。因此，负债在为公司带来抵税收益的同时，也给公司带来了陷入财务困境的成本。

权衡理论(Trade-off Theory)，强调在平衡债务利息的抵税收益与财务困境成本的基础上，实现公司价值最大化时的最佳资本结构。此时所确定的债务比率是债务抵税收益的边际价值等于增加的财务困境成本的现值。

基于修正的 MM 理论的命题，有负债公司的价值是无负债公司的价值加上抵税收益的现值，再减去财务困境成本的现值。其表达式为：

$$V_L = V_U + T \times D - PV$$

式中，V_L 表示有负债公司的价值；V_U 表示无负债公司的价值；$T \times D$ 表示利息抵税的现值；PV 表示财务困境成本的现值。

权衡理论的表述如图 2—3 所示。

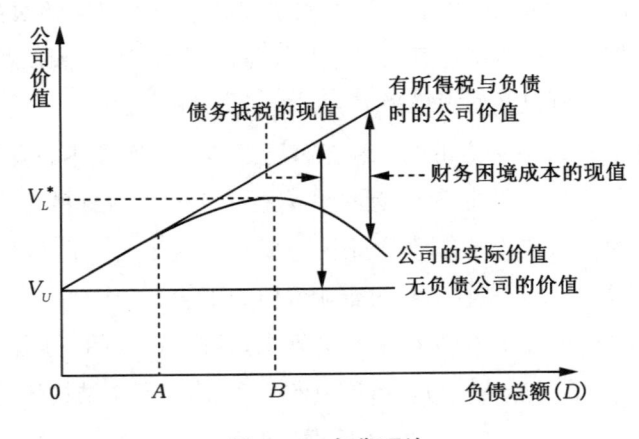

图 2—3 权衡理论

由于债务利息具有抵税收益,因此负债的增加会提升公司的价值。随着债务比率的增加,财务困境成本的现值也会增加。在图 2—3 中,负债总额达到 A 点以前,债务抵税收益起主导作用;达到 A 点之后,财务困境成本的作用逐渐加强,直到 B 点,债务抵税收益与财务困境成本相平衡,公司价值达到最大 V_L^*。因此,B 点的债务与权益比率即为最佳资本结构;超过 B 点,财务困境的不利影响超过抵税收益,公司价值甚至可能加速下降。

财务困境成本的现值由以下两个重要因素决定:(1)发生财务困境的可能性;(2)公司发生财务困境成本的大小。一般情况下,发生财务困境的可能性与公司收益现金流的波动程度有关。现金流与资产价值稳定程度较低的公司,因违约无法履行偿债义务而发生财务困境的可能性相对较高;而现金流稳定可靠、资本密集型的公司,例如公用事业公司,能利用比较高比率的债务筹资,且债务违约的可能性很小。此外,公司财务困境成本的大小与行业特征密切相关。如果高科技公司陷入财务困境,由于潜在客户与核心员工的流失以及缺乏容易清算的有形资产,致使财务困境成本可能会很高。相反地,不动产密集性高的公司财务困境成本可能较低,因为公司价值大多来自相对容易出售和变现的资产。

(三)代理成本理论

代理成本理论认为,负债筹资具有较强的激励作用,会影响管理层的努力程度和行为选择,降低了两权分离产生的代理成本,从而影响企业的收益和市场价值。詹森和麦克林(1976)认为,如果不考虑税收和破产成本,公司的最佳资本结构是使得代理成本最小的负债比例。戈斯曼和哈特(1982)的财务契约理论进一步发展了詹森和麦克林(1976)的理论,提出为了解决委托人与代理人目标不一致而导致的激励问题,可以使用破产约束的方法。破产对管理层的监督作用取决于公司的财务结构,当公司通过股票来筹资且没有负债时,由于不存在破产风险的约束,管理层没有动力使利润最大化;而负债筹资可形成对管理层的约束,从而提高公司价值。詹森(1986)指出,负债可以提高管理层的工作效率,负债的增加会减少管理层自由使用的现金的数量,起到约束的作用,从而降低代理成本。斯图尔兹(1990)的模型也认为,负债支付减少了管理层控制的自由现金流量。

(四)啄序理论

啄序理论也称优序融资理论,是指当公司存在融资需求时,首先选择内源融资,其次选择债务融资,最后选择股权融资。啄序理论揭示了当公司内部现金流不足以满足净经营性长期资产总投资的资金需求时,更倾向于债务融资而不是股权融资。啄序理论揭示了公司筹资时对不同筹资方式选择的顺序偏好。

啄序理论是在信息不对称框架下,对资本结构进行研究和分析。在信息不对称的条件下,管理层的许多决策,如筹资方式选择、股利分配等,不仅具有财务上的意义,而且向市场和外部投资者传递信号。如果外部投资者掌握的关于公司资产价值的信息比公司管理层少,那么,公司权益的市场价值就可能被错误定价。当公司股票价值被低估时,管理层将避免增发新股,而采取其他融资方式筹集资金,如内部融资或发行债券;而在公司股票价值被高估的情况下,管理层尽量通过增发新股为新项目融资,让新的股东分担投资风险。

如果需要筹资,公司倾向于首先采用内部筹资,因为不会传导任何可能对股价不利的信息;如果需要外部筹资,公司将先选择债权筹资,再选择其他外部股权筹资,这种筹资顺序的选择也不会传递对公司股价产生不利影响的信息。按照啄序理论,不存在明显的目标资本结构。

四、杠杆的应用

在筹资方式选择和资本结构调整方面,公司需要考虑是否和如何利用经营杠杆和财务杠杆的作用。公司经营杠杆是由与产品生产或提供劳务有关的固定经营成本所引起的,而财务杠杆则是由债务利息等固定融资成本所引起的。这两种杠杆具有放大盈利波动性的作用,从而影响公司的风险与收益。

(一)经营杠杆系数的衡量

在影响经营风险的诸多因素中,固定经营成本是一个基本影响因素。在一定的销售量范围内,固定成本总额不变,随着销售量的增加,单位固定成本降低,从而使单位产品的利润提高,息税前利润的增长率将大于销售量的增长率;相反地,销售量的下降会提高产品单位固定成本,从而导致单位产品的利润减少,息税前利润的下降率将大于销售量的下降率。如果企业不存在固定成本,则息税前利润的变动率将与销售量的变动率保持一致。这种在某一固定成本比重的作用下,由于销售量一定程度的变动引起息税前利润产生更大程度变动的现象被称为经营杠杆效应。固定经营成本是引发经营杠杆效应的根源,但企业的销售量水平与盈亏平衡点的相对位置决定了经营杠杆的大小,即经营杠杆的大小是由固定经营成本和息税前利润共同决定的。

经营杠杆放大了企业营业收入变化对息税前利润变动的影响程度,这种影响程度是经营风险的一种测度。经营杠杆的大小一般用经营杠杆系数表示,它是企业计算利息和所得税之前的盈余(简称息税前利润 EBIT)变动率与营业收入(销售量)变动率之间的比率。经营杠杆系数的定义表达式为:

$$DOL = \frac{息税前利润变化的百分比}{营业收入变化的百分比} = \frac{\Delta EBIT/EBIT}{\Delta S/S}$$

式中,DOL 表示经营杠杆系数;$\Delta EBIT$ 表示息税前利润变动额;$EBIT$ 表示变动前息税前利润;ΔS 表示营业收入(销售量)变动量;S 表示变动前营业收入(销售量)。

企业管理层在控制经营风险时,不应仅考虑固定成本的绝对量,更应关注固定成本与盈利水平的相对关系。企业一般可以通过增加营业收入、降低单位变动成本、降低固定成本比重等措施使经营杠杆系数下降,从而降低经营风险,但这往往受到条件的制约。

(二)财务杠杆系数的衡量方法

在影响财务风险的因素中,债务利息或优先股股息这类固定融资成本是基本因素。在一定的息税前利润范围内,债务融资的利息成本是不变的,随着息税前利润的增加,单位利润所负担的固定利息费用就会相对减少,从而导致单位利润可供股东分配的部分会相应增加,普通股股东每股收益的增长率将大于息税前利润的增长率;反之,当息税前利润减少时,单位利润所负担的固定利息费用就会相对增加,从而导致单位利润可供股东分配的部分相应减少,普通股股东每股收益的下降率将大于息税前利润的下降率。如果不存在固定融资费用,则普通股股东每股收益的变动率将与息税前利润的变动率保持一致。这种在某一固定的债务与权益融资结构下,由于息税前利润的变动引起每股收益产生更大变动程度的现象被称为财务杠杆效应。固定融资成本是引发财务杠杆效应的根源,但息税前利润与固定融资成本之间的相对水平决定了财务杠杆的大小,即财务杠杆的大小是由固定融资成本和息税前利润共同决定的。

负债比率是可以控制的。企业可以通过合理安排资本结构、适度负债,使财务杠杆利益抵消风险增大所带来的不利影响。

财务杠杆放大了企业息税前利润变化对每股收益变动的影响程度,这种影响程度是财务风险的一种测度。财务杠杆的大小一般用财务杠杆系数表示,它是企业计算每股收益的变动率与息税前利润的变动率之间的比率。财务杠杆系数越大,表明财务杠杆作用越大,财务风险也就越大;财务杠杆系数越小,表明财务杠杆作用越小,财务风险也就越小。财务杠杆系数的定义表达式为:

$$DFL = \frac{每股收益变化的百分比}{息税前利润变化的百分比} = \frac{\Delta EPS/EPS}{\Delta EBIT/EBIT}$$

式中,DFL 表示财务杠杆系数;ΔEPS 表示普通股每股收益变动额;EPS 表示变动前的普通股每股收益;$\Delta EBIT$ 表示息税前利润变动额;$EBIT$ 表示变动前的息税前利润。

依据上述定义表达式,可以推导出如下财务杠杆系数的计算公式:

$$DFL = \frac{EBIT}{EBIT - I - PD/(1-T)}$$

式中,I 表示债务利息;PD 表示优先股股利;T 表示所得税税率。

从上述公式可以看出,如果固定融资成本(债务利息和优先股股利)等于 0,则财务杠杆系数为 1,即不存在财务杠杆效应。当债务利息和优先股股利不为 0 时,通常财务杠杆系数都是大于 1 的,即显现出财务杠杆效应。

(三)联合杠杆系数的衡量

从以上内容可知,经营杠杆系数衡量营业收入变化对息税前利润的影响程度,而财务杠杆系数则衡量息税前利润变化对每股收益的影响程度。两者联系起来衡量考察营业收入的变化对每股收益的影响程度,即把这两种杠杆作用的叠加,称为联合杠杆(又称总杠杆)作用。

联合杠杆,是指由于固定经营成本和固定融资成本的存在而导致的每股收益变动率大于营业收入变动率的杠杆效应。联合杠杆直接考察了营业收入的变化对每股收益的影响程度,联合杠杆作用的大小可以用联合杠杆系数(DTL)表示,其定义表达式为:

$$DTL = \frac{每股收益变化的百分比}{营业收入变化的百分比} = \frac{\Delta EPS/EPS}{\Delta S/S}$$

依据经营杠杆系数与财务杠杆系数的定义表达式,联合杠杆系数可以进一步表示为经营杠杆系数和财务杠杆系数的乘积,它反映了企业经营风险与财务风险的组合效果。

联合杠杆作用是经营杠杆和财务杠杆的连锁作用。营业收入的任何变动都会放大每股收益变动。联合杠杆系数对公司管理层具有一定的意义:(1)在一定的成本结构与资本结构下,当公司的营业收入变化时,使公司管理层能够对每股收益的影响程度做出判断，即能够估计营业收入变动对每股收益造成的影响。如果一家公司的联合杠杆系数是3，则说明当营业收入每增长（减少）1倍，就会造成每股收益增长（减少）3倍。(2)通过理解经营杠杆与财务杠杆之间的相互关系，管理层可以更好地管理经营风险与财务风险，即为了控制某一联合杠杆系数，经营杠杆和财务杠杆可以有很多不同的组合。例如，经营杠杆系数较高的公司，可以在较低的程度上使用财务杠杆；经营杠杆系数较低的公司，可以在较高的程度上使用财务杠杆。这有待于公司在考虑各相关具体因素之后作出选择。

第三节　本章课程思政案例及延伸阅读

为扩展对本章内容的理解，本章案例侧重于长期债券筹资和股权筹资知识点的延伸，并结合目前的热点问题，例如"碳达峰、碳中和""'三农'问题""股权众筹"等，分析和阐述。

一、本章课程思政案例

（一）案例主题与思政意义

［案例主题］

企业实施绿色债券融资是助力企业践行绿色发展观念、倡导循环经济模式的重要途径。当前企业绿色项目开发建设的资金需求量大，投资收益回报期长，亟须寻求新的融资发展方式，绿色债券融资在募集资金、降低成本方面具有重要意义。通过分析启迪环境[①]绿色债券融资的动因、效应，我们发现了企业提升自身价值的新途径。

［思政意义］

对于企业而言，环境风险是指外部力量可能影响企业实现其目标的能力，甚至对公司的生存构成危险，它包括竞争对手、敏感性、股东关系、资本的可获性、灾害损失、权利风险、政治风险、法律、监管管制、行业以及金融市场等不同层面的因素。在环境规制日益严格的背景下，环境风险相关信息在非财务信息中的影响越来越重要。企业发行绿色债券筹资，并进行绿色投资以履行环境方面的社会责任，有助于降低环境负外部性并减少环境风险。

---

① 张思菊.环保企业绿色债券融资应用研究——以启迪环境为例[J].财会通讯，2022(6)：142-146.

生态文明教育是大学生思想政治教育中的重要部分,对引导当代大学生树立环保意识、担当环保责任、实现美丽"中国梦"具有重要意义。

(二)案例描述与分析

[案例描述]

启迪桑德环境资源股份有限公司(以下简称"启迪环境")成立于 1993 年 10 月 11 日,是一家环保领域的大型上市公司。该公司致力于成为集生产、销售、设备维护、工程研发建设于一体的全产业链一流的综合性环境服务商,旨在为客户提供全面的"一站式"服务和整体环保解决方案。公司主营业务涉及固体废物处理处置、水处理、废物资源综合利用、环境卫生维护等发展领域,是国内为数不多的具有全产业链整合能力的环保企业。2019 年 7 月,公司名称由"启迪桑德环境资源股份有限公司"变更为"启迪环境科技发展股份有限公司",公司证券简称由"启迪桑德"变更为"启迪环境"。

[案例分析]

1. 启迪环境绿色债券融资现状

我国经济发展进入新阶段以来,启迪环境面临着融资难度加大、融资成本提高等问题。此外,项目建设周期长、不确定因素多、企业排放标准优化升级等因素导致企业成本不断增加,企业经营发展面临严峻风险。2019 年,经中国证监会〔2019〕796 号文件批准,启迪环境向社会公开发行不超过 50 亿元公司债券。根据《启迪环境科技发展股份有限公司 2019 年公开发行绿色公司债券(合格投资者专用)(一期)公告》,启迪环境面向合格投资者首次发行绿色公司债券,发行规模 5 亿元,发行价格 100 元/张。同年 9 月,中德证券作为主承销商成功完成了启迪环境公开发行绿色公司债券(一期)的发行工作,本期债券期限为 5 年,债券票面利率为 6.5%。发行人可于第三年年末享有票面利率调整权和投资者回购选择权,发行人主要评级为 AA+。

2. 启迪环境绿色债券融资运作流程

绿色债券融资的发行主要分为两个阶段——融资前和融资后。首先,在启迪环境融资发行前,中德证券已经做好与债券融资发行企业的沟通,对募投项目是否具有绿色属性,是否在中国金融学会绿色金融专业委员会编制的能够发行绿色债券的名单之内等要素进行查证;其次,启迪环境邀请第三方认证机构对募投项目进行鉴证,并请求第三方认证机构出具独立鉴证报告;再次,启迪环境在企业绿色债券融资计划实施前,将第三方鉴证报告、募投项目计划书、募投项目认定标准、项目类别及预期收益等信息指标面向社会公开披露,并对具体信息指标做出详细解释说明。同时,启迪环境的高级管理层对绿色债券融资所募集的资金用途做出承诺,并严格按照相关规定将全部资金应用于绿色项目的开发、建设之中;最后,为避免资金混淆,启迪环境设立了专门的资金募集账户、企业偿债账户等,用于项目募集资金的接收、偿付工作。在启迪环境绿色债券融资发行后,企业按照上海证券交易所《关于开展绿色公司债券试点的通知》的相关规定,定期对募投项目资金使用情况、募投项目实施现状以及现期收益等进行公示。

3. 启迪环境绿色债券融资效果分析

(1)基于财务费用的效应分析。绿色债券融资具有融资成本少、融资票面利率低的特点,这意味着绿色债券融资的发行能够从成本、费用方面大大减少企业支出。企业融资渠道大致可以分为债务性融资和权益性融资两类。目前,启迪环境内部融资结构相对单一,以负债融资为主,企业通过银行长期、短期借款以及售后回租融资租赁的方式来获取资金。表2—2统计了启迪环境在不同融资手段下的利率状况,受不同时期金融调控政策的影响,启迪环境短期银行借款平均利率总体在4.20%~4.38%浮动,长期银行借款平均利率在4.41%~5.12%,短期借款平均利率虽低于长期借款,但由于其还款期限短,因此企业的偿债压力较大。同时,虽然售后回租融资租赁额利率较低,但其租金及纳税金额相对较高。

表2—2　　　　　　　　　启迪环境债务性融资平均利率

融资手段	利率水平(%)	年限
短期银行借款	4.20~4.38	1
长期银行借款	4.41~5.12	5
售后回租融资租赁	4.28	2

目前,启迪环境仍处于快速发展时期,企业的进一步发展离不开大量资金的支持。面对当前融资成本较高、资金压力较大的情况,启迪环境应另辟蹊径寻找新的融资方式。绿色债券作为一种新兴融资,具有普通债券所没有的优势,其最大特点是融资成本低、审批流程快。绿色债券融资的实施恰好能够缓解企业内部资金压力,同时由于募集资金直接来源于市场投资商,因此相对于银行借款来说,降低了企业内部一部分融资成本。

表2—2为2019年启迪环境公开发行绿色公司债券的同期市场情况。研究发现,企业绿色债券融资的发行使企业实现了较低利率水平的融资,绿色债券融资利率低于同期银行借款利率和同期其他企业一般债券融资利率。启迪环境在发行绿色债券之前,其主要融资方式为负债融资,其中主要是银行短期与长期借款。因此,下文将启迪环境绿色债券融资的实际利率与银行借款加权平均利率进行比较。

由表2—3可知,2019年人民币贷款5年长期借款加权利率为5.77%,而启迪环境绿色债券的发行期限为5年,实际利率为5.20%。若以5.77%的利率计算企业成本,则5亿元借款每年大约可带来2 885万元的利息费用,而5亿元绿色债券融资每年利息为2 600万元,每年大约能节省285万元,5年共计节省1 425万元额外支出。

由此可见，启迪环境绿色债券融资的实施在拓宽企业融资渠道、满足企业资金需要的情况下，降低了企业融资成本。

表 2—3　2019 年中国人民银行借款加权平均利率与绿色债券实际利率比较

项目	利率水平（%）
短期借款加权平均利率	4.56
银行中长期借款加权平均利率	5.77
启迪环境绿色债券（5 年）	5.20

（2）基于企业资产负债结构的效应分析。一般而言，企业资产负债结构可以通过以下两项指标来反映——资产负债率和产权比率。资产负债率是指企业的举债经营能力，同时表明投资债权人在投资过程中面临的风险水平；产权比率则反映企业资金的来源状况，代表企业资金结构是否稳定、科学。表 2—4 为启迪环境的资产负债结构。调查发现，2018 年，企业流动负债占比较大，约为 71.43%，企业偿债风险较大。2019 年，流动负债比率显著降低，约为 64.01%，这表明企业非流动负债的比率上升。启迪环境绿色债券融资的发行不仅缓解了企业资金压力，还使得企业资产负债结构得到有效改善。但企业资金需求大、负债融资占主体地位的形势仍未得到改变。因此，在未来发展过程中，启迪环境应合理配置融资方式，选择合理的融资结构，从而更好地促进企业发展。

表 2—4　启迪环境 2018—2020 年资产负债结构

项目	2018 年	2019 年	2020 年
企业流动负债（万元）	56.74	49.23	52.43
非流动负债（万元）	22.69	27.67	24.19
负债总额（万元）	79.43	76.90	76.62
流动负债比率（%）	71.43	64.01	68.43
非流动负债比率（%）	28.57	35.09	31.57

（3）基于企业信誉的效应分析。研究表明，企业债券信用评级与企业债权融资成本存在显著负向相关关系，即债券信用评级越高的企业在债券融资过程中其支付的融资成本越低，相比之下，更具成本优势。启迪环境作为我国为数不多的具备全产业链整合能力的环保企业，其债券信用评级等级也相对较高，2019 年启迪环境首次公开发行绿色公司债券时，其债券信用主体评级被评为 AA+。高债券信用评级为企业融资发行提供了一条绿色通道，大大缩减了债券审核时间。同时，良好的信用评级在吸引更多的投资者投资方面具有重要意义，企业绿色债券的发行往往能在交易市场上获得

积极的回应。因此,信用评级较高的企业,其发行规模、资金支持率、募集效率等都远超信用评级较低的企业。因此,企业内部形成了良性循环,信用评级越高的企业越愿意发行绿色债券,相应减少了大量融资成本,最终促进了企业的长期稳定发展。

(4)基于环境效益的效应分析。绿色债券与一般债券相比,最大的区别在于绿色债券融资所募集到的资金只能用于绿色项目,其资金用途明确。启迪环境在面对社会公开募资的说明书中对项目建设资金预算、补充资金比率做出了明确解释,同时承诺定期披露资金使用数据、项目建设进度情况等。在资金使用数据可追溯、项目进度透明度高的情况下,外部评估机构可以根据这些指标测算项目预期环境效益,通过对气候变化、节能效益、污染物减排的监测,测定企业具体贡献水平。启迪环境绿色债券融资的发行加大了企业对节能、环保项目的投资力度,项目建设过程中对环境产生的危害大大降低。绿色债券为企业发展循环低碳经济提供了条件,其带来的环境效益及投资认可度进一步调动了企业进行绿色项目开发、建设的积极性。

[案例讨论]

分析启迪环境发行绿色债券案例,请查找资料并解释以下问题:什么是绿色金融和绿色债券?启迪环境发行绿色债券具有哪些优势?绿色债券的发行对我国经济社会有哪些促进作用?

[案例升华]

绿色金融是指为支持环境改善、应对气候变化和资源节约高效利用的经济活动所提供的金融服务,特别是针对环保节能、清洁能源等行业。绿色债券是绿色金融中的一类重要产品,经中国人民银行和中国证监会同意,2022年7月,绿色债券标准委员会发布了《中国绿色债券原则》。

绿色债券融资不仅给企业自身带来了积极的正面效应,还通过建设绿色项目、发展绿色产业的方式,来减轻生态环境负担,践行环境友好型发展道路,推动了我国经济社会的可持续发展。未来,绿色债券等融资渠道将进一步加强对实体行业污染防治、绿色制造、绿色建筑、绿色交通和清洁能源等重点领域的支持力度,筛选出具有领先地位的绿色产业,促进我国绿色产业结构的优化升级。

二、本章延伸阅读

延伸阅读1 农业合作社自主筹资模式探讨[1]

纵观世界农业发达国家,大多数通过建立农业合作组织来化解小农生产和大市场

---

[1] 陈靓秋.农业合作社自主筹资模式探讨[J].农业经济,2019(1):113—115.

之间的矛盾，建立能够高效运作的农业合作社对解决我国"三农"问题有着重要的意义。在我国农业合作社发展过程中，最大的瓶颈就是资金短缺和筹资困难。我国政府财政压力较大，现阶段，单靠政府财政支持农业合作社发展是不现实的，而且公共服务投入经济领域往往会出现效率下降的问题。

（一）我国农业专业合作社发展状况分析

从 2007 年颁布《农民专业合作社法》至今，我国农业合作社已经走过十多个年头。根据工商总局统计，截至 2017 年 9 月 4 日，我国农业专业合作社数量超过 193.3 万家，入社农民超过 1 亿户，每村平均有 3 个专业社，近一半的农户入社。各级财政投入 48 亿元支持农业专业合作社发展，以提高其竞争力。我国对合作社的支持力度不断增大，《农民专业合作社法》中明确合作社的独立法人地位，并且给予税收和政策支持，财政拨款用于直接补贴、良种开发、技术推广、基础设施建设和人才培训。特色农业、农业旅游、休闲农庄、生态农业、农产品深加工等产业合作社发展较快，品牌建设、专业化水平、组织化程度都有所提升。

总体来说，我国目前广大农业合作社融资方式以内部融资为主，出资额度平均为 100 元左右，主要从盈余中提取运转资金。因为政府无偿划拨模式的资金利用率低，难以监管，而且我国合作社数量众多、规模较小，所以扶植资金比较难落实。而我国各地农民思维方式不同，有些地方趋于保守，不愿意向银行贷款，而有些地方愿意承担风险。调查显示，106 家农业专业合作社中，只有 7 家成功以主体机构身份通过贷款，其中，社员大多是以个人身份贷款。社员生产经营主要依靠民间借贷，因为其筹资难度小于金融机构，但是信用风险和利息都比较高。有些合作社通过招商引资和股权投资等方式经营，但是推广不够普遍。

（二）我国农业合作社自主筹资模式的构建

在融资模式上，我国农业合作社要建立以资本收益为中心的投资模式。

1. 加强政策支持

在农业发展初期，政府投入很大，其方式包括直接补贴、保险政策、税收优惠和金融支持。在优惠政策和金融支持上，要避免套取资金的现象出现。因此，政府应针对全国合作社建立信息化会计披露制度，严格对农业合作社的资金监督，确保普惠所有社员。为避免"诺斯悖论"，政府的政策支持更应该集中帮助农业合作社自主融资，而不应该是过多采用低效率的直接补贴。政府的专项扶植资金不应该介入合作社经济利益行为，而应该着眼于农业基础设施和集体资料的补充。政府的扶持应该集中在降低农业保险风险，建立全国性的农业合作社，从而打通销售渠道，降低农业贷款利率；同时，进行培训和技术推广，解决农业用地、用水、用电等问题。

2. 提升合作社盈利能力

建立合作社的根本目的是实现规模经济,降低成本,减少经营风险,并且通过农业专业化分工提升农业竞争力和创造就业机会。过去合作社融资难的根本原因是收益低、风险高。国内许多农业合作社坚持"一人一票",其目的是避免大股东损害广大社员利益。然而,一人一票不利于引进农村富余资本。因此要解决这个问题,合作社在成立之初就要根据自己的比较优势尽可能多地为社员创造就业机会。社员既是股东,也是雇员。只有推动高附加值深加工农业的发展,社员的主观能动性才会大大提高,外部资本更容易引入。

3. 推动合作社资产股权化

为了吸引投资,合作社要确保股权的增值性和流动性,村民可以以土地、财产和生产资料等参股方式入社。合作社先期资金以权益资金为主,立足于地区优势项目。针对资金匮乏的现状,鼓励村民入股集资,且村民股份不设上限,严格遵守风险收益原则。合作社的生产经营全部由社员参与,并建立严格的财务管理和监督机制;而外部投资股权可以参考风险投资原则,以未来估值作为投资比重。

4. 探索众筹等创新渠道

利用产品型农业众筹汇集外部资金,并且推广产品品牌,同时打通融资渠道和营销渠道。此外,参考建立农业基金,完善捐赠渠道,通过发展互联网金融等方式创新渠道。

延伸阅读 2　我国互联网股权众筹的刑事风险及刑法应对[①]

我国监管部门对股权众筹的界定有一个变化的过程,对私募股权众筹的态度经历了从肯定到否定的过程。2014 年 12 月 18 日,中国证券业协会发布了《私募股权众筹融资管理办法(试行)(征求意见稿)》,将以非公开发行的方式进行股权融资的行为认定为私募股权众筹,即私募股权众筹属于股权众筹的类型之一。2015 年 7 月 18 日,中国人民银行等十部委联合发布的《关于促进互联网金融健康发展的指导意见》(以下简称《指导意见》)中明确规定股权众筹"主要是指通过互联网形式进行公开小额股权融资的活动",这是官方第一次对股权众筹做出界定。《指导意见》对股权众筹"公开"性定位,确定了股权众筹的"公募"性质。2015 年 8 月 7 日,证监会发布了《关于对通过互联网开展股权融资活动的机构进行专项检查的通知》,进一步强调了股权众筹融资属于公开募集股本的活动,并指出股权众筹具有"公开、小额、大众"的特征;明确此前开展的私募股权众筹不属于股权众筹的范围,并将开展股权众筹融资的主体限定为"创新创业者或小微企业"。

[①] 李兰英,陈勇. 我国互联网股权众筹的刑事风险及刑法应对[J]. 甘肃社会科学,2021(6):180—187.

(一)我国股权众筹面临的刑事风险

1. 融资者可能涉嫌构成擅自发行股票罪

股权众筹在形式上类似于公开发行证券,且股权众筹的融资者多为小微企业或初创企业,难以达到公开发行证券的发行人条件。因此,融资者通过股权众筹平台对外开展融资的行为,被认定为未经批准公开发行证券。

根据《刑法》第179条、最高人民法院2010年发布的《关于审理非法集资刑事案件具体应用法律若干问题的解释》(以下简称《非法集资解释》)第6条和最高人民检察院、公安部2010年发布的《关于公安机关管辖的刑事案件立案追诉标准的规定(二)》(以下简称《追诉标准(二)》)第34条的相关规定,未经批准,小微企业或创新创业者通过股权众筹平台发行股票,或者以转让股权的方式发行股票数额在50万元以上,或者向30名以上的不特定对象或者向200名以上特定对象发行股票,构成擅自发行股票罪。

2. 股权众筹平台可能涉嫌构成擅自设立金融机构罪和非法经营罪

根据《刑法》第174条,未经国家有关主管部门批准,擅自设立证券交易所的,构成擅自设立金融机构罪。擅自设立金融机构罪属于行为犯罪,只要擅自设立了相关机构,即使并未开展相应业务,也是犯罪既遂。在多数国家,股权众筹平台属于持牌金融机构,即股权众筹平台须向本国的金融监管部门申请注册,在获得批准后,持有金融牌照才能开展业务。而我国股权众筹平台的准入标准、法律定位、设立程序等并不明确,设立股权众筹平台也无法获得证监会等有关主管部门的批准。由于股权众筹平台是投融资双方进行股权转让的场所,且收取项目一定比例的佣金或服务费的盈利模式也类似于证券交易所。因此,未经批准设立股权众筹平台,可能因股权众筹平台具有金融机构(证券交易所)的功能而涉嫌构成擅自设立金融机构罪。此外,根据《刑法》第225条,未经国家有关主管部门批准非法经营证券业务的,情节严重的,构成非法经营罪。

3. 股权众筹融资行为可能涉嫌构成非法吸收公众存款罪

根据《非法集资解释》第1条,违反国家金融管理法律规定,向社会公众(包括单位和个人)吸收资金的行为,同时具备下列四个条件的,除刑法另有规定的以外,应当认定为刑法第176条规定的非法吸收公众存款或者变相吸收公众存款:(1)未经有关部门依法批准或者借用合法经营的形式吸收资金;(2)通过媒体、推介会、传单、手机短信等途径向社会公开宣传;(3)承诺在一定期限内以货币、实物、股权等方式还本付息或者给付回报;(4)向社会公众即社会不特定对象吸收资金……一方面,司法解释将"存款"扩大解释为"资金",把"存款"的概念演变为"还本付息"的债权债务关系,从而扩大了非法吸收公众存款罪的处罚范围。另一方面,非法吸收公众存款罪具有"非法性""公开性""利诱性"和"社会性"四个特征,非法吸收资金行为只要同时符合上述四个特征的,就构成非法吸收公众存款罪。

(二)我国股权众筹刑事风险的刑法应对

从行政法律法规层面赋予股权众筹合法化地位,是化解股权众筹因准入限制而面临的涉嫌构成擅自发行股票罪、擅自设立金融机构罪、非法经营罪等刑事风险的最直接途径。虽然 2019 年 12 月 28 日修订通过的《证券法》并未将股权众筹发行豁免纳入其中,但是《股权众筹试点管理办法》已被列为证监会的重点立法任务。因此,通过股权众筹的试点,并最终实现股权众筹发行豁免的前景是值得期待的。在此之前,刑事司法应当以刑法的谦抑性和消极责任主义为理念指引,以宽严相济的刑事政策为指导,重新审视非法吸收公众存款罪的保护法益,通过提高相关犯罪的入罪数额标准,有效区分行政违法和刑事违法,从而避免正常的股权众筹行为被错误地纳入打击范围。

复习思考题与练习题

一、复习思考题

1. 发行债券筹资的优点和缺点是什么?
2. 普通股和优先股在权利与义务方面有何主要区别?
3. 简述银行借款筹资的优缺点。
4. 财务管理中的杠杆效应形式主要有哪几种?

二、练习题

1. 甲公司发行面值为 1 元的普通股股票 1 000 万份,当前市场价格为 1.6 元/股;同时,发行 4 年期的普通债券筹集资金 800 万元,其面值为 1 000 元/份,票面利率为 8%,当前债券价格为 900 元/份。公司当前股利为 0.3 元/股,预计股利年增长率为 5%。企业所得税税率为 20%。

要求:采用市场价值权重,计算甲公司的加权平均资本成本率。

2. M 公司生产和销售一种产品,单价 10 元,单位变动成本 6 元,每年固定性经营成本总额 200 万元,20×6 年的销量为 100 万件。M 公司承担固定债务利息 100 万元,企业所得税税率 25%,流通在外的普通股股数为 50 万股。假设其他条件不变。

要求:计算 M 公司 20×7 年的财务杠杆系数并分析其含义。

第三章 投资决策

▶ 本章概述

本章在介绍投资决策内容及程序的基础上,分析了项目投资和证券投资的基本内涵;结合实务例题,学习投资决策的方法;同时,结合思政案例与延伸阅读进行内容拓展,了解不同情况下企业投资决策需要考虑的特殊因素。

▶ 思政目标

通过解释企业"脱实向虚"会加剧股价崩盘风险,引导企业将资金在实体生产投资和虚拟经济投资之间均衡配置,从而降低企业经营风险,推动经济稳定发展。

▶ 育人元素

树立可持续发展投资理念。

第一节 投资决策概述

一、投资决策的内容

企业投资是指企业将资金直接或间接投放于一定对象,以期在未来获取收益的经济活动。企业投资活动不仅是企业获得利润的前提、企业生存和发展的必要手段,也是企业降低风险的重要途径。根据投资对象的不同,投资可分为项目投资和证券投资。项目投资是指企业为了改善生产条件、扩大生产能力,投资各类经营资产,以谋求经营利润的行为。而证券投资则是通过买卖债券、股票等资产,获取投资收益、资本利得,或者间接控制被投资企业的生产经营活动以获取经济利益的投资行为。

投资决策是企业所有决策中最关键、最重要的决策,重大投资决策失误可能会使企业陷入困境,甚至破产。因此,学会避免非理性的决策非常有必要,这不仅取决于投资决策者的自身能力,包括专业知识、经验判断,还取决于投资决策者对内部信息和外部信息的掌握程度和使用程度。

二、投资决策的程序

(一)投资方案的提出

一般情况下,公司各级管理层都可以提出新的投资方案。投资规模较大、所需资金较多的战略性项目,应由公司董事会提议,并按需组成专家小组,提出方案并进行可行性分析研究。而投资规模较小、投资金额不大的战术性项目,可由主管部门提议,并进行可行性研究。

(二)投资方案的评价

投资方案的评价主要有以下几个步骤:

1. 估计投资方案的预期现金流量

现金流量通常包括现金流出量、现金流入量和现金净流量三个具体概念。现金流出量,是指企业投资决策所引起的、整个项目期内发生的现金支出的增加额;现金流入量,是指企业投资决策所引起的、整个项目期内发生的现金流入的增加额;现金净流量,是指企业投资决策引起的、一定期间内现金流入量和现金流出量的差额。当现金流入量大于现金流出量时,现金净流量为正值;反之,现金净流量为负值。

企业估计投资方案的预期现金流量的基本原则包括以下四个:

第一,采用现金流量而不是会计利润估计。首先,会计利润受会计方法选择等人为因素影响,不同的投资项目可以采取不同的会计处理方法,从而导致不同项目的利润额缺乏可比性。而现金流量是在收付实现制的基础上对现金流入量与现金流出量的估计,减少了人为因素的影响,提高了项目信息的透明度与可比性。其次,现金流量的实现将会使决策环境发生变化。在企业经营过程中,现金收到与否还存在很大的不确定性,只有当企业得到现金流入时,才能进入新的决策环境。最后,现金流量动态地反映投资项目的现金流出与现金流入之间的关系,有利于考虑货币时间价值,使得决策者能更好地评价投资项目。

第二,增量现金流量才是相关现金流量。增量现金流量,是指接受或拒绝某个投资项目时,企业总现金流量因此发生的变动。如果接受或拒绝某个项目时,现金流量并没有发生变化,就不是增量现金流量。比如沉没成本,就是无论接受或拒绝投资项目的决策都必然会支出的成本,在进行现金流量估计时就不应该考虑。

第三,不能忽视机会成本。在投资方案的选择中,如果选择了一个投资方案,则必须放弃投资其他途径的机会,其他投资机会可能取得的收益是实行本方案的一种代价,被称为这项投资方案的机会成本。机会成本不同于通常意义上的"成本",不是一种支出或费用,而是失去的收益。这种收益不是实际发生的,而是潜在的。机会成本是针对具体方案而言,离开被放弃的方案就无从计量确定。

知识链接

当使用机会成本概念进行项目投资分析时,有以下五项前提条件:(1)资源是稀缺的;(2)资源具有多种用途;(3)资源已经得到充分利用;(4)资源可以自由流动;(5)把可能获得的最大收入视为机会成本。

第四,要以投资对公司所有经营活动产生的整体效果为基础,而不是孤立地考察一项投资。一项新的投资方案的采纳,可能对公司的其他投资造成有利或不利影响,进而影响企业整体现金流量,成为投资方案的相关现金流量。一般情况下,投资方案的间接影响效果是难以量化的,但决策者在进行投资分析时仍应予以考虑。

2. 预计未来现金流量的风险,并确定折现率

投资方案的折现率应当根据投资者要求的报酬率来确定。投资项目的未来现金流量的不确定性越大,风险越大,投资者要求的报酬率越高。投资决策中使用的折现率应当高于无风险利率,否则投资者宁愿购买国债或储蓄,而不会冒风险进行得不偿失的投资。另外,折现率的确定还需要考虑弥补资金的使用成本、对投资方案非系统风险的偏好程度等因素。

3. 计算投资决策评价指标,与可接受标准比较判断投资方案是否可行

企业投资决策的评价指标有很多,按照是否考虑货币时间价值划分,可以分成折现指标和非折现指标。折现指标包括净现值、现值指数、内含报酬率等;非折现指标包括静态回收期、会计报酬率等。不同的投资决策指标有各自的优缺点,不同指标评价的结果甚至可能相互矛盾,因此投资决策者在选用指标时要结合具体的情况权衡考虑。(具体评价方法和指标计算详见本章第二节)。

(三)投资方案的决策

对投资方案进行评价后,公司管理层做最后的决策。对于是否进行项目投资,一般有以下三种决策形式:(1)接受方案,投资;(2)拒绝方案,反对投资;(3)发还项目方案给其提出部门,要求重新调查研究后,再行提交。

企业在进行投资方案的决策时,一方面,要遵循经济学的基本原则,选择企业价值最大化的投资方案。另一方面,要考虑产业政策、社会责任等因素,比如投资方案是否符合国家的产业政策、企业投资是否承担应尽的社会责任等。

(四)投资方案的执行

对已接受的投资方案,企业管理部门要编制资金预算,并筹集所需要的资金。在制订重大资本支出计划时,企业可提前几年安排融资,合理选择筹资方式,确保满足投资方案所需资金。在投资方案实施过程中,企业要进行控制和监督,以便使投资按预算的规定按时保质完成。

(五)投资方案的再评价

在方案投资执行过程中或执行后,企业应注意对投资方案的跟踪,评价原来做出的决策是否合理和正确。再评价有助于我们随时根据出现的新情况做出新的评价,终止不合理的决策,避免更大的损失。

第二节 投资决策重点问题的理解与应用

一、项目投资决策

(一)项目投资概述

项目投资是一种以特定项目为对象,直接与新建项目或更新改造项目有关的长期投资行为,目的是形成或提升企业生产能力。根据所投资的对象,项目投资可以分为以下五种类型:(1)新产品开发或现有产品的规模扩张项目;(2)设备或厂房的更新项目;(3)研究与开发项目;(4)勘探项目;(5)其他项目,例如:劳动保护设施建设、污染控制装置购置等。因此,不能将项目投资简单地等同于固定资产投资。

项目投资的主要特点如下:(1)投资金额大,不仅需要一次性投入大量资金以形成投资项目的初始投资,而且需要相当数量的资金维持项目的运营;(2)投资回收期长,项目的巨额投资只能在以后较长时期内才能逐步回收;(3)投资决策风险大,投资项目一经建成,将会在较长时间内固化为一定的实物形态,短期内无法做出改变,因此具有较大的不确定性。

(二)投资项目现金流量的估计

在估算投资项目现金流量时,因该项目而产生的税后增量现金流量即相关现金流量。按照项目建设周期,项目现金流量可分为以下三部分:项目建设期现金流量、项目经营期现金流量和项目寿命期末现金流量。

1. 项目建设期现金流量

项目建设期现金流量,是指投资项目建设过程中发生的现金流量,主要包括购买资产和使之正常运行所必需的直接现金流出,例如设备购置及安装支出、垫支的营运资本等非费用性支出。此外,还应当考虑机会成本。

2. 项目经营期现金流量

项目经营期现金流量,又称经营净现金流量,是指项目投入使用后,在整个寿命期内由于生产经营给公司带来的现金流入和现金流出增量,一般按年计算。在项目运行过程中,如果行政管理人员及辅助生产部分的费用与新项目实施相关,也应当计入相关的现金流出。但是项目以债务方式融资带来的利息支付和本金偿还,以及以股权方式融资带来的现金股利支付等,均不包括在现金流量估计内,因为折现率已经包含了这些筹资成本。

项目经营期现金流量的构成内容如表3—1所示。

表 3—1 经营净现金流量的构成

步骤	现金流量方向	项　目
1	+	营业收入
2	−	营业成本和费用
3	=	税前利润
4	−	所得税
5	=	税后营业净利润
6	+	折旧等非付现成本和费用
7	=	经营净现金流量

注:"+"代表现金流入,"−"代表现金流出。

经营净现金流量的计算方法有以下两种:

(1)直接法

直接法,是指直接根据现金流量的定义计算经营净现金流量。对企业来说,所得税费用是一种现金支付,应作为每年的经营净现金流量的一个减项。其计算公式表示如下:

$$\text{经营净现金流量} = \text{营业收入} - \text{付现成本} - \text{所得税}$$
$$= \text{营业收入} - (\text{营业成本} - \text{折旧}) - \text{所得税} \quad (3.1)$$

严格来说,上述公式中的营业收入应该是付现收入,即企业在当期取得的全部付现销售收入。付现销售收入,是指本期的现金销售收入以及收回的应收账款,若经营期内应收账款的赊销和收回刚好平衡,则该经营期内的付现销售收入等于全部销售收入。为了简化计算,通常我们将营业收入代替付现收入来进行计算。

付现成本,是指需要每年支付现金的成本,包括本期支付的货款、费用以及支付的以前各期的应付账款。而成本中不需要每年支付现金的部分称为非付现成本,其中最主要的是折旧费。因此,付现成本的计算公式如下:

$$付现成本=营业成本-折旧$$

(2)间接法

间接法是根据企业的经营成果来计算现金流量。

企业每年现金流量的增加主要来源于两个部分:一是当年实现的税后净利润,这是企业现金流量增加的主要来源;二是当期计提的折旧,这是企业现金流量的调增项。从现金流量的角度来看,折旧在计提后,计入了企业的成本费用,虽然这减少了企业的利润,但未使得企业发生实质性的现金支出,该部分现金仍留在企业内部。因此,在使用间接法计算经营净现金流量时,我们要考虑折旧对现金流量的影响。经营净现金流量的计算公式如下:

$$经营净现金流量=税后净利润+折旧 \qquad (3.2)$$

实际上,公式(3.2)与公式(3.1)是相互对应和联系的,两个公式是从不同角度,考虑不同因素后得到的。公式(3.2)可以从公式(3.1)推导出来:

$$\begin{aligned}经营净现金流量&=营业收入-付现成本-所得税\\&=营业收入-(营业成本-折旧)-所得税\\&=(营业收入-营业成本-所得税)+折旧\\&=税后净利润+折旧\end{aligned}$$

如果根据所得税对收入、费用和折旧的影响,经营净现金流量还可以按以下公式计算:

$$\begin{aligned}经营净现金流量&=税后营业收入-税后付现成本+折旧抵税\\&=营业收入\times(1-税率)-付现成本\times(1-税率)+折旧\times税率\end{aligned} \qquad (3.3)$$

公式(3.3)也可以由公式(3.2)推导出来:

$$\begin{aligned}经营净现金流量&=税后净利润+折旧\\&=(营业收入-营业成本)\times(1-税率)+折旧\\&=(营业收入-付现成本-折旧)\times(1-税率)+折旧\\&=营业收入\times(1-税率)-付现成本\times(1-税率)+折旧\times税率\end{aligned}$$

所得税和折旧对企业现金流量有显著影响。所得税是企业的一种现金支出,其金额取决于企业的利润大小和税率高低,而利润大小受折旧方法的影响。由于所得税的作用,企业营业收入的一部分会流出企业,因此企业实际得到的现金流入是税后收入。而折旧会加大企业的成本并减少利润,从而起到减少税负的作用,这种作用也称为"折旧抵税"。

> **知识链接**
>
> 在实务中,大多采用公式(3.3)来计算现金流量。因为企业的所得税是根据企业利润总额计算的。在决定是否投资某个项目时,常常使用差额分析法来确定现金流量,并不知道整个企业的税后净利润及与此相关的所得税,这就限制了公式(3.1)和公式(3.2)的使用。相比之下,公式(3.3)并不需要知道企业的税后净利润是多少,因此使用起来比较方便。

3. 项目寿命期末现金流量

项目寿命期末现金流量,是指项目结束时能够收回的现金流量,例如设备变现税后净现金流入、收回营运资本垫支现金流入、涉及弃置义务时的现金流出等。需要注意的是,税法规定,一般情况下,投资项目寿命终结时应考虑相关的所得税费用支出或收入。因此,在计算期末净现金流量时,我们要考虑所得税费用的影响。

[**实务题3-1**] 甲公司是一家制造业上市公司,其主营业务是易拉罐的生产和销售。为进一步满足市场需求,公司准备新增一条智能化易拉罐生产线。目前,正在进行该项目的可行性研究。相关资料如下:

(1)该项目如果可行,拟在20×1年12月31日开始投资建设生产线,预计建设期1年,项目将在20×2年12月31日建设完成,20×3年1月1日投入使用,该生产线预计购置成本4 000万元,项目预期持续3年,按税法规定,该生产线折旧年限4年,残值率5%。按直线法计提折旧,预计20×5年12月31日项目结束时,该生产线变现价值1 800万元。

(2)公司有一闲置厂房拟对外出租,每年租金60万元,在出租年度的上年年末收取。该厂房可用于安装该生产线,安装期间及投资后,该厂房均无法对外出租。

(3)该项目预计20×3年生产并销售12 000万罐,产销量以后每年按5%增长,预计易拉罐单位售价0.5元,单位变动成本0.35元,投入使用后每年固定付现成本为200万元。

(4)该项目预计需要营运资本1 200万元,垫支的营运资本在运营年度的上年年末投入,在项目结束时全部收回。

(5)公司所得税税率25%。

假设该项目的建设期现金流量发生在本年末,经营期现金流量均发生在投产后各年末。

要求:计算项目各年年末现金净流量。

[解析]

(1)项目建设期现金流量

20×1年年末:生产线购置成本支出=4 000(万元)

20×1—20×4年年末:由于投资项目导致厂房无法出租的机会成本=60×(1−25%)=45(万元)

20×2年年末:垫支营运资本=1 200(万元)

(2)项目经营期现金流量

20×3年年末:经营净现金流量=营业收入×(1−税率)−付现成本×(1−税率)+折旧×税率=12 000×0.5×(1−25%)−12 000×0.35×(1−25%)−200×(1−25%)+4 000×(1−5%)/4×25%=4 500−3 150−150+237.5=1 437.5(万元)

20×4年年末:经营净现金流量=4 500×(1+5%)−3 150×(1+5%)−150+237.5=4 725−3 307.5−150+237.5=1 505(万元)

20×5年年末:经营净现金流量=4 725×(1+5%)−3 307.5×(1+5%)−150+237.5=4 961.25−3 472.875−150+237.5=1 575.875(万元)

(3)项目寿命期末现金流量

20×5年年末:设备变现税后净现金流入=1 800−{1 800−[4 000−4 000×(1−5%)/4×3]}×25%=1 800−162.5=1 637.5(万元)

收回垫支营运资金=1 200(万元)

将以上分析结果归纳为表3−2。

表3−2　　　　　　　　投资项目各年年末现金净流量　　　　　　　　单位:万元

时点	20×1年年末	20×2年年末	20×3年年末	20×4年年末	20×5年年末
购置支出	−4 000				
垫支营运资本		−1 200			
机会成本	−45	−45	−45	−45	
税后销售收入			4 500	4725	4 961.25
税后变动成本			−3 150	−3 307.5	−3 472.875
税后固定成本			−150	−150	−150
折旧抵税			237.5	237.5	237.5
变现价值					1 800
变现收益纳税					−162.5
回收垫支营运资本					1 200
现金净流量	−4 045	−1 245	1 392.5	1 460	4 413.375

(三)投资项目折现率的估计

任何投资项目都有风险或不确定性。我们可以调整折现率(即资本成本)进行衡量。

1. 使用企业当前加权平均资本成本作为投资项目的折现率

使用企业当前的加权平均资本成本作为项目的折现率,应具备以下两个条件:

一是项目的经营风险与企业当前资产的平均经营风险相同。用企业当前加权平均资本成本作为折现率,隐含一个重要假设,即新项目是企业现有资产的复制品,其经营风险与现有项目相同,例如,企业固定资产更新决策、现有生产规模的扩张等。如果企业新项目与现有项目经营风险有较大差别,如从事钢铁冶炼的制造业企业决定投资信息产业的新项目,在评估新项目时,使用公司目前的加权平均资本作为折现率便不合适。

二是公司继续采用相同的资本结构为新项目筹资。如果假设市场是完善的,资本结构不改变企业的加权平均资本成本,则平均资本成本反映了当前资产的平均风险。如果承认资本市场是不完善的,筹资结构就会改变企业的加权平均资本成本。例如,新项目所需资金全部通过债务筹集,企业的负债比重将上升,股权现金流量的风险增加,股东要求的报酬率通常会迅速提高,引起企业平均资本成本上升;与此同时,增加了成本较低的债务筹资,会降低企业的平均资本成本。这两种因素的共同作用,使得企业的平均资本成本发生变动。因此,继续使用当前的平均资本成本作为折现率就不合适了。

总之,在经营风险假设或资本结构不变假设明显不能成立时,我们不能使用企业当前的加权平均资本成本作为新项目的折现率。

2. 运用可比公司法估计投资项目的资本成本

如果新项目的风险与现有资产的经营风险存在显著不同,我们就不能使用公司当前的加权平均资本成本作为折现率,而应当估计项目的系统风险,并计算项目的资本成本,即投资人对于项目要求的必要报酬率。项目系统风险的估计比企业系统风险的估计更为困难,因为项目没有充分的交易市场,没有可靠的市场数据,这时通常使用可比公司法来解决问题。

可比公司法是寻找一个经营业务与待评价项目类似的上市公司,以该上市公司的 β 值作为待评价项目的 β 值的方法。运用可比公司法,应该注意可比公司的资本结构已反映在其 β 值中。如果可比公司的资本结构与项目所在企业存在显著差异,那么在估计项目的 β 值时,我们应针对资本结构差异做出相应的调整。

> **知识链接**
>
> 根据资本资产定价理论，资产的系统风险取决于该资产加入已有资产组合后对投资组合收益的波动性。因此，一项资产的最佳风险度量，就是资产对投资组合风险的贡献程度。衡量该风险的指标被称为 β 系数。根据风险承担者的不同，β 系数可分为不含负债的 β 值和含负债的 β 值。不含负债的 β 值，也叫 $\beta_{资产}$ 或无杠杆的 β 值，是站在公司角度衡量来自经营风险的系统风险，没有考虑财务风险。含负债的 β 值，也叫 $\beta_{权益}$ 或有杠杆的 β 值，是站在股东角度衡量的系统风险，股东除了要承担企业的经营风险，还要承担财务风险。如果不考虑企业所得税，$\beta_{权益} = \beta_{资产} \times [1+（负债/股东权益）]$；若考虑企业所得税的影响，$\beta_{权益} = \beta_{资产} \times [1+（1-税率）\times（负债/股东权益）]$。

调整的基本步骤如下：

(1) 卸载可比公司财务杠杆

根据可比公司股东收益波动性估计的 β 值，是含有财务杠杆的 $\beta_{权益}$。可比公司的资本结构与目标公司不同，因此要将资本结构因素排除，确定可比公司不含财务杠杆的 β 值，即 $\beta_{资产}$。该过程通常叫作"卸载财务杠杆"。卸载使用的公式如下：

$$\beta_{资产} = \beta_{权益} \div [1+（1-税率）\times（负债/股东权益）]$$

$\beta_{资产}$ 是假设全部用权益资本融资的 β 值，此时没有财务风险。或者说，此时股东权益的风险与资产的风险相同，股东只承担经营风险，即资产的风险。

(2) 加载目标企业财务杠杆

根据目标企业的资本结构调整 β 值，该过程称作"加载财务杠杆"。加载使用的公式如下：

$$\beta_{权益} = \beta_{资产} \times [1+（1-税率）\times（负债/股东权益）]$$

(3) 根据得出的目标企业的 β 权益计算股东要求的报酬率

此时的 $\beta_{权益}$ 既包含了项目的经营风险，也包含了目标企业的财务风险，因此可据以计算股东权益成本：

$$股东要求的报酬率 = 股东权益成本 = 无风险利率 + \beta_{权益} \times 市场风险溢价$$

如果使用股东现金流量法计算净现值，它就是适宜的折现率。

(4) 计算目标企业的加权平均成本

如果使用实体现金流量法计算净现值，还需要计算加权平均成本。

$$加权平均资本成本 = 负债成本 \times (1-税率) \times \frac{负债}{资本} + 股东权益成本 \times \frac{股东权益}{资本}$$

知识链接

实体现金流量法是以企业实体为背景,确定项目对企业现金流量的影响,用加权平均成本作为折现率来评价项目可行性的方法。股东现金流量法则是以股东为背景,确定项目对股东现金流量的影响,用股东要求的报酬率作为折现率来评价项目的方法。本章描述的投资项目评价方法一般被归入实体现金流量法的范畴。

不论是采用实体现金流量法还是股东现金流量法对投资项目进行分析,所采用的贴现分析方法是相同的,均可采用净现值法、现值指数法、内含报酬率法等方法进行分析。但这两种分析方法还是存在一定的差异:

(1)经营净现金流量的内涵不同。在实体现金流量法下,经营净现金流量=营业收入×(1-税率)-付现成本×(1-税率)+折旧×税率。而在股东现金流量法下,还需要考虑利息支出和借款本金的归还,具体计算公式为:经营净现金流量=营业收入×(1-税率)-付现成本×(1-税率)+折旧×税率-利息费用×(1-税率)-借款本金归还。

(2)采用的折现率不同。在实体现金流量法下,由于只考虑投资项目自身的经营风险而不考虑企业为投资项目筹资所带来的财务风险,因此一般用企业或投资项目的加权平均资本成本作为折现率分析。而在股东现金流量法下,不仅要考虑投资项目自身的经营风险,同时还要考虑企业为投资项目筹资所带来的财务风险,因此一般用股东要求的报酬率作为折现率。

(3)原始投资额不同。在实体现金流量法下,进行投资项目分析时的原始投资额即为该投资项目的总投资额(即全部原始投资),它既包括企业的自有资金(股东资金),也包括企业为投资项目筹措的资金(负债等筹措的资金)。而在股东现金流量法下,进行投资项目分析时的原始投资额为股东所投入的资金额,不考虑负债筹措的资金(即全部原始投资减去债权人的投入),评价该投资项目能否给企业股东带来超额收益。

[**实务题3-2**] 某大型联合企业A公司,拟开始进入飞机制造业(与A公司现有项目经营风险存在较大差别)。A公司目前的资本结构为负债与股东权益之比为2/3,进入飞机制造业后仍维持该目标结构。在该目标资本结构下,债务税前成本为6%。飞机制造业的代表企业是B公司,其资本结构为债务与股东权益之比为7/10,股东权益的β值为1.2。已知无风险利率为5%,市场风险溢价为8%,两个公司的所得税税率均为25%。

要求:计算新项目的加权平均资本成本。

[解析]

(1)将B公司的$\beta_{权益}$转换为无负债的$\beta_{资产}$

$\beta_{资产}=1.2\div[1+(1-25\%)\times(7/10)]=0.7869$

(2)将无负债的β值转换为A公司含有负债的股东权益β值

$\beta_{权益} = 0.7869 \times [1+(1-25\%) \times 2/3] = 1.1804$

(3) 根据 $\beta_{权益}$ 计算 A 公司的股东权益成本

股东权益成本 $= 5\% + 1.1804 \times 8\% = 14.44\%$

如果采用股东现金流量计算净现值,那么 14.44% 是适合的折现率。

(4) 计算加权平均资本成本

加权平均资本成本 $= 6\% \times (1-25\%) \times (2/5) + 14.44\% \times (3/5) = 10.46\%$

如果采用实体现金流量法,那么 10.46% 是适合的折现率。

(四) 投资项目的评价方法

投资项目评价使用的基本方法是现金流量折现法,主要包括净现值法、现值指数法和内含报酬率法。此外,还有一些辅助方法,主要是投资回收期法和会计报酬率法。

1. 净现值法

净现值(Net Present Value,NPV),是指投资项目投入使用后的净现金流量,按资本成本或企业要求达到的报酬率(即适当贴现率)折算为现值后,减去初始投资以后的余额(如果投资期超过 1 年,则应是减去初始投资的现值以后的余额)。净现值是评估项目是否可行的最重要的指标。如果净现值为正数,则表明该项目可以增加股东财富,应予采纳;如果净现值为 0,则表明投资不改变股东财富,可以选择采纳或不采纳该项目;如果净现值为负数,则表明该项目将减损股东财富,应予放弃。净现值的计算公式如下:

$$NPV = \sum_{t=1}^{n} \frac{NCF_t}{(1+K)^t} - C$$

式中,NPV 表示净现值;NCF_t 表示第 t 期的净现金流量;K 为折现率(资本成本);n 为投资项目期限;C 为该投资方案的初始投资成本。

[实务题 3-3] 接 [实务题 3-1],假定甲公司该项目的经营风险与企业当前资产的平均经营风险相同,且公司决定继续采用相同的资本结构为新项目筹资。甲公司当前加权平均资本成本为 8%。

要求:使用净现值法判断项目是否可行。

[解析]

由于项目经营风险与企业当前资产的平均经营风险相同,且公司决定继续采用相同的资本结构为新项目筹资,因此可以用企业当前加权平均资本成本 8% 作为投资项目的资本成本。

表 3-3　　　　　　　　　　投资项目净现值计算　　　　　　　　　　单位:万元

时点	2021 年年末	2022 年年末	2023 年年末	2024 年年末	2025 年年末
现金净流量	-4 045	-1 245	1 392.5	1 460	4 413.375

续表

时点	2021年年末	2022年年末	2023年年末	2024年年末	2025年年末
折现系数8%	1	0.925 9	0.857 3	0.793 8	0.735 0
现金流量现值	－4 045	－1 152.75	1 193.79	1 158.95	3 243.83
净现值	398.82				

根据表 3—3，该项目的净现值为正数，表明该项目预计可以增加股东财富，项目可行。

净现值法具有广泛的适用性，它反映的是项目实际能够给企业带来的财富，在理论上相比其他方法更如完善。但净现值反映的是一个项目按现金流量计量的净收益现值，是一个绝对数，因此在比较投资额不同的项目时具有一定局限性。例如，项目 A 的初始投资为 2 000 万元，未来 2 年内可以获得 3 000 万元的现金流入现值；项目 B 的初始投资为 5 000 万元，未来 3 年内可以获得 7 000 万元的现金流入现值。在这种情况下，很难直接采用净现值法比较两个项目的优劣，此时可以使用接下来介绍的现值指数法。

知识链接

在使用净现值法时，初始投资额通常是确定的，而净现金流量的预测和所使用的折现率则带有估计性质。受职业判断的影响，不同的财务分析人员可能会有不同的处理方式和看法，对项目投资决策可能会产生不同的结果。然而，由于净现值反映的是项目实际能够给企业带来的财富，因此，净现值法仍是项目投资决策评价的较好方法。

2. 现值指数法

现值指数（Profitability Index，PI），也称获利指数，是未来现金流量现值与初始投资额现值的比率。若现值指数大于 1，则说明项目产生的现金流量的现值超过了初始投资额，表明该项目可以增加股东财富，应予采纳；反之，若现值指数小于 1，则表明该项目将减损股东财富，应予放弃。其公式表述如下：

$$PI = \frac{未来现金流量的现值}{初始投资额}$$

净现值与现值指数之间存在一定的关系：若净现值等于 0，则现值指数等于 1；若净现值大于 0，则现值指数大于 1；若净现值小于 0，则现值指数小于 1。

现值指数是一个相对数，它反映投资的效率，可以在很大程度上解决项目投资额不同时的投资决策问题。例如，项目 A 的初始投资为 2 000 万元，未来 2 年内可以获得 3 000 万元的现金流入现值；项目 B 的初始投资为 5 000 万元，未来 3 年内可以获得

7 000万元的现金流入现值。虽然B项目的净现值更大,但A项目的投资效率更高(A项目的现值指数为1.5,B项目的现值指数为1.4),即若投资金额相同,则A项目可以获得更多的投资回报。但这并不一定表明A项目更好,因为有可能两者持续时间不同。投资项目期限存在差异如何决策,将在互斥项目决策中解决。

3. 内含报酬率法

内含报酬率(Internal Rate of Return,IRR),是指能够使未来现金流入的现值等于现金流出的现值的折现率,或者说使投资项目的净现值为零的折现率。如果计算出的内含报酬率大于企业的资本成本或必要报酬率,说明该项目的报酬率超过了投资者所要求的必要报酬率,就应该采纳该项目。反之,则应拒绝采纳该项目。其公式可以表示如下:

$$\sum_{t=1}^{n}\frac{NCF_t}{(1+r)^t}-C=0$$

式中,NCF_t 表示第 t 期的净现金流量;n 表示投资项目的期限;r 表示内含报酬率;C 表示初始投资成本额。

[实务题3-4] 接[实务题3-1],计算该项目的内含报酬率。

[解析]

表3-4　　　　　　　　　　投资项目内含报酬率估算表　　　　　　　　　　单位:万元

时点	2021年年末	2022年年末	2023年年末	2024年年末	2025年年末
现金净流量	−4 045	−1 245	1 392.5	1 460	4 413.375
折现系数10%	1	0.909 1	0.826 4	0.751 3	0.683 0
净现值	85.17				
折现系数11%	1	0.900 9	0.811 6	0.731 2	0.658 7
净现值	−61.83				

运用插值法,可得出内含报酬率=10%+85.17/(85.17+61.83)×1%=10.58%。将其与企业要求的必要报酬率相比较,就可以判断项目投资是否可行。

内含报酬率与现值指数法相似,都是根据相对比率来评价项目。在项目初始投资金额不同的情况下,内含报酬率比净现值法具有更大的优势。而且内含报酬率不像现值指数法,需要事先估计资本成本,而是直接计算投资项目的真实报酬率,更易于理解。虽然其计算过程需要反复测算,较为繁琐,但计算机技术的应用基本弥补了这一缺陷。例如,利用Excel中的IRR函数功能,我们可以快速计算内含报酬率(详见第一章的知识链接)。

> **知识链接**
>
> 到目前为止，我们所讨论的项目都是常规项目带来的传统型现金流（即前期初始投资时出现现金流出，以后各期出现的都是现金流入）。如果一个投资项目的现金流出和流入是交错的，我们称之为非常规项目。比如煤矿开采，在项目结束时，要进行生态恢复治理，还会有现金流出。此时，投资项目可能会有多个内含报酬率。因此，对于非常规项目，使用内含报酬率无法做出正确决策。

4. 投资回收期法

投资回收期（Payback Period,PP），是指投资引起的现金流入累积到与初始投资额相等所需要的时间，它代表了收回投资所需要的年限。静态投资回收期的计算方法是，首先计算各期累计的净现金流量，然后同初始投资额比较，从而得出年末尚未回收的投资额，最后确定回收期的大致期间，也称为静态投资回收期。回收期越短，项目投资方案越有利。在考虑货币时间价值的情况下，把投资项目各期的净现金流量折现后，计算抵偿全部投资所需要的时间，称为动态投资回收期（Discounted Payback Period,DPP）。

相比于净现值和内含报酬率，投资回收期的计算更为简便，也更容易被决策者理解。然而，它的缺点是没有考虑投资回收期之后的现金流，这可能导致企业急功近利，接受短期项目而放弃具有战略意义的长期项目。

5. 会计报酬率法

会计报酬率，是根据估计的项目整个寿命期的年平均净利润与估计的资本占用的比例。资本占用的定义有以下两种方式：

一种是简单地把初始投资额当作资本占用，即：

$$会计报酬率=\frac{年平均净利润}{初始投资额}\times100\%$$

另一种是计算项目寿命期的平均资本占用，即：

$$会计报酬率=\frac{年平均净利润}{平均资本占用}\times100\%=\frac{年平均净利润}{(原始投资额+投资净残值)/2}\times100\%$$

会计报酬率直接使用财务报表数据，这些数据容易获取。经理人员通过会计报酬率得知采纳项目后财务报表的变化，这对于业绩预期和后续评价非常有帮助。但是会计报酬率计算时使用的是账面利润而非现金流量，这忽视了折旧对现金流量的影响，也没有考虑净利润的时间分布对项目经济价值的影响。

（五）敏感性分析

投资项目的敏感性分析，是指假定其他变量不变的情况下，测定某一相关因素的变动对反映项目投资效果的评价指标(如净现值、现值指数、内含报酬率等)的影响程度。如果某因素发生较小范围的变动时,项目评价指标发生了较大的变动,那么表明项目评价指标对该因素的敏感性强;而如果某因素发生了较大的变动才会对评价结果产生影响,那么表明项目评价指标对该因素的敏感性弱。

进行敏感性分析的目的,是使决策者预见相关因素在多大范围内变动时,不会影响原来结论的有效性。而当相关因素的变动超过一定范围时,决策者就需要对原来的结论进行修正。这样可以使决策者全面了解建设项目投资方案可能出现的经济效益变动情况,以减少和避免不利因素的影响,改善和提高项目的投资效果。

敏感性分析方法的主要步骤如下:
(1)计算项目的基准净现值。
(2)选定一个变量,例如每年税后营业现金流入,假设其发生一定幅度的变化,而其他因素不变,重新计算净现值。
(3)计算选定变量的敏感系数:

$$敏感系数 = 目标值变动百分比 / 选定变量变动百分比$$

它表示选定变量变化1%时,目标值变动的百分数,能够反映目标值对于选定变量变化的敏感程度。

(4)根据上述分析结果,对项目的敏感性做出判断。

[实务题3-5] A公司拟投产一个新产品,预计需要初始投资72万元,项目寿命为4年,假设税法规定,按直线法折旧,无残值;预期每年增加税后营业收入100万元,增加税后付现成本69万元;公司的所得税税率为25%,新产品的折现率为10%。

要求:计算税后营业收入的敏感系数。

[解析]

表3-5 税后营业收入敏感系数 单位:万元

变动百分比	基准情况	1%
初始投资	-72	-72
每年税后营业收入	100	101
每年税后付现成本	-69	-69
每年折旧抵税(25%)	72/4×25%=4.5	4.5
每年经营净现金流量	35.5	36.5
年金现值系数(10%,4)	3.169 9	3.169 9
净现值	40.53	43.70
每年税后营业收入的敏感系数	[(43.70-40.53)/40.53]÷1%=7.82%	

敏感性分析是一种最常见的风险分析方法,其计算过程简单、易于理解,然而也存

在局限性。在进行敏感性分析时,该方法只允许一个变量发生变动,而假设其他变量保持不变。但在现实世界中,这些变量通常是相互关联的,会一起发生变动,但是变动的幅度不同。此外,敏感性分析每次只能测算一个变量变化对净现值的影响,虽然可以提供一系列分析结果,但是没有给出每个数值发生的可能性。

二、互斥项目的优选问题

企业在进行决策时,会形成多个解决问题的备选方案,但只能有一个方案被选中时,则各方案之间是一种竞争且互相排斥的关系,这个项目就被称为互斥项目。简而言之,互斥项目就是不能同时进行的、可供选择的项目。

知识链接

除互斥项目以外,常见的投资项目类型还有独立项目和依存项目。独立项目是指项目之间相互独立,某一项目的接受或者放弃并不影响其他项目的考虑与选择。在资本不受限制的情况下,企业可以采纳备选方案中的一个或者多个项目。依存项目是指某一项目的选择与否取决于公司对其他项目的决策。例如,某企业决定在外地开设子公司,这就需要考虑生产线的购置、人员的招聘、研究与开发的安排等其他诸多项目。

面对互斥项目时,使用不同的评价指标很可能出现矛盾,其原因有以下三种:

1. 初始投资额的不同

如果指标矛盾的原因仅仅是投资额不同(项目的寿命相同),在选择互斥项目时,应当优先选择使用净现值法,而不是现值指数法。因为股东需要的是实实在在的报酬,希望投资活动带来更多的财富,而不是仅仅关注报酬的比率。

2. 现金流量发生的时间不同

当有两个备选的互斥项目方案,且其中一个项目方案在前期现金流入较多,而另一个项目方案在后期现金流入较多时,用净现值法和内含报酬率法进行项目投资决策可能存在冲突。这是因为项目收回的现金流量可以用于再投资。为了增加股东财富,此时应选择净现值最大的项目。

知识链接

企业财务管理的目标是实现股东财富最大化。在进行项目投资决策时,选择不同评价方法时,净现值的增加能更加直观地反映股东财富的增加,这与企业财务管理的目标相符。

3. 投资项目寿命期的不同

当几个项目投资方案的投资额不相等,且项目计算期也不相同时,不能直接比较投资方案的净现值、内含报酬率及现值指数。为了使投资项目的各项指标具有可比性,要设法使其在相同的寿命期内比较。而为了达到这一目的,可以采用的方法包括最小公倍数法和年均净现值法。

(1) 最小公倍数法,也称方案重复法或共同年限法,是指将两个方案使用寿命的最小公倍数作为比较期间,并假设项目投资方案在比较区间内可以重复若干次,从而将各自多次重复投资计算的净现值进行比较的分析方法。但这种方法也存在较大的弊端:一方面,两种投资方案的最小公倍数可能很大,计算时就会相对复杂;另一方面,企业的生产经营环境是不断变化的,投资项目不可能原样多次重复。

当使用最小公倍数法难以预测和计算时,可以使用年均净现值法。

(2) 年均净现值法,也称年等额净回收法或等额年金法,是指把投资项目在寿命期内总的净现值转化为每年的平均净现值,并进行比较分析的方法。其计算公式如下:

$$ANPV = \frac{NPV}{(P/A,i,n)}$$

式中,$ANPV$ 表示年均净现值;NPV 表示净现值;$(P/A,i,n)$ 表示在一定的资本成本率和项目寿命期限基础上的年金现值系数。

最小公倍数法和年均净现值法的区别在于:最小公倍数法比较直观且易于理解,但预计现金净流量相对困难和复杂。而年均净现值法应用相对简单,但不易于理解。

这两种方法在实务中并非适用于所有互斥项目的投资决策。

一方面,这两种方法存在内在缺点。有的领域技术进步快,升级换代已经不可避免,不可能原样复制原有项目。此外,长期来看,企业还要考虑通货膨胀、竞争导致利润下降等因素,这些因素同样对决策非常重要。因此,实务中通常只对重置概率很高的项目采用上述分析方法。对于预计项目年限差别不大的项目,一般直接比较净现值,不需要做重置现金流的分析,因为预计现金流量和资本成本的误差比年限差别更大。

另一方面,企业在面对一些具体互斥项目的选择时,可能需要对上述方法稍加改进。例如在固定资产更新决策中,企业需要在继续使用旧设备和采用新设备、采用哪种新设备之间分析并做出决策,这本质上就是互斥项目的投资决策。在这种情况下,使用固定资产年成本决策更为合理。一般来说,设备更换并不会改变企业的生产能力,也不会增加企业的现金流入,更新决策的现金流量主要是现金流出。即使有少量的残值变现收入,也属于支出抵减,而非实质性的流入增加。由于只有现金流出而没有现金流入,实际操作中净现值和内含报酬率很难适用。这种情况一般可以从成本角度考虑,选择总成本最低的方案,但是继续使用旧设备和更换新设备给企业带来的收入和期限不同。因此,较好的分析方法就是比较继续使用和更新的平均年成本,选择成本较低者作为优选。这与年均净现值法的计算十分相似。

[**实务题3-6**] D公司正面临印刷设备的选择决策。一个选择是购买10台甲型印刷机,每台价格8 000元,且预计每台设备每年末支付的修理费为2 000元。甲型印刷机将于第4年末更换,预计无残值收入。另一个选择是购买11台乙型印刷机来完成同样的工作,每台价格5 000元,乙型印刷机需于3年后更换,每年末支付的修理费用分别为每台2 000元、2 500元、3 000元。在第3年末预计有500元/台的残值变现收入。

该公司此项投资的机会成本为10%;所得税税率为25%(假设该公司将一直盈利),税法规定的该类设备折旧年限为3年,残值率为10%;预计选定设备型号后,公司将长期使用该种设备,更新时不会随意改变设备型号,以便与其他作业环节协调。

要求:分别计算采用甲型、乙型印刷机的平均年成本,并据此判断应当购买哪一种设备。

[解析]

(1)10台甲型印刷机的平均年成本:

第0年末现金流出=购置成本=80 000(元)

第1、2、3年末现金流出=税后修理费用-折旧抵税=2 000×10×(1-25%)-8 000×10×(1-10%)/3×25%=15 000-24 000×25%=9 000(元)

第4年末现金流出=税后修理费用-期末税后变现收益=15 000-(80 000-24 000×3)×25%=15 000-2 000=13 000(元)

甲型印刷机现金流出总现值=80 000+9 000×$(P/A,10\%,3)$+13 000×$(P/F,10\%,4)$=111 261.1(元)

甲型印刷机平均年成本=111 261.1÷$(P/A,10\%,4)$=35 099.25(元)

(2)11台乙型印刷机的平均年成本:

第0年末现金流出=购置成本=55 000(元)

第1年末现金流出=税后修理费用-折旧抵税=2 000×11×(1-25%)-5 000×11×(1-10%)/3×25%=16 500-4 125=12 375(元)

第2年末现金流出=税后修理费用-折旧抵税=2 500×11×(1-25%)-4 125=20 625-4 125=16 500(元)

第3年末现金流出=税后修理费用-折旧抵税-期末税后变现收益=3 000×11×(1-25%)-4 125-500×11-(500×11-(55 000-16 500×3))×25%=24 750-4 125-5 500-0=15 125(元)

乙型印刷机现金流出总现值=55 000+12 375×$(P/F,10\%,1)$+16 500×$(P/F,10\%,2)$+15 125×$(P/F,10\%,3)$=91 248.72(元)

乙型印刷机平均年成本 = 91 248.72 ÷ (P/A, 10%, 3) = 36 691.75(元)

因为乙型印刷机平均年成本高于甲型印刷机，所以应当购买甲型印刷机。

三、总量有限时的资金分配

在现实的经济社会中，经常会出现总量资本受到限制的情况，无法为全部净现值为正的项目筹集到所需资金。这时，需要考虑有限的资本分配给哪些项目。具有一般意义的做法是：首先，将全部项目排列出不同的组合，每个组合的投资需要不超过资本总量；其次，计算各项目的净现值以及各组合的净现值合计；最后，选择净现值最大的组合作为采纳的项目。

为了简化这一过程，可以采用组合排队优化选择的方法，具体步骤如下：

第一步，将各项目方案按照现值指数由大到小排序，逐次计算累计投资额，并与资本限定的总额比较。

第二步，若计算到第 m 个项目时，累计投资总额恰好与资本限定额相等，那么第1至第 m 个项目方案的组合就是最佳的投资组合。

第三步，如果在项目方案的排序过程中没有找到最佳组合，则需要按下列方法对其进行必要的调整：

(1)若方案排序中发现第 m 项的累计投资额首次超过资本限定额，当删除该项后，递补项目方案的累计投资额小于或等于资本限定额时，可将第 m 项与第 $m+1$ 项交换位置，并计算其累计投资额。这种位置的交换可持续进行。

(2)若方案排序中发现第 m 项的累计投资额首次超过资本限定额，而又不能与后一项交换时，则可将第 m 项与第 $m-1$ 项交换位置，继续计算累计投资额。这种位置的交换也可持续进行。

(3)若经过持续的交换，已不能再进行下一步交换时，仍不能找到使累计投资额恰好与资本限定额相等的项目组合，则可按最后一次交换后的项目组合作为最佳组合。

[实务题3-7] 甲公司可以投资的资本总量为1 000万元，资本成本为10%。现有三个投资项目，相关数据如表3-6所示。

表3-6　　　　　　　　　　甲公司投资项目情况　　　　　　　　　　单位：万元

项目	现金净流量 第0年	现金净流量 第1年	现金净流量 第2年	未来现金净流量总现值	净现值	现值指数
A	-1 000	900	500	1 231.39	231.39	1.23
B	-500	505	200	624.38	124.38	1.25
C	-500	500	188	609.91	109.91	1.22

[解析]

如果根据净现值分析，这三个项目的净现值都是正数，它们都可以增加股东财富。但可用于投资的资本总量有限，即只有 1 000 万元。在总量资金有限时，应该将项目按现值指数排序，其优先顺序为 B、A、C。在资本限额内优先安排现值指数高的项目，即优先安排 B，用掉 500 万元；下一个应当是 A 项目，但是资金剩余 500 万元，A 项目投资是 1 000 万元，无法安排；接下来安排 C，全部资本使用完毕。因此，应当选择 B 和 C，放弃 A 项目。

但是上述决策方法仅适用于单一期间的资本分配，不适用于多期间的资本分配问题。多期间资本分配，是指资本的筹集和使用涉及多个期间。例如，今年筹资的限额是 1 000 万元，明年又可以筹资 1 000 万元；与此同时，已经投资的项目可不断收回资金并及时用于另外的项目。此时，需要更复杂的多期间规划分析，不能用现值指数排序这一简单方法解决。

四、证券投资决策

（一）证券投资的基本概念

证券投资（Investment in Securities），是指投资者（法人或自然人）购买股票、债券、基金等有价证券及其衍生品，以获取红利、利息及资本利得的行为。

证券投资与项目投资相比，最大的不同在于投资的目的。证券投资的目的在于通过持有权益性证券来获取投资收益，或控制其他企业的财务或经营政策，并不直接参与具体的生产经营过程。项目投资的目的则在于改善生产条件、扩大生产能力，以获取更多的经营利润。但两者都是通过最佳的投资决策来实现企业价值的最大化。

证券投资依托于金融市场，使得投资者可以通过购买有价证券来获取收益，而被投资者可以获得资金以实现更好的项目收益。这一机制灵活地缓解了金融市场上供需关系不平衡的问题。因此，证券投资既为资金需求者提供了筹集资金的重要渠道，也为投资者提供了更多的投资选择。

金融市场的不断发展，使得证券投资的形式日趋多样化。在市场中有很多证券投资的种类，例如，短期国债、商业票据、可转让存单、债券投资、股票投资和基金投资等。其中，债券投资和股票投资是证券投资的两种最主要方式。

（二）债券投资

债券投资，是指债券购买人（投资人、债权人）以购买债券的形式投放资本，到期向债券发行人（借款人、债务人）收取固定的利息以及收回本金的一种投资方式。

债券投资中,企业可以通过评价债券的价值和收益率来确定是否投资。

1. 债券的价值

债券的价值,又称债券的内在价值。根据资产的收入资本化定价理论,任何资产的内在价值都是在投资者预期的资产可获得的现金收入的基础上贴现确定的。运用到债券上,债券的价值是指进行债券投资时,投资者预期可获得的现金流入的现值。债券价值由两部分构成:一是到期面值回收的现值,二是各期利息的现值。折现率为购买债券时的实际市场利率或投资人要求的必要报酬率。当债券的购买价格低于债券价值时,表明该债券值得投资。

债券价值的计算可以分为以下三种形式:每年定期付息到期一次还本的基本模型、一次还本付息不计复利的债券价值模型以及零息债券的价值模型。

(1) 每年定期付息到期一次还本的基本模型

债券价值的基本模型,主要是指按复利方式计算的每年定期付息到期一次还本情况下的债券的估价模型,其价值模型如下:

$$V = \sum_{t=1}^{n} \frac{i \times F}{(1+K_d)^t} + \frac{F}{(1+K_d)^n} = i \times F \times (P/A, K_d, n) + F \times (P/F, K_d, n)$$

式中,V 表示债券价值;i 表示债券票面利率;F 表示债券面值;K_d 表示市场利率或投资人要求的必要报酬率;n 表示付息总期数。

(2) 一次还本付息不计复利的债券价值模型

我国很多债券属于一次还本付息、单利计算的存单式债券,其价值模型如下:

$$V = \frac{F \times (1+i \times n)}{(1+K_d)^n} = F \times (1+i \times n) \times (P/F, K_d, n)$$

公式中的符号含义同前式。

(3) 零息债券的价值模型

零息债券是指到期只能按面值收回,期内不计息的债券,其估价模型为:

$$V = \frac{F}{(1+K_d)^n} = F \times (P/F, K_d, n)$$

公式中的符号含义同前式。

[实务题3-8] 甲公司有一笔闲置资金,可以进行为期一年的投资,市场上有三种债券可供选择,相关资料如下:

(1) 三种债券的面值均为1 000元,到期时间均为5年,到期收益率均为8%。

(2) 甲公司计划一年后出售购入的债券,一年后三种债券到期收益率仍为8%。

(3) 三种债券票面利率及付息方式不同。A债券为零息债券,到期支付1 000元;B债券的票面利率为8%,每年年末支付80元利息,到期支付1 000元;C债券的票面利率为 10%,每年年末支付 100 元利息,到期支付 1 000 元。

要求:计算以上三种债券当前及一年后的价值。

[解析]

(1)A 债券当前的价值:1 000×(P/F,8%,5)=681(元)

一年后的价值:1 000×(P/F,8%,4)=735(元)

(2)B 债券当前的价值:80×(P/A,8%,5)+1 000×(P/F,8%,5)=1 000(元)

一年后的价值:80×(P/A,8%,4)+1 000×(P/F,8%,4)=1 000(元)

B 债券票面利率等于市场利率(或者到期收益率),因此当前价值等于其面值 1 000 元,一年后的价值也等于其面值 1 000 元。

(3)C 债券当前的价值:100×(P/A,8%,5)+1 000×(P/F,8%,5)=1 080(元)

一年后的价值:100×(P/A,8%,4)+1 000×(P/F,8%,4)=1 066(元)

企业的闲置资金是否用于购买债券,只需比较债券当前的市场价格和价值。当债券的市场购买价格低于当前债券价值时,该债券就值得购买。

知识链接

如果债券已经发行,并在二级市场上流通了一段时间,随着到期时间的缩短,债券的价值会逐渐趋近于面值。 也就是说,随着到期时间的缩短,溢价发行的债券价值逐渐下降,折价发行的债券价值逐渐上升,而平价发行债券的价值则稳定不变。 如果在估值时进一步考虑现在至下一次利息支付的时间因素,债券价值会在两个付息日之间呈现出周期性波动。 以上例中 C 债券为例,在一年中,债券的价值会先逐渐上升,年底割息后再下降至 1 066 元。

2.债券的收益率

债券收益率是指以特定价格购买债券并持有至到期日所能获得的报酬率,是能使未来现金流量现值等于债券购入价格的折现率。如果债券收益率大于投资人预期收益率,那么债券投资就是可行的。

根据常见的每年定期付息到期一次还本的基本模型:

$$P_0 = i \times F \times (P/A, K_d, n) + F \times (P/F, K_d, n)$$

式中,P_0 表示债券的买价;i 表示债券票面利率;F 表示债券面值;K_d 表示债券的收益率;n 表示付息总期数。

通过上述公式并结合插值法,计算出债券的收益率 K_d。

[实务题 3-9] A 公司有一笔闲置资金,以 940 元的价格购入 100 张面值 1 000 元、票面利率 8%、5 年期的 B 公司新发行债券。该债券每年末付息一次,到期还本。

要求:计算 A 公司投资该债券的到期收益率。

[解析]

为简化起见,计算单张债券的到期收益率即可:

$940=8\%\times1\,000\times(P/A,K_d,5)+1\,000\times(P/F,K_d,5)$

当 $K_d=8\%$ 时,等式右边 $=8\%\times1\,000\times(P/A,8\%,5)+1\,000\times(P/F,8\%,5)=80\times3.992\,7+1\,000\times0.680\,6=1\,000.02$

当 $K_d=10\%$ 时,等式右边 $=8\%\times1\,000\times(P/A,10\%,5)+1\,000\times(P/F,10\%,5)=80\times3.790\,8+1\,000\times0.620\,9=924.16$

$$\frac{K_d-8\%}{10\%-8\%}=\frac{1\,000.02-940}{1\,000.02-924.16}$$

用插值法求解,$K_d=9.58\%$,即投资该债券的到期收益率是 9.58%,该指标也可采用 IRR 函数计算,此时要注意站在投资者的角度标记现金流入流出。

3. 债券投资的优缺点

债券投资的优点:(1)投资收益稳定,债券持有人可以按时获得固定的利息收入。(2)相对于股票投资而言,企业债券的持有人对企业剩余财产有优先求偿权,因此风险较低。此外,政府债券有国家财力作后盾,通常被视为无风险证券。(3)流动性强,容易在金融市场上快速出售。

债券投资的缺点:(1)债券投资者只能定期取得利息,无权影响或控制被投资企业的经营管理活动。(2)如果投资期间通货膨胀率较高,固定的债券面值和利息会导致实际购买力的降低。

(三)股票投资

股票投资是指企业或个人用积累起来的货币购买股票,借以获得收益的行为。进行股票投资的目的包括以下两个:(1)获取股利收入及股票买卖差价;(2)通过购买某一企业的大量普通股股票,达到控制该企业的目的。

1. 股票的价值

股票的价值又称股票的内在价值,是指进行股票投资所获得的现金流入的现值。股票投资获得的现金流入主要包括两部分:股利收入和股票出售时的资本利得。因此,股票的内在价值由一系列股利和将来出售时售价的现值所构成。通常当股票的市场价格低于股票内在价值时,适合进行股票投资。

(1)股票价值的基本模型

$$V=\sum_{t=1}^{n}\frac{D_t}{(1+K_e)^t}+\frac{P_n}{(1+K_e)^n}$$

式中,V 表示股票内在价值;D_t 表示第 t 期的预期股利;K_e 表示投资人要求的必要报酬率；P_n 表示未来出售时预计的股票价格；n 表示预计持有股票的期数。

股票价值的基本模型要求无限期地预计历年的股利，如果持有期是一个未知数，则上述模型实际上很难计算。因此，应用的模型都是假设公司股利按一定的年增长率增长。

(2) 股利固定增长的股票价值模型

如果投资者所投资股票的股利不断增长，且不打算在近期出售，则可以通过计算公司预期未来支付给股东的股利现值确定股票的未来价值。假设本年现金股利为 D_0，下一年现金股利为 D_1，每年股利增长率为 g，K_e 表示投资人要求的必要报酬率，则长期持有、股利固定增长的股票价值模型为：

$$V = \frac{D_0(1+g)}{K_e - g} = \frac{D_1}{K_e - g}$$

[**实务题 3-10**] A 公司已进入稳定增长状态，固定股利增长率为 5%，普通股股东的必要报酬率为 8%，公司最近一期每股股利为 0.5 元。

要求：计算公司目前普通股每股的价值。

[解析]

$$V = \frac{0.5(1 + 5\%)}{8\% - 5\%} = 17.5 (元)$$

公司目前普通股每股的价值为 17.5 元。

特别地，如果投资者投资于股票，且持有时间很长，不打算在近期出售，同时公司股利增长率为 0，即股利每年不变的情况下，根据永续年金求现值的方法，长期持有、股利零增长的股票价值模型简化为：

$$V = D/K_e$$

式中，V 表示股票内在价值；D 表示每年固定股利；K_e 表示投资人要求的必要报酬率。

(3) 非固定增长的股票价值

公司的股利通常是不固定的，有些公司的股票在一段时间内高速增长，而在另一段时间内则正常固定增长或固定不变。因此，只有分段计算，才能确定股票的价值。通常情况下，如果将预测期分成两个阶段，该模型被称为两阶段增长模型。其中，第一阶段被称为详细预测期，第二阶段被称为后续期。

2. 股票的收益率

比较股票内在价值和市场价值进行投资决策，本质上是在判断股票在市场上是否被低估或高估。然而，如果股票价格反映的是公平的市场价格，且整个市场处于均衡状态，那么在任一时点，证券价格都能完全反映有关该公司的任何可获得的公开信息。

此外,股票价格能对新信息迅速做出反应。这时可以通过计算股票的收益率来决策。如果股票的收益率超过投资人的预期收益率就可以投资。

(1)股票价值的基本模型

在股票投资的基本模型中,企业进行股票投资可以取得股利,且股票出售时也可收回一定资金。股票投资的收益率是使各期股利及股票售价的复利现值之和等于购买股票时的折现率。其计算公式如下:

$$P_0 = \sum_{t=1}^{n} \frac{D_t}{(1+K_e)^t} + \frac{P_n}{(1+K_e)^n}$$

式中,P_0 表示股票的买价;D_t 表示第 t 期的股利;K_e 表示股票的收益率;P_n 表示股票出售价格;n 表示持有股票的期数。

我们通过上述公式并结合插值法计算出股票的收益率 K_e。

(2)股利固定增长的股票价值模型

根据股利固定增长的股票价值模型,可知:

$$P_0 = \frac{D_0(1+g)}{K_e - g} = \frac{D_1}{K_e - g}$$

为了计算得出股票的收益率 K_e,将公式移项整理,即可得到股利固定增长的股票收益率计算模型:

$$K_e = \frac{D_1}{P_0} + g = \frac{D_0(1+g)}{P_0} + g$$

3.股票投资的优缺点

股票投资的优点:(1)投资收益高。股票投资风险大,收益高,只要选择得当,就能取得丰厚的投资收益。(2)购买力风险低。与固定收益的债券相比,普通股能有效地降低购买力风险。因为通货膨胀率较高时,物价普遍上涨,股份公司盈利增加,股利也会随之增加。(3)拥有经营控制权。普通股股票的投资者是被投资企业的股东,拥有一定的经营控制权。

股票投资的缺点:(1)收入不稳定。普通股股利是否发放以及发放多少,视被投资企业经营状况而定,因此收入很不稳定。(2)价格不稳定。股票价格受众多因素影响,很容易产生波动。(3)求偿权居后。当企业破产时,普通股投资者对被投资企业的资产求偿权居于最后,其投资有可能得不到全额补偿。

(四)证券投资组合

为了规避证券投资的风险,可采用证券投资组合的方式,即投资者在进行证券投资时,不是将所有的资金都投向单一的某种证券,而是有选择地投向多种证券。

> **知识链接**
>
> 投资组合理论认为,若干种证券组成的投资组合,其收益是这些证券收益的加权平均数,但是其风险不是这些证券风险的加权平均风险,即投资组合能降低风险。这里的"证券"是"资产"的代名词,可以是任何产生现金流的东西,例如,一项生产性的实物资产、一条生产线或者是一个企业。

1. 证券投资组合的方法

决策者在进行证券投资组合时,需要考虑安全性、流动性和收益性的原则。也就是说,既要保证在投资本金能够按期收回的前提下,取得较高的收益率,还要考虑形成的资产能否随时转变为现金,以满足企业现金支付的需要。在组合时,通常会考虑以下方法:

(1)选择足够数量的证券组合。当证券数量增加时,非系统风险会逐步降低;当数量足够多时,大部分非系统风险都能被分散掉。

(2)把不同风险程度的证券组合在一起。这种方法要求将大致 1/3 的资金投资于风险较高的证券,1/3 的资金投资于风险中等的证券,1/3 的资金投资于风险低的证券。这种组合法虽然不会获得太高的收益,但也不会承担太大的风险。

(3)把投资收益呈负相关的证券组合在一起。比如,负相关股票是指一种股票的收益上升而另一种股票的收益下降的两种股票,把收益呈负相关的股票组合在一起,能有效地分散风险。

2. 证券投资组合的期望收益率

两种或两种以上证券的组合,其期望收益率可以直接表示为:

$$\bar{K}_p = \sum_{i=1}^{n} \bar{K}_i \cdot W_i$$

式中,$\bar{K}_p$ 表示证券投资组合的期望收益率;$\bar{K}_i$ 表示第 i 种证券的期望收益率;W_i 表示第 i 种证券价值占证券组合投资总价值的比重;n 表示证券组合中的证券数。

3. 投资组合的风险与收益

投资者进行证券投资时,需要对承担的风险进行补偿。股票的风险越大,投资者要求的收益率就越高。由于证券投资的非系统性风险可通过投资组合抵消,因此投资者要求补偿的风险主要是系统性风险。证券投资组合的风险收益,是投资者因承担系统性风险而要求的、超过资金时间价值的那部分额外收益。其计算公式为:

$$R_p = \beta_p \cdot (R_m - R_f)$$

式中,R_p 表示证券组合的风险收益率;β_p 表示证券组合的 β 系数;R_m 表示市场收益率,是证券市场上所有股票的平均收益率;R_f 表示无风险收益率,一般用政府债券的利率来衡量。

4. 证券投资组合的必要收益率

根据资本资产定价模型,证券投资的必要收益率(也称为必要报酬率),等于无风险收益率加上风险收益率,即:

$$K_p = R_f + \beta_p \cdot (R_m - R_f)$$

式中,K_p 表示证券组合的必要收益率,其他符号意义同前式。

证券组合管理的意义在于,采用适当的方法,选择多种证券作为投资对象,以达到在保证预定收益的前提下使投资风险最小,或在控制风险的前提下使投资收益最大化的目标,从而避免投资过程的随意性。因此,使用证券投资组合有利于实现风险与收益的平衡,从而获取最佳收益。

第三节 本章课程思政案例及延伸阅读

为扩展本章内容的理解,本章课程思政案例重点探讨企业协调实体经济与虚拟经济投资的意义。同时,围绕企业如何提升实体经济投资效率、提高其市场价值进行延伸。

一、本章课程思政案例

(一)案例主题与思政意义

[案例主题]

分析上市公司资金投资趋向,探索企业资金"脱实向虚"对企业经营的影响,引导实体企业科学、适度地投资虚拟经济。

[思政意义]

结合实体经济"脱实向虚"的问题,理解企业资金在实体生产投资和虚拟经济投资之间的不均衡配置,不仅容易导致上市公司股价崩盘风险增加[①],不利于企业常态发展,而且会降低社会生产效率,不利于国民经济的健康稳定。针对这些问题,党的二十大报告中明确指出,"坚持把发展经济的着力点放在实体经济上",这为企业在新时代

---

① 王翌秋,王新悦. 企业资金"脱实向虚"对其股价崩盘风险的影响[J]. 审计与经济研究,2022,37(1):94—105.

的发展指明了方向,引导资金更多地流向实体经济领域,有利于促进社会经济高质量、可持续发展。

(二)案例描述与分析

[案例描述]

在我国经济由高速增长转向高质量发展阶段的时代背景下,实体经济面临着产业结构层次较低、产品收益率下降、融资成本高等突出问题。与此同时,随着互联网技术的进步以及放开利率管制政策的实施,以金融业为核心的虚拟经济迅速发展,虚拟经济与实体经济的利润差距扩大。虚拟经济是由虚拟资产组成,通过虚拟资产价格变动来创造名义财富的经济体系。例如,企业为了获取投资收益或者资本利得而进行的证券投资,便属于典型的虚拟经济投资。资本的逐利性使得企业管理者不断减少主业投资,并将大量资金配置于虚拟经济领域,导致实体经营背离主营业务,资金流向虚拟经济,出现资金"脱实向虚"的发展趋势。

[案例分析]

1. 资金"脱实向虚"增强了企业股价崩盘风险

股价崩盘风险是指单个企业的股票价格在短期内出现较大幅度下跌的概率。企业资金"脱实向虚"对个股股价崩盘风险的影响具体表现在以下三个方面:

(1)资金"脱实向虚"容易导致企业资产回报不稳定,增强了股价崩盘风险

依据金融不稳定性假说,企业自身的投资决策会影响其在资本市场上的表现。在实体经营收益有限的背景下,企业将资金过度配置于虚拟经济,以资本套利为目的投资,会使企业投资项目决策与主业经营不匹配,增加了企业面临的经营不确定性。一方面,从企业资金"脱实向虚"的本质属性来看,由于代理成本的存在,虚拟经济领域较高的资产回报率会使管理者在投资项目决策时更注重短期收益,而容易忽视真正有利于企业健康发展的实体经营。企业资金"脱实向虚"投机性、短期性的特点与企业真正的实体经营不匹配,增加了企业面临的经营不确定性。当消息传递到资本市场后,会提升投资者对企业的负面情绪,进而容易导致企业股价崩盘风险上升。另一方面,从企业资金"脱实向虚"的经济后果来看,它容易导致实体经济与虚拟经济风险联动性增强,这就导致企业在投资虚拟经济的过程中伴随着负面信息的产生。

(2)"脱实向虚"会加剧信息的不对称程度,引发股价崩盘风险

企业管理者一方面将资金配置于资产回报率更高的虚拟经济,希望提高资金的流动性和回报率,增加短期效益,提升个人效用,而忽视企业长远健康发展;另一方面又面临政府部门日益严格的监管以及投资者对企业过度投资虚拟经济领域的担忧。因此,管理者存在隐藏投资虚拟经济的负面信息的动机,以防止股东或外部投资者发现

其投资虚拟经济产生的风险隐患,使其不能得知或推迟得知企业相关会计信息。由于在管理者的刻意隐瞒下负面信息并未及时披露,且不断堆积在管理者内部,因此,外部资本市场中企业股价的信息含量就会降低,投资者无法准确获取有效信息,进而增加了企业自身面临的信息不对称程度。这导致企业股价逐渐被高估,扭曲了资本市场定价机制,提高了企业面临的股价崩盘风险。

(3)投资虚拟经济的信息向市场释放后,股票的高流动性会加剧股价崩盘风险

基于短期行为理论,市场投资者会根据企业短期业绩表现来买卖股票并谋取收益。这加大了企业管理者的短期业绩压力,诱使其将企业的现金投资于虚拟经济领域,并刻意隐瞒虚拟投资的负面信息。当达到企业负面信息的容量上限时,这些信息会集中传导至资本市场,导致外部投资者在短时间内迅速卖出所持股票。而且我国股票市场自然人投资者占比较高,存在明显的"追涨杀跌"心理,羊群效应较强,这会造成股价大幅波动,从而提升股价崩盘风险。此外,相比于资本市场上的投资者,企业大股东能够提前得到企业过度投资虚拟经济的负面信息。股票流动性越高,大股东提前离场所需的时间越短,且大量股票突然抛出会加剧企业股票下跌的幅度,进而提升企业面临的股价崩盘风险。

2."脱实向虚"对社会经济的影响

处理好实体经济与虚拟经济的关系对国民经济健康发展具有重要作用。资源过度流入"以钱生钱"的融资活动将导致虚拟经济的过分扩张,造成国民经济体系的不平衡。一方面,实体经济将资金过度配置于虚拟经济领域,挤占了企业原本用于实业生产的资金,降低了实体经济的生产能力,影响整个社会的生产效率,对国民经济健康发展起到负面作用。另一方面,企业将资金投资于虚拟经济领域,配置金融资产,容易导致其发展速度过快,极易产生资产价格泡沫,从而影响金融稳定性,危害我国经济的长远发展。

习近平总书记指出,从大国到强国,实体经济发展至关重要,任何时候都不能脱实向虚。在"脱实向虚"这一问题上,美国给我们提供了反面教训。它实际上走的是一条从工业化到去工业化再到工业化的道路,虽然经济规模总量巨大,但去工业化、产业空心化削弱了制造业的国际竞争力,并付出了惨重的代价。

国家也出台了多项政策,以实体经济为着力点推动经济高质量发展,促进实体经济与虚拟经济协调发展。一方面,要以实体经济为基础发展虚拟经济,让虚拟经济适应实体经济发展的需要。否则,如果虚拟经济脱离实体经济超前膨胀发展,会引发经济泡沫,进而导致金融危机、经济危机。这将导致大量企业破产、工人失业、物价飞涨、社会贫富差距扩大,经济社会出现动荡,最终对实体经济造成极大破坏。另一方面,要发挥健康的虚拟经济对实体经济发展的促进作用。虚拟经济有助于引导社会资本流

向效益好、潜力大、经营管理规范的企业，提高社会资本的配置效率，促进实体经济发展。同时，虚拟经济拓宽了企业的融资渠道，有助于分散企业的经营风险，有利于企业实现低成本的规模扩张，从而提高整个经济的运行效率。

3. 企业应如何应对"脱实向虚"趋势

在国家积极推进实体经济高质量发展，深化要素市场化配置改革的大背景下，从理性经济角度出发，企业管理层在投资决策时，应当充分考虑政策环境对决策的影响，充分利用国家给予的政策红利。同时，结合企业自身实际需求，均衡考虑投资实体经济和虚拟经济的比重，以降低企业投资决策的风险。具体来讲，企业在投资决策时，一方面，应当充分利用配置金融资产流动性较强的特点，当企业将来面临生产经营资金短缺风险时，及时变卖，将获得的资金用于反哺主营业务发展，为企业长稳发展提供必要保障。另一方面，企业应当警惕因逐利心理将投资重心转移到金融资产而偏离主营业务的发展战略。这种本末倒置的行为会挤压生产性资本，迫使企业减少研发创新以及设备、机器更新换代投入。

除了考虑经济效益外，企业还应当承担社会责任，充分认识到实体经济与虚拟经济失衡对社会经济发展的危害。作为社会经济发展的主要力量，企业应该积极响应国家政策，推动实体经济高质量发展，为现代化经济体系建设贡献自己的力量。

（三）案例讨论与升华

[案例讨论]

为了抑制实体经济"脱实向虚"，国家出台了许多具体的措施，结合你了解的时事政策，尝试解释该项政策是如何抑制实体企业"脱实向虚"的。

[案例升华]

越来越多的上市公司面对业绩考评的压力和虚拟资产高收益率的诱惑，开始将投资重心转向虚拟经济，通过证券的价格波动获取投资收益或资本利得。然而，这对企业的未来发展和广大的中小投资者都有不小的隐患。因此，作为公众利益实体的上市公司，在投资决策时，要注意各类投资的均衡，考虑不同投资领域的优缺点，协调投资实体经济和虚拟经济的比重，以优化资源配置，降低股价崩盘风险。

此外，考虑到税收负担是影响企业脱实向虚的重要内因，国家自2008年以来就在企业成本负担端持续发力，通过减税费、降成本来提升实体经济发展质效。近年来，国家推出了一系列大规模、实质性的减税降费举措，例如2019年全年减税降费规模达到2.36万亿元；为应对新冠疫情对实体企业的负向冲击，2020年中国连续实施了7批28项减税降费举措，全年新增减税降费超过2.5万亿元，其规模力度之大、惠及范围之广、优惠方式之多前所未有。在这样的政策环境下，企业在充分享受减税降费的红利的同时,还促进了实业资本回流实体经济,对企业利润产生增加效应,并促进其向实业本位回归,为社会经济高质量发展承担责任。

二、本章延伸阅读

延伸阅读 1　经济政策不确定性与实体经济投资效率[①]

(一)引言

中国长期外向型经济主导的发展模式,导致实体经济始终处于中低端水平,再加上关键核心技术短缺以及虚拟经济挤压等问题,致使实体经济企业陷入融资难、投资贵的困境。为夯实实体经济作为国家强盛的重要支柱作用,党的二十大报告提出,"坚持把发展经济的着力点放在实体经济上",切实通过提高实体经济投资效率,迅速纠正"脱实向虚"倾向。在实体经济投资领域,因其本身具有相应的外部风险性,促使经济政策不确定性成为影响实体经济投资效率的一个重要因素。增长期权理论指出,经济政策不确定性增强会减弱政府的干预力度,强化市场无形之手的调控作用。换言之,经济政策的不确定性意味着更多的发展机会和空间,是激励实体经济企业获取市场竞争优势以及利润的重要方式。在这一过程中,实体经济企业的管理者能够凭借市场竞争力扩大自身市场优势与市场份额,以更加理性的投资来减少非理性投资行为,进而提高实体经济投资效率。

因此,实体经济企业在投资过程中能否正确应对经济政策的不确定性,以及经济政策不确定性的变化会对实体经济投资效率产生何种影响,是我们研究的关键所在。从现实来看,中国经济政策处于供给侧结构性改革的动态变化和调整中,这意味着实体经济投资面临的经济政策不确定性具有一定的持续性。因此,研究经济政策不确定性对实体经济投资效率的影响,不仅有助于纠正实体经济企业的"脱实向虚"倾向,而且能切实保障社会经济的高质量发展。

(二)经济政策不确定性驱动实体经济投资效率提升的作用机制

1. 交易成本效应

交易成本是指在达成一笔交易后所花费的所有成本,即市场交易过程中用于协调供需双方矛盾产生的成本,包括搜寻成本、信息成本、运营成本、议价成本、监督成本、管理成本、决策成本。在市场环境不确定的情况下,供需双方可能因契约不完整而促使交易成本上升,这为实体经济企业带来了投资决策难题,从而影响实体经济的投资效率。交易成本理论一直强调专资专用,但实体经济企业若选择专用资产投资,极可

[①] 陈恋. 经济政策不确定性与实体经济投资效率[J]. 技术经济与管理研究,2023(8):73—78.

能出现行为"套牢"等问题。这对于实体经济企业的契约签订、投资决策、事后执行等均会造成负面影响,不利于其投资效率提升。而经济政策的不确定性可以反向助力实体经济企业解决契约不完整、专资专用等带来的"套牢"行为等问题,从而降低交易成本,提高投资效率。在这一过程中,实体经济企业不仅能够更加审慎地评估市场环境,探索更多发展机遇,而且可能借助内部融资缩减因外部融资产生的一系列交易成本。这意味着以往外部产生的搜寻成本、信息成本等可以得到大幅度压缩,并促使实体经济企业降低交易成本,提升投资效率。因此,我们提出以下假设:

假设 H1:经济政策不确定性通过交易成本效应促进实体经济投资效率的提升。

2. 内部融资效应

经济政策不确定性的提升会增加实体经济企业投资违约率与失败率,从而导致外部投资者更强调投资风险补偿,加大了实体经济企业的融资约束。同时,实体经济投资效率本身具备投资风险性,这也促使外部投资者索要高风险溢价。显然,从外部融资角度来看,经济政策不确定性增强会强化实体经济企业的融资风险。而从内部融资角度来看,经济政策不确定性增强时,实体经济企业会收紧对外界提供的商业信用。并且,为有效应对经济政策不确定性带来的外部融资风险,实体经济企业会提高自身的预防性储蓄,通过提高内部现金持有额度,强化内部融资效应,审慎对待投资决策,提高投资效率。与此同时,经济政策不确定性增强导致外部融资成本提高,进一步迫使实体经济企业转而寻求更加持续稳定的内部融资。已有文献表明,实体经济企业的外部融资易受到众多不确定因素的冲击,难以持续稳定地获取投融资输入。内部融资则能够为实体经济企业带来更加稳固的资金投入。尤其是在经济政策不确定性提升的情况下,内部融资已成为提升实体经济投资效率的重要方式。因此,我们提出以下假设:

假设 H2:经济政策不确定性通过内部融资效应促进实体经济投资效率的提升。

3. 科技创新效应

在科技创新过程中,各创新主体通力合作、相互作用能够持续助力科技创新活动的开展。实践表明,由于经济政策不确定性而联结在一起的实体企业所形成的竞合格局,能够加快实体经济企业的持续科技创新。换言之,经济政策不确定性可以促使实体经济企业迅速集聚,并发挥更强的科技创新能力。其优势在于通过掌握更广泛的创新技术、节约交易成本、减少外部市场不确定性,从而产生更强的经济效应,提升企业的投资决策效率。同时,经济政策不确定性的增加会导致经济市场信息不明朗。面对这一不确定的市场发展环境,实体经济企业通过创新能够增强自身适应市场环境变化的动态能力,从而在激烈的市场竞争中获得竞争优势和发展空间,提升投资效率。在经济政策不确定性导致外部市场环境持续动荡的情况下,实体经济企业以科技创新联结抓住"先动"势能,并通过加大科技创新获取竞争优势和发展空间,实现规模报酬递增的收益,以此不断优化自身的投资决策。因此,经济政策不确定性程度越大,实体经济企业所进行的动态适应性调整也越明显,科技创新导向更能适应外部经济环境变动,从而提升投资效率。因此,我们提出以下假设:

假设H3:经济政策不确定性通过科技创新效应来提升实体经济投资效率。

(三)研究结论

本文研究了经济政策不确定性对实体经济投资效率的影响,并进一步揭示了经济政策不确定性对实体经济投资效率影响的作用机制。研究发现,经济政策不确定性能够显著提升实体经济投资效率,而且这种促进作用可以依靠交易成本效应、内部融资效应、科技创新效应等途径实现。此外,经济政策不确定性对实体经济投资效率的影响在不同所有制性质、行业性质以及区域特征方面存在异质性;其中,在私营企业、技术密集型企业以及东部地区企业中,经济政策不确定性对实体经济投资效率的提升作用更为显著。

(四)政策建议

根据上述结论,我们提出以下三方面对策建议:

1. 优化内部金融资源配置效率

经济政策不确定性对实体经济投资效率的促进作用,本质上是实体经济企业应对经济政策不确定性风险时的内部投资决策的结果。因此,在经济政策不确定的环境下,实体经济企业应主动适应经济政策不确定性变化,提升企业内部金融资源配置效率,以优化其服务实体经济投资效能。与此同时,实体经济企业要紧随组织结构变革趋势,随时调整内部金融资源流向。例如,当经济政策不确定性增加时,实体经济企业应通过加大预防性储蓄,审慎开展投资活动,为持续稳定的投资决策提供内部资金支持,从而持续优化实体经济投资效率。

2. 积极发挥资本市场有效调控作用

党的二十大报告指出,"健全资本市场功能,提高直接融资比重"。这意味着要通过市场调控作用来改善实体经济融资结构,充分发挥资本市场的功能。中国政府应持续优化实体经济营商环境,构建平等、公平、有序的市场竞争和资本输出环境。在此基础上,深入推进适应多层次实体经济主体资本市场建立,发挥资本市场对于市场集中度较高或部分排他性垄断行业的调控作用,确保实体经济企业投资机制能够更加科学合理地运行。

3. 打造差异化实体经济价值投资机制

面对国际经济环境不确定性加大的情况,实体经济企业应着力提高自身实力,深入挖掘自身价值特点和持续加强科研创新,提高应对经济政策不确定性所带来外部风险的能力。对于私营企业而言，政策机制的目标的设定应给予相应的调整周期，发挥其短、频、快、急的投资特点，更快速地发挥经济政策不确定性对投资效率的助力作用。对于技术密集型企业而言，政策机制的目标设定要具有导向前沿性，以便更好地发挥科技创新的引领和支撑作用，提高实体经济投资效率。

延伸阅读 2　低碳转型如何影响企业市场价值？[①]

（一）引言

公众利益理论(MacAvoy,1970)认为，为了解决市场失灵问题，政府会对某些领域进行管制，从而提高资源配置效率、促进社会福利提高。中国正处于经济转型阶段，管制在过去几十年的经济发展中发挥了重要作用。近几年，政府针对平台企业、教培行业、房地产行业、医药行业和重污染行业都实施了较为严格的管制。企业作为经济活动的主体，研究政府管制对企业行为以及企业成长的影响具有重要意义。党的二十大报告指出，要推进美丽中国建设，统筹产业结构调整、协同推进绿色低碳发展。为了实现这一目标，中央层面相继出台了一系列环境方面的规制政策。政府实施环境方面的规制将对经济社会产生深刻影响。

绿色低碳转型对经济将产生深远的影响。企业作为市场重要的主体，也会受到低碳转型的影响，会不断调整自己的行为来适应低碳要求，同时追求企业市场价值的最大化。在企业调整行为的过程中，一个重要且亟待解答的问题是，中国持续推进多年的绿色低碳转型在实现节能减排目标的同时，是否影响企业的市场价值？低碳转型对企业市场价值有什么影响？它通过什么机制来发挥作用？对不同污染排放强度的企业、高新技术企业和非高新技术企业影响有什么不同？

（二）研究假说

Porter(1995)认为，适度的环境规制能够促进企业绩效提升。然而，新古典经济学派认为，环境规制不利于企业绩效提升。低碳城市试点政策作为一种环境规制方式，具有一定的法律约束力，地方政府面临这一压力时，会给企业设定相应的减排目标。企业面临环境规制，会采取相应的措施来应对。企业在应对过程中，通过改善经营方式、提高环境社会责任和绿色创新能力等，从而提高企业的市场价值。

低碳城市试点政策在试点城市实施之后，企业所在城市的地方政府会给企业设定一定的减排目标。企业面临这一合法性压力，为达到相应的碳排放标准，通过提高技术水平，引进先进生产设备和增加购买处理碳排放末端设备处理污染物，从而达到相

[①] 詹宇波,管照生.低碳转型如何影响企业市场价值？[J].上海经济研究,2023(12):63—74.

应的碳排放标准。此外,根据信号传递理论,低碳城市试点的实施作为一种显性的政策信号,是政府治理环境污染的表现。企业接收信号后,会做出一系列反应。投资者根据企业的反应来选择要投资的企业,从而导致企业股价发生波动,企业市场价值也随之变化。在这种情况下,企业为了追求市场价值最大化,会积极响应低碳城市试点政策,加大环境治理投资,向投资者传递积极的信号。低碳转型通过环境治理投资提高企业的就业水平,通过要素替代效应增加高技能劳动者就业,从而促进劳动雇用结构升级,优化企业人力资本结构,促进企业市场价值提高。

于是提出假说1:低碳转型通过增加企业环境治理投资,从而提高企业市场价值。

同时,企业为了应对低碳转型以及在竞争中生存,会不断调整生产经营方式,通过技术的进步和产业的升级,优化企业的经营成本,淘汰碳排放高、利润低的产品,进一步升级绿色低碳产品,从而减少企业的总体费用收入率。企业通过生产成本优化,有效改善经营状况,提升未来的现金流水平,提高市场价值。

于是提出假说2:企业低碳转型通过优化企业成本,提高企业市场价值。

企业为了减少排污,通过提高技术创新和优化资源配置效率这两条路径促进了全要素生产率提升。低碳城市试点政策作为政府环境规制政策,企业为应对这一规制,会加大研发,改善技术以应对环境治理和控制成本。它不仅能促进企业的研发投入和创新,而且能进一步提升自身清洁技术生产能力,维持自身可持续发展能力。因此,企业会增加绿色工艺技术的创新投入,从而提高企业市场价值。

于是提出假说3:企业低碳转型通过提高企业绿色创新,促进企业市场价值提高。

(三)研究结论与启示

低碳转型对企业的影响深远。我们研究低碳转型对企业市场价值的影响,以低碳城市试点政策的实施作为一项"准自然实验",在研究低碳转型对企业市场价值影响机制的基础上,运用渐进双重差分模型评估了该政策对企业市场价值的影响。研究发现:低碳转型提高了企业的市场价值,进一步分析了低碳转型对企业市场价值影响的异质性。低碳转型通过增加环境治理投资、优化企业成本和促进企业绿色创新这三个机制,提高了企业的市场价值。

企业在面对低碳转型的压力时,增加了环境治理方面的投资。政府应给予企业一定的减税和补贴。对于企业绿色创新方面,政府也应给予一定的补贴和政策扶持,以加快企业在应对低碳转型时所做的转型升级。低碳城市试点政策的实施总体上对企业市场价值产生了积极影响,对于现阶段企业发展具有推动作用。因此,应进一步推动和完善低碳城市试点政策,并在剩余的地级市推广。同时,该政策的影响存在异质性,对于污染强度高的企业和非高新技术企业而言,它们的减排压力更大。因此,政府应给予一定的税收优惠政策或者补贴,以便这些企业更顺利地实现低碳经济转型。

复习思考题与练习题

一、复习思考题

1. 解释净现值法、现值指数法和内含报酬率法的主要异同点。
2. 估计项目现金流量时,需要注意哪些问题?
3. 证券投资和项目投资有什么区别?
4. 分析独立项目与互斥项目的不同之处。

二、练习题

1. 甲汽车租赁公司拟购置一批新车用于出租,现有两种投资方案,相关信息如下:

方案一:购买中档轿车100辆,每辆车价格10万元,另需支付车辆价格10%的购置相关税费。每年平均出租300天,日均租金150元/辆。车辆可使用年限8年,8年后变现价值为0。前5年每年维护费2 000元/辆,后3年每年维护费3 000元/辆。车辆使用期间每年保险费3 500元/辆,其他税费500元/辆。每年增加付现固定运营成本20.5万元。

方案二:购买大型客车20辆,每辆车价格50万元,另需支付车辆价格10%的购置相关税费。每年平均出租250天,日均租金840元/辆。车辆可使用年限10年,10年后变现价值为0。前6年每年维护费5 000元/辆,后4年每年维护费10 000元/辆。车辆使用期间每年保险费30 000元/辆,其他税费5 000元/辆。每年增加付现固定运营成本10万元。

根据税法相关规定,车辆购置相关税费计入车辆原值,采用直线法计提折旧,无残值。

甲公司的风险投资必要报酬率为12%,企业所得税税率为25%。假设购车相关支出发生在期初,每年现金流入、现金流出均发生在年末。

要求:分别估计以上两个方案的现金流量,并使用净现值法决策。

2. 甲公司欲投资购买债券,若投资人要求的预期收益率为6%,目前是20×3年7月1日,市面上有A公司20×1年7月1日发行,20×8年6月30日到期的7年期债券,债券面值为1 000元,票面利率为8%,每年6月30日付息一次,到期还本,债券目前价格为1 105元。

要求:计算甲公司投资购买A公司债券的价值与到期收益率,并判断是否应购买?

第四章　营运资金管理

> **本章概述**

本章在理解营运资金概念、特点以及营运资金管理策略的基础上,进一步围绕营运资金管理内容,从流动资产管理和流动负债管理两个方面,结合实务题对其进行具体分析。同时,通过思政案例与延伸阅读进行内容拓展。

> **思政目标**

理解提升企业营运资金管理水平的重要性。创新管理方式,在遵循一定规章制度的前提下,优化对营运资金的规划、执行和使用等工作,不仅可以助力企业稳健发展,而且能够推动产业创新升级,实现可持续发展目标。

> **育人元素**

培养学生的创新精神,强化其规则意识。

第一节　营运资金管理概述

在市场经济条件下,资金是企业的血液。企业要生存和发展,就必须筹集、拥有和支配一定数量的资金,其中非常重要的一部分就是营运资金。

一、营运资金的概念

营运资金,也称营运资本,从本质上包括流动资产和流动负债的各个项目,是对企业短期性财务活动的概括。在数量上,营运资金常被称为营运资金净额或净营运资金,即企业流动资产减去流动负债的差额。营运资金在衡量企业的资产流动性、流动资产变现能力和短期偿债能力方面有着重要意义。

二、营运资金的特点

为了有效管理企业的营运资金,必须研究营运资金的特点,以便有针对性地进行管理。营运资金一般具有以下特点:

1. 周转速度快。在正常运转经营的企业中,流动资产和流动负债的周转循环时间一般较短。如果营运资金周转速度很慢,那么企业的日常经营很可能出现了问题。

2. 易变现性强。现金和银行存款项目一般情况下可以随时供企业支配,不存在变现问题。其他非现金形态的营运资金,如存货、应收账款、短期有价证券等,相较于固定资产等长期资产来说,也比较容易变现。这一点对于企业应付临时性、突发性的资金需求有着重要意义。

3. 数量常波动。流动资产或流动负债项目容易受企业内外条件的影响,数量的波动往往很大。企业必须能够有效地预测和控制这种波动,以防止其影响企业正常的生产经营活动。

4. 来源渠道多样化。营运资金的需求问题既可通过长期筹资方式解决,也可通过短期筹资方式解决。仅短期筹资就包括短期银行借款、商业信用、票据贴现等多种方式。

三、营运资金管理的策略

营运资金管理可以分为流动资产管理和流动负债管理两个方面(详见第二节)。前者是对营运资金投资的管理,后者是对营运资金筹资的管理。

(一)营运资金投资策略

营运资金投资策略,即企业流动资产的投资策略,主要是制定营运资金投资政策,包括决定分配多少资本用于存货和应收账款、决定保留多少现金以备支付,以及这些资本的日常管理。根据企业流动资产和销售额之间的关系,以及不同时期企业短期财务目标的差异,可以将企业的流动资产投资策略分为宽松型投资策略、适中型投资策略和紧缩型投资策略。

1. 宽松型投资策略

宽松的流动资产投资策略,要求企业在一定的销售水平上保持较高的营运资金持有量。这种策略的特点是报酬低、风险小。在该策略下,企业拥有较多的现金、短期有价证券和存货,能较自如地支付到期债务,且能应付企业生产经营过程中的各种不确定性,使风险大大减少。然而,由于现金、短期有价证券投资收益较低,存货占用使资金营运效率低,会降低企业的收益水平。

2. 适中型投资策略

适中的流动资产投资策略,要求企业在一定的销售水平上保持适中的营运资金持有量。流动资产的持有量既不能过高也不能过低,确保持有的现金能满足支付的需要,存货也刚好与生产和销售量相匹配。对于现实的企业生产经营状况来说,这是一种理想的状态。这种策略的特点是实现了报酬和风险的平衡,当企业能够比较准确地预测未来生产经营状况时,可以采用该策略。

3. 紧缩型投资策略

紧缩的流动资产投资策略,要求企业在一定的销售水平上保持较低的营运资金持有量。这种策略的特点是报酬高、风险大。在外部环境相对稳定、企业能非常准确地预测未来的情况下,可采用该策略。此时,企业的现金、短期有价证券、存货和应收账款等流动资产降到最低限度,从而提高了流动资产周转率,并增加了企业收益。然而,资金不足可能造成生产中断、延付货款或不能偿还到期债务,过少的应收账款还会使销售额下降,从而加剧企业的经营风险。

(二)营运资金筹资策略

营运资金筹资策略,即企业流动资产的筹资策略,是指企业在总体上如何为流动资产筹资,是采用短期资金来源还是长期资金来源,或者两者兼而有之。制定营运资金筹资策略,就是确定流动资产所需资金中短期资金和长期资金的比例。为此,我们对流动资产和流动负债做了进一步划分,并据此将营运资金筹资策略分为配合型筹资策略、激进型筹资策略和稳健型筹资策略。

流动资产根据资金需求的时间长短,可以分为永久性流动资产和临时性流动资产。永久性流动资产是指满足企业长期最低需求的流动资产,其占有量通常相对稳定。临时性流动资产,是指由于季节性或临时性的原因而形成的流动资产,其占用量随当时的需求而波动。流动负债按照资金可供企业使用的时间长短,分为自发性流动负债和临时性流动负债。自发性流动负债是指直接产生于企业持续经营中的负债。临时性流动负债是指为了满足临时性流动资金需要而发生的负债。

> **知识链接**

自发性流动负债(例如商业信用筹资、日常运营中产生的其他应付款,以及应付职工薪酬、应付利息、应交税费等),虽然属于流动负债,但是在旧的自发性流动负债消失之后,会随着经营活动的进行而产生新的自发性流动负债,属于长期资金来源,可供企业长期使用。

临时性流动负债，比如商业零售企业春节前为满足节日销售需要，超量购入货物而举借的短期银行借款，一般只能供企业短期使用。

表 4—1　　　　　　　　　　　　资产负债表项目重分类

资金占用项目	资金来源项目
临时性流动资产	临时性流动负债
永久性流动资产	自发性流动负债
非流动资产	非流动负债与所有者权益

1. 配合型筹资策略

配合型筹资策略，是指企业的负债结构与企业资产的寿命周期相匹配。临时性资金需求通过临时性流动负债筹集，而永久性流动资产资金需求通过自发性流动负债、非流动负债和股东权益筹集。其基本思想是实现企业的资产和资金来源在期限和金额上尽可能匹配，以降低利率风险和偿债风险。该策略是一种理想的筹资模式。

2. 激进型筹资策略

激进型筹资策略的特点是，临时性流动负债不仅要满足临时性流动资产的需要，还要满足一部分永久性流动资产的需要。极端激进的筹资策略是全部的永久性流动资产和部分长期资产都采用临时性流动负债。这是一种高收益、高风险的营运资金筹资策略。

3. 稳健型筹资策略

稳健型筹资策略的特点是，临时性流动负债只满足部分临时性流动资产的需要，剩下的部分临时性流动资产和长期性资产，则由自发性流动负债、非流动负债和股东权益等长期资金进行筹集。这是一种低风险、低收益的营运资金筹资策略。

第二节　营运资金管理重点问题的理解与应用

一、流动资产管理

流动资产是指在一年内或一个营业周期内变现或运用的资产，主要包括现金、各种存款、应收及预付账款、存货等，是企业全部资产中最活跃的部分。流动资产管理主要围绕如何确定短期内流动资产的最佳持有量进行。

(一)存货管理

存货(Inventory)是指企业在日常生产经营过程中为生产或销售而储备的物资，包括各类材料、包装物、低值易耗品、在产品、半成品、产成品等。存货占流动资产的比重较大，一般为40%～60%。存货利用程度的好坏，对企业财务状况的影响极大。因此，加强存货的规划与控制，使存货保持在合理水平上，成为企业财务管理的一项重要内容。

1. EOQ模型

经济订货批量(Economic Order Quantity, EOQ)是指能够使一定时期内购、存库存商品的相关总成本最低的每批订货数量。企业因保持正常的生产经营活动而储备存货所发生的各项有关支出称为存货成本。存货的有关成本包括以下几种：

(1)采购成本。主要由存货的采购价款和进货费用构成，一般与采购的数量成正比。为降低采购成本，企业应研究材料的供应情况，争取采购质量好、价格低的材料物资。

(2)订货成本。即每次订购材料、产品而发生的成本。订货成本中有一部分与订货次数无关，如常设采购机构的基本开支等，称为订货的固定成本；另一部分与订货次数有关，如差旅费、邮资等费用，称为订货的变动成本。

订货成本及其固定成本、变动成本分别用 TC_o、F_1、C_o 表示，而存货年需求量与每次进货量分别用 D、Q 表示。订货成本用公式表示如下：

$$TC_o = F_1 + D/Q \times C_o$$

(3)储存成本。即企业为持有存货而发生的费用，常用 TC_h 表示。按照与储存量的关系划分，储存成本可分为变动储存成本和固定储存成本两类。其中，固定储存成本与存货储存数额没有直接联系，常用 F_2 表示；变动储存成本则与存货储存量成正比变动，单位储存成本用 C_h 表示。储存成本用公式表示如下：

$$TC_h = F_2 + Q/2 \times C_h$$

(4)缺货成本。缺货成本，也称短缺成本，是因存货不足而给企业造成的停产损失、延误发货损失等成本。经济订货批量的基本模型需要设定一些假设条件，具体如下：

①企业能够及时补充存货，即需要订货时立即能获得存货；

②企业能够实现集中到货，而不是货品陆续入库；

③企业不允许缺货，即存货缺货成本为零，这是因为良好的存货管理本来就不应该出现缺货成本；

④企业存货需要量稳定,并能够预测,即年需求量为常数;
⑤企业存货单价不变,不考虑现金折扣,即单价为常数;
⑥企业现金充足,不会因现金短缺而影响进货;
⑦企业所需存货市场供应充足,不会因买不到需要的存货而影响其他方面。

总之,EOQ模型表达了与存货成本和采购成本有关的优选问题的重要性。

根据上述假设,经济订货批量模型的基本思想如图4-1所示。随着存货量的上升,存货储存成本增加而订货成本下降,即当企业持有少量存货时再订货成本较高,而当企业持有大量存货时储存成本较高。而当储存成本与再订货成本两条曲线恰好相交时,持有存货的总成本达到最低,即最优订货量Q^*点。

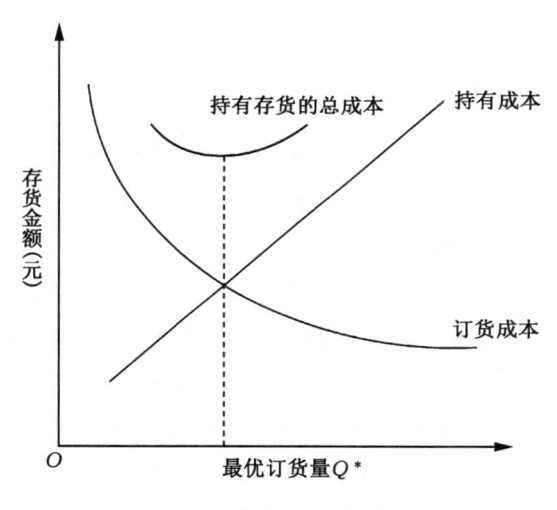

图4-1 经济订货批量模型

根据上述假设与陈述,存货总成本的公式可以简化为:

$$TC = F_1 + F_2 + D/Q \times C_o + D \times P + Q/2 \times C_h$$

式中,F_1表示固定订货成本;F_2表示固定储存成本;D表示存货年需求量;Q表示每次订货量,即经济订货批量;C_o表示变动订货成本;P表示单价;C_h表示单位储存成本。

当F_1、F_2、D、P、C_o、C_h为常量时,TC的大小取决于Q。为了求出TC的极小值,对其进行求导演算,可得出下列公式:

$$Q^* = \sqrt{\frac{2DC_o}{C_h}}$$

该公式称为经济订货批量基本模型,求出每次订货的批量,即可使TC达到最小值。

[实务题4-1] 甲服装企业是一家生产女装的中小企业,其每年耗用某种布料 6 400 千克,该材料的单位成本为 30 元,单位储存成本为 8 元,一次订货成本为 100 元。

要求:计算甲服装企业每次的最优订货批量。

[解析]

根据题目条件,假设其符合经济订货批量基本模型的使用前提,则每次最优订货批量计算如下:

$$Q^* = \sqrt{\frac{2DC_o}{C_h}} = \sqrt{\frac{2 \times 6\,400 \times 100}{8}} = 400(千克)$$

即该企业每次的最优订货批量为 400 千克。

知识链接

在 EOQ 基本模型的讨论中,我们假定企业需要订货时立即能获得存货,存货的供需稳定且确定,即每日需求量不变,交货时间也固定不变。但实际上,企业不能随时补充存货,每日需求量可能发生变化,交货时间也是变化的。

因此,不能等存货用完再订货,而需要在存货没有用完时提前订货。在提前订货的情况下,企业再次发出订货单时,尚有存货的库存量,称为再订货点。它的数量等于平均交货时间和每日平均需用量的乘积。然而,按照经济订货批量和再订货点发出订单后,如果需求量增大或送货延迟,就会发生缺货或供货中断的风险,这时就需要保险储备。保险储备,是指为了防止因缺货或供货中断发生的损失,而所持有的存货储备以备应急之需,也称为安全存量。这些存货在正常情况下不会被动用,只有当存货过量使用或送货延迟时才动用。

2. ABC 分类管理法

存货 ABC 分类管理法由意大利经济学家巴雷特于 19 世纪首创,是一种实际应用较多的方法。经过不断发展和完善,ABC 分类管理法被广泛用于存货管理、成本管理和生产管理。

ABC 分类管理法就是根据一定的标准,按照重要性将企业存货划分为 A、B、C 三类,并分别实行按品种重点管理、按类别一般控制和按总额灵活掌握的存货管理方法。进行存货分类的标准主要有两个:金额标准和品种数量标准。其中,金额标准是基本的划分依据,而品种数量标准仅供参考。在划分时,企业按照确定的标准,通过列表、计算、排序等具体步骤确定各种物品所属类别。通过对存货进行这样的分类,可以使企业对存货分清主次,采取相应的对策进行经济有效的管理和控制。

运用 ABC 分类管理方法一般有如下几个步骤:

(1)一种存货在一定时间内(一般为一年)的资金占用额;

(2)一种存货资金占用额占全部资金占用额的百分比,并按百分比大小顺序排列,编成表格;

(3)先确定好的标准,把最重要的存货划为 A 类,一般存货划为 B 类,不重要的存货划为 C 类,并画图标示出来;

(4)对 A 类存货进行重点规划和控制,对 B 类存货进行次重点管理,对 C 类存货只进行一般管理。

[**实务题 4-2**] 甲公司拥有 15 种材料,这些材料共占用资金 500 000 元。按照占用资金多少顺序排列后,根据上述原则,这些材料被划分成 A、B、C 三类(如表 4-2 所示)。表 4-2 中各类材料的资金占用情况在图 4-2 中得到了更为直观地反映。

表 4-2　　　　　　　　　　甲公司的存货分类控制

材料品种 (用编号代替)	占用资金 数额(元)	类别	各类存货 品种数量 (种)	占存货品 种总数的 比重(%)	各类存货 占用资金 数额(元)	占存货总 资金的比重 (%)
1	200 000	A	3	20	400 000	80
2	100 000					
3	100 000					
4	20 000	B	5	33	80 000	16
5	20 000					
6	15 000					
7	15 000					
8	10 000					
9	8 000	C	7	47	20 000	4
10	5 000					
11	3 000					
12	2 000					
13	1 000					
14	800					
15	200					
合计	500 000	—	15	100	500 000	100

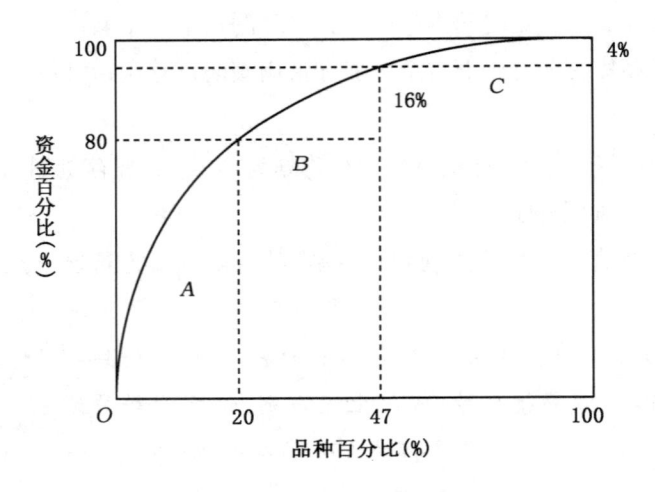

图4—2 ABC控制法分类

要求：分析甲公司如何按照ABC分类管理法管理。

[解析]

把存货分为A、B、C三大类，目的是对存货占用资金进行有效的管理。A类存货种类虽然较少，但占用的资金多，因此应集中主要力量管理，认真规划其经济批量，严格控制其收入、发出。C类存货虽然种类繁多，但占用的资金不多，因此不必耗费大量人力、物力、财力去管理。B类存货介于A类和C类之间，也应给予足够的重视，但管理力度不必像A类存货那样严格。

知识链接

常见的存货管理方法还有零库存管理模式，即适时制库存管理（Just In Time，JIT）。零库存管理的基本思想是"只在需要的时候，按需要的量，生产所需的产品"。零库存管理并不是指以仓库储存形式的某种或某些物品的储存数量真正为零，而是通过实施特定的库存控制策略，实现库存量的最小化。该方法起源于日本的丰田汽车公司，并得以成功应用。经过几十年的发展，零库存管理在日本已经拥有了供、产、销的集团化作业团队，形成了以零库存管理为核心的供应链体系。

（二）应收账款管理

应收账款是企业流动资产的一个重要组成部分，随着市场经济的发展、商业信用的扩展，应收账款数额明显增多，在流动资产中所占比例越来越大。

1. 信用政策

信用政策即应收账款的管理政策，是指企业为了对应收账款进行规划和控制而确立的基本原则与行为规范,包括信用标准、信用条件和收账政策三个组成部分。信用政策会受利润潜力、信用政策工具等因素的影响。

(1)信用标准。信用标准是客户获得商业信用应具备的最低条件,通常以预期坏账损失率来表示。信用标准的确定受多种因素的影响,如信用品质、偿付能力、资本、抵押品和经济状况等。在充分考虑这些因素的情况下,企业可通过定性分析、定量分析或两者相结合的方法来确定信用标准。如果企业的信用标准较严,只对信誉很好、坏账损失率很低的顾客赊销,则会减少坏账损失和应收账款的机会成本,但可能不利于扩大销售量,甚至会使销售量降低;反之,如果信用标准较宽松,虽然会增加销售量,但会相应增加坏账损失和应收账款的机会成本。企业应根据具体情况权衡。

(2)信用条件。信用条件是指企业接受客户信用订单时,在对客户等级进行评价的基础上提出的付款要求,主要包括信用期限、折扣期限和现金折扣。信用期限是企业为顾客规定的最长付款时间;折扣期限是顾客享受现金折扣的付款时间;现金折扣是在顾客提前付款时企业给予的优惠。例如,账单上的"$2/10, n/30$"就是一项信用条件,即在10天之内付款可以享受2%的折扣,而超时10天但在30天之内付款则没有折扣。提供比较优惠的信用条件能增加销售量,但也会带来额外的负担,如增加应收账款机会成本、现金折扣成本等。

(3)收账政策。收账政策是指客户违反信用条件,拖欠甚至拒付账款时企业所采取的收账策略与措施。企业如果采用较积极的收账政策,则可能会减少应收账款投资,减少坏账损失,但会增加收账成本;如果采用较为消极的收账政策,则可能会增加应收账款投资,增加坏账损失,但会减少收账费用。在实际工作中,企业可参照测算信用标准、信用条件的方法来制定收账政策。

知识链接

一般而言,收账费用支出越多,坏账损失越少,但这两者并不一定存在线性关系。通常情况是,开始时企业支出一些收账费用,应收账款和坏账损失有一定程度的降低;随着收账费用增加,应收账款和坏账损失明显减少;收账费用达到某一限度后,应收账款和坏账损失的减少就不再明显了,这个限度称为饱和点,如图4-3中的点F所示。因此,在制定信用政策时,企业应权衡增加收账费用与减少应收账款机会成本和坏账损失之间的得失。

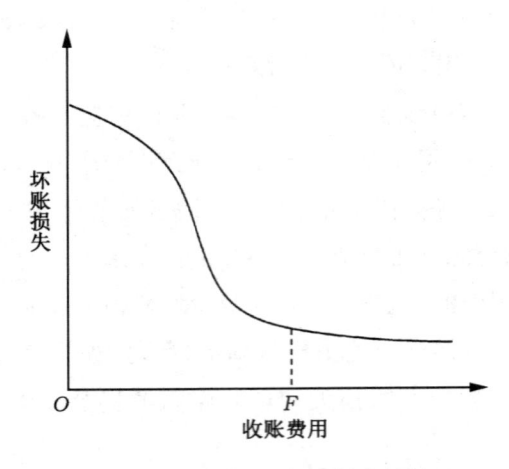

图 4—3　收账费用与坏账损失的关系

[实务题4-3]　甲公司在不同收账政策下的有关资料如表4—3所示。

表4—3　甲公司在不同收账政策下的有关资料

项目	现行收款政策	建议收款政策
年收款费用(元)	10 000	15 000
应收账款平均收现期(天)	60	30
坏账损失率(%)	4	2

该企业当年销售额为1 200 000元(全部赊销)，收账政策对销售收入的影响忽略不计。该企业应收账款的机会成本率为10%，并假定360天/年。

要求：根据以上资料，计算并对比现行政策和建议政策成本效益，得出结论。

[解析]

甲公司不同收账政策的效果对比如表4—4所示。

表4—4　甲公司不同收账政策的效果对比　　　　　　　　　　单位：元

序号	项目	现行收款政策	建议收款政策
1	年销售收入	1 200 000	1 200 000
2	应收账款周转次数	6	12
3	应收账款平均占用额	200 000	100 000
4	建议收款政策节约的机会成本	—	10 000
5	坏账损失	48 000	24 000

续表

序号	项目	现行收款政策	建议收款政策
6	建议政策减少坏账损失	—	24 000
7	两项节约合计(7=4+6)	—	34 000
8	按建议政策增加收账费用	—	5 000
9	建议政策可收获收益(9=7-8)	—	29 000

按建议收账政策可获收益29 000元，故应采用建议收账政策。

2. 应收账款的日常控制

(1)调查企业信用。应收账款管理的首要任务是调查客户的信用状况，包括客户的付款历史、产品生产状况、企业经营状况、财务实力的估算数据以及企业主要所有者及管理者的背景等。信用调查的方法大体可以分为以下两类：

①直接调查。调查人员直接与被调查单位接触，通过当面采访、询问、观看、记录等方式获取信用资料。直接调查能确保收集资料的准确性和及时性，但若不能得到被调查单位的合作，则会导致调查资料不完整。

②间接调查。以被调查单位和其他单位保存的有关原始记录和核算资料为基础，通过加工整理获得被调查单位信用资料。这些资料主要来自财务报表、信用评估机构、银行和其他部门。

(2)评估企业信用。搜集完信用资料后，要分析这些资料，并评估顾客信用状况。信用评估的方法有很多，这里主要介绍5C评估法。

5C评估法是指重点分析影响信用的五个方面的一种方法。因这五个方面的英文单词首字母都是C，故称为5C评估法。这五个方面分别是品德(character)、能力(capacity)、资本(capital)、抵押品(collateral)和情况(condition)。以其为核心确定客户的信用等级，企业在制定信用标准时作为主要参考依据。品德是指顾客愿意履行其付款义务的可能性；能力是指顾客偿还货款的能力，尤其关注短期偿债能力；资本是指企业的财务状况；抵押品是指顾客能否为获取商业信用提供担保资产；情况是指一般的经济情况对企业的影响，或某一地区的一些特殊情况对顾客偿债能力的影响。

(3)监控应收账款。在任何情况下，有关应收账款恶化的提早警告都可以促使企业采取行动阻止其进一步恶化；有关应收账款质量提高的提早暗示则可能激励企业在应收账款政策上更富有进取性。因此，对应收账款的密切监控十分重要。企业主要通过账龄分析、观察应收账款平均账龄等来监控应收账款。

①账龄分析表。账龄分析表将应收账款按账龄分类，并列示每一类的金额和所占比例。它反映了没有收回的应收账款的质量，可以使企业了解应收账款的回收情况，

及时采取相应措施。这种表格通常将应收账款按账龄分为 0～30 天、30～60 天、60～90 天和 90 天以上,并分别列示(如表 4—5 所示)。

表 4—5　　　　　　　　　　ABC 公司的账龄分析表

账龄	金额(元)	百分比(%)
0～30 天	50 000	62.5
30～60 天	20 000	25
60～90 天	10 000	12.5
90 天以上	0	0
合计	80 000	100

账龄分析表能够反映企业所提供的信用条件、顾客的付款习惯以及最近的销售趋势。如果企业改变其信用条件,如延长顾客的信用期限,账龄分析表则会对这一变化做出反应。如果顾客的付款速度加快,则时间最近的那一类应收账款的百分比会增加,而时间较远的应收账款的百分比会下降。同样地,企业销售收入的变化也会影响账龄分析表。如果当月的销售收入增加,账龄为 0～30 天的应收账款的比例将增加;相反,如果当月的销售收入下降,则有可能减少账龄为 0～30 天的应收账款的比例。

②应收账款平均账龄。除了账龄分析外,财务经理还经常计算应收账款平均账龄,即该企业所有没有得到清偿的账款的平均账龄。应收账款平均账龄的计算方法通常有两种:一种方法是计算所有没有清偿的账款的加权平均账龄,使用的权数是这些账款各自占应收账款总额的比例;另一种简化的方法是利用账龄分析表计算。这里,账龄在 0～30 天的所有应收账款,其账龄被假设为 15 天(0 天和 30 天的中点);账龄为 30～60 天的应收账款,其账龄被假定为 45 天;账龄为 60～90 天的应收账款,其账龄被假定为 75 天。因此,通过采用 15 天、45 天和 75 天的加权平均数,平均账龄就计算出来了。权数是账龄为 0～30 天、30～60 天、60～90 天的应收账款各自占应收账款总额的比例。

(4)催收拖欠款项。企业对不同过期账款的收款方式,包括准备为此付出的代价,构成其收账政策,这是信用管理的重要方面。收款方式取决于账款过期时间的长短。对于过期较短的客户,不予过多打扰,以免日后失去市场;对于过期稍长的客户,可写信催款;对过期很长的顾客,应频繁催款,且措辞严厉。

由于收取账款的各个步骤都会产生费用,因此收账政策还要在收账费用和所减少的坏账损失之间做出权衡,这在很大程度上依靠企业管理人员的经验;也可根据应收账款总成本最小化的原理,通过各收账方案成本大小的比较,确定收账方式。

企业在收款过程中所遵循的一系列特定步骤,取决于账款过期时间长短、金额大小和其他因素。典型的收款过程可包括以下步骤:信件催收、电话催收、个人拜访、求助于收款机构,乃至进入诉讼程序。

①信件催收。当账款过期几天时,可以向对方发送"温馨提示"。如果仍然没有收到付款,可以发出1～2封甚至更多的邮件,措辞可以更加严厉。

②电话催收。在送出最初的几封信后,给顾客打电话。如果顾客有财务困难,可以找出折中的办法。收回一部分货款要比完全收不回来好一些。

③个人拜访。促成这笔销售的销售人员可以拜访顾客,请求付款。除销售人员外,还可以派出其他的特别收款员。

④求助于收款机构。可以把应收账款交由专门催收过期账款的收款机构负责。收款机构一般要收费,比如收取所收回账款的一半,并且所收回的仅是所追讨的账款的一部分。因此,企业的应收账款可能遭受较大的损失。

⑤诉讼程序。如果账款数额相当大,可以通过法律途径来解决。

催收应收账款要遵循以下几个原则:一是收款努力的顺序应该是从成本最低的手段开始,只有在前面的方法失败后才继续采用成本较高的方法;二是早期的收款接触要友好,语气也弱一些,后来的联系则逐渐严厉;三是收款决策遵循成本收益原则,如果继续收款的努力所产生的现金流量小于追加的成本,那么停止向顾客追讨是正确的决策。

(三)现金管理

现金是指企业占用在各种货币形态的资产,包括库存现金、银行存款及其他货币资金。现金是比较特殊的资产。一方面,其流动性最强,代表着企业直接的支付能力和应变能力;另一方面,其收益性最差。现金管理的目标在于如何在现金的流动性和收益性之间合理选择,即在保证正常业务经营需要的同时,尽可能降低现金的占用量,并从暂时闲置的现金中获得最大的投资收益。

1.持有现金的动机

企业持有现金往往出于以下动机:

(1)交易动机。在企业的日常经营中,为了正常的生产销售,必须保持一定的现金余额。企业销售产品往往不能马上收到现金,而采购原材料、支付工资等则需要现金支持。因此,为了进一步的生产交易,需要一定的现金余额。基于这种企业购产销行为需要的现金,就是交易动机要求的现金持有。

(2)补偿动机。银行为企业提供服务时,往往需要企业在银行中保留存款余额来补偿服务费用。同时,银行贷给企业款项也需要企业在银行中留有存款,以保证银行的资金安全。这种出于银行要求而保留在企业银行账户中的存款就是补偿动机要求的现金持有。

(3)预防动机。现金的流入和流出经常是不确定的,这种不确定性取决于企业所处的外部环境和自身经营条件的好坏。为了应对一些突发事件和偶然情况,企业必须持有一定的现金余额来保证生产经营的安全顺利进行,这就是预防动机要求的现金持有。

(4)投机动机。企业在保证生产经营正常的基础上,还希望有一些回报率较高的投资机会,此时也需要企业持有一定量的现金。这就是投机动机要求的现金持有。

2. 现金成本

现金成本包括持有成本、转换成本和短缺成本。

(1)持有成本。现金持有成本,是指企业因保留一定的现金余额而增加的管理费用以及丧失的投资收益。这种投资收益是企业用该现金进行其他投资所获得的收益,本质上是一种机会成本,属于变动成本,它与现金持有量呈正比例关系。

(2)转换成本。转换成本是指企业用现金购入有价证券或转让有价证券换取现金时付出的交易费用,即现金同有价证券之间相互转换的成本。转换成本中,既有依据成交额计算的费用,也有基于证券转换次数计算的费用。

(3)短缺成本。短缺成本是指现金持有量不足且又无法及时将其他资产变现,而给企业造成的损失,包括直接损失和间接损失。现金的短缺成本与现金持有量呈反比例变动关系。

3. 现金预算管理

现金预算管理是现金管理的核心环节和方法。

(1)现金预算的概念。现金预算就是在企业的长期发展战略的基础上,以现金管理的目标为指导,充分调查和分析各种影响现金收支的因素,运用一定的方法合理估测企业未来一定时期的现金收支状况,并对预期差异采取相应对策的活动。

(2)现金预算的制定步骤。现金预算的制定过程主要分为四个步骤:销售预测、估计现金流入量、估计现金流出量、估计月末现金和贷款余额。由于现金流入量与流出量的估计都以销售预测为依据,因此现金预算的准确性在很大程度上依赖于销售预测的准确程度。而由于管理和市场变化,销售预测可能会出现某种偏差,因此应该以企业经营目标为指导,根据环境变化及时对销售预测进行必要的修正。

现金预算可按月、周或日为基础进行编制,也可覆盖几个月甚至一年。这主要根据企业的生产经营特点与管理要求而定。

(3)现金预算的编制方法。现金预算的编制方法主要有两种:收支预算法和调整净收益法。

①收支预算法。收支预算法是将预算期内可能发生的一切现金收支项目分类列

入现金预算表内,以确定收支差异,并采取适当财务对策的方法。它是目前最流行且应用最广泛的一种编制现金预算的方法,具有直观、简便、易于控制等特点。

在收支预算法下,现金预算主要包括四部分内容:预算期内现金收入、预算期内现金支出、对现金不足或多余的确定,以及现金融通。我们通过对企业现金收入和现金支出总额的预测,推算出预算期末现金结余情况。若现金不足,则企业提前安排筹资(如向银行借款等);若现金多余,则归还贷款或进行有价证券投资,以增加收益。

[**实务题4-4**] 使用收支预算法编制甲公司的现金收支预算表(如表4-6所示)。

表4-6　　　　　　　　收支预算法下甲公司的现金收支预算表　　　　　　　单位:万元

序号	现金收支项目	上月实际数	本月预算数
1	现金收入		
2	营业现金收入		
3	现销和当月应收账款的收回		800
4	以前月份应收账款的收回		500
5	营业现金收入合计		1 300
6	其他现金收入		
7	固定资产变价收入		80
8	利息收入		20
9	租金收入		70
10	股利收入		30
11	其他现金收入合计		200
12	现金收入合计(=5+11)		1 500
13	现金支出		
14	营业现金支出		
15	现购和当月应付账款的支出		300
16	以前月份应付账款的支出		200
17	工资支出		100
18	管理费用支出		80
19	销售费用支出		80
20	财务费用支出		40
21	营业现金支出合计		800

续表

序号	现金收支项目	上月实际数	本月预算数
22	其他现金支出		
23	厂房、设备投资支出		200
24	税款支出		50
25	利息支出		50
26	归还债务		60
27	股利支出		60
28	证券投资		80
29	其他现金支出合计		500
30	现金支出合计（＝21＋29）		1 300
31	净现金流量		
32	现金收入减现金支出（＝12－30）		200
33	现金余缺		
34	期初现金余额		100
35	净现金流量		200
36	期末现金余额（＝34＋35）		300
37	最佳现金余额		
38	现金富余或短缺（＝36－37）		

要求：假设公司最佳现金余额为180万元，根据收支预算法，判断甲公司期末现金余缺水平。

［解析］

从表4—6可以看到，甲公司的现金出现多余（现金＝期末现金余额－最佳现金余额＝300－180＝120），可以考虑适当的投资计划以增加公司收益。

②调整净收益法。调整净收益法是指运用一定的方式，将企业按权责发生制计算的净收益调整为按收付实现制计算的净收益，在此基础上加减有关现金收支项目，使净收益与现金流量相互关联，从而确定预算期现金余缺，并做出财务安排的方法。

采用此方法编制现金预算，首先应编制预计利润表，求出预算期的净收益，其次逐笔处理影响损益及现金收支的各会计事项，最后计算出预算期现金余额。这个计算过程类似于从净利润入手编制现金流量表。

> **知识链接**
>
> 调整净收益法将权责发生制基础上计算的净收益与收付实现制基础上计算的净收益统一起来，克服了收益额与现金流量不平衡的缺点。但是现金余额增加额不能直观、详细地反映生产过程，这在一定程度上影响了对现金预算执行情况的分析和控制。

4. 最佳现金持有量的确定

确定最佳现金持有量是现金管理的主要内容，也是现金预算编制中的一个重要环节。企业出于各种动机而持有一定数量的货币，但出于成本和收益关系的考虑，必须确定最佳现金持有量。

确定最佳现金持有量的模型主要有以下几种：

(1) 成本分析模型。成本分析模型是根据现金的有关成本，分析预测其总成本最低时现金持有量的一种方法。运用成本分析模型确定最佳现金持有量时，我们只考虑因持有一定量的现金而产生的机会成本及短缺成本，而不考虑转换成本。

机会成本是因持有现金而丧失的再投资收益，与现金持有量呈正比例变动关系。短缺成本与现金持有量呈反比例关系。

$$机会成本 = 现金持有量 \times 有价证券利率$$

成本分析模型的计算步骤如下：

①根据不同现金持有量，测算各备选方案的有关成本数值。

②按照不同现金持有量及有关部门成本资料，计算各方案的机会成本和短缺成本之和（即总成本），并编制最佳现金持有量测算表。

③在测算表中找出相关总成本最低时的现金持有量，即最佳现金持有量。

[实务题4—5] 乙公司现有A、B、C、D四种现金持有方案，有关成本资料如表4—7所示。

表4—7　　　　　　　　乙公司的备选现金持有方案　　　　　　　　单位：万元

项目	方案A	方案B	方案C	方案D
现金持有量	100	200	300	400
机会成本率	15%	15%	15%	15%
短缺成本	50	30	10	0

要求：测算乙公司现金最佳持有量，选择成本最低方案。

[解析]

根据表4—7计算的现金最佳持有量测算表如表4—8所示。

表 4—8　　　　　　　　乙公司现金最佳持有量测算表　　　　　　　单位：万元

方案	现金持有量	机会成本	短缺成本	相关总成本
A	100	100×15%=15	50	15+50=65
B	200	200×15%=30	30	30+30=60
C	300	300×15%=45	10	45+10=55
D	400	400×15%=60	0	60+0=60

根据分析，应该选择成本最低的方案 C。

(2) 存货模型。存货模型是将存货经济订货批量模型原理用于确定目标现金持有量的模型，其着眼点也是现金相关总成本最低。这一模型最早由美国学者 W. J. 鲍莫尔(W. J. Baumol)于 1952 年提出，故又称鲍莫尔模型。在此模型下，我们只考虑持有现金的机会成本与固定性转换成本，由于二者与现金持有量的关系不同，因此存在一个最佳现金持有量，使得二者之和最低。其计算公式为：

现金管理相关总成本＝持有机会成本＋固定性转换成本

$$TC = \frac{Q}{2} \cdot C_h + \frac{D}{Q} \cdot C_o$$

式中，TC 为现金管理相关总成本；Q 为最佳现金持有量（理想的现金转换数量）；C_h 为单位现金持有的机会成本（等于放弃的有价证券的收益率或从银行借款的利率）；D 为一个周期内现金总需求量；C_o 为每次现金转换的固定成本。

根据这一公式可以得到最佳现金持有量，其计算公式如下：

$$Q = \sqrt{\frac{2DC_o}{C_h}}$$

最低现金管理相关总成本的计算公式如下：

$$TC = \sqrt{2DC_oC_h}$$

[实务题 4-6]　　ABC 公司现金收支状况比较稳定，预计全年（按 360 天计算）需要现金 100 万元，现金与有价证券的转换成本为每次 3 000 元，有价证券的年利率为 15%。

要求：计算该公司的最佳现金持有量和最低现金管理相关总成本。

[解析]

该公司的最大现金持有量计算如下：

$$Q = \sqrt{\frac{2DC_o}{C_h}} = \sqrt{\frac{2 \times 1\,000\,000 \times 3\,000}{15\%}} = 200\,000(元)$$

该公司的最低现金管理相关总成本计算如下：

$$TC=\sqrt{2DC_oC_h}=\sqrt{2\times1\,000\,000\times3\,000\times15\%}=30\,000(元)$$

(3)米勒—欧尔(Miller-Orr)模型。此模型是在假定企业无法确切预知每日的现金实际收支状况,现金流量由外界决定,且现金与证券之间互换方便的前提下,决定最佳现金持有量的一种方法。该模型中只规定现金余额的上下限,并据此判定企业在现金和投资之间转换的时间和数量。这一模型假定每日现金流量为正态分布,由此确定了现金余额的均衡点 Z^*(也称最优现金返还点),其计算公式如下:

$$Z^*=L+\left(\frac{0.75b\sigma^2}{r}\right)^{\frac{1}{3}}$$

式中,L 为现金下限;b 为证券交易成本;σ 为现金余额每日标准差;r 为投资日收益率。

下限的确定要受企业每日最低现金需要、管理人员的风险承受倾向等因素影响,最低可确定为 0;而上限 U 的计算公式如下:

$$U=L+3\times\left(\frac{0.75b\sigma^2}{r}\right)^{\frac{1}{3}}$$

这个模型根据每日现金收支变化幅度的大小、投资收益率的高低,以及投资与现金相互转换的交易成本的大小来确定现金余额的均衡值和上下限的范围。通常情况下,企业现金余额在上下限之间变动,表明现金余额处于合理水平;当企业现金余额超出上限时,表明现金余额太多,超过实际需要水平,应购买短期证券使得企业现金余额维持在均衡点;反之,则出售证券或以其他方式增加现金。

[**实务题 4-7**] ABC 公司的日现金余额标准差为 150 元,每次证券交易成本为 100 元,现金的日收益率为 0.05%,公司每日最低现金需要为 0。

要求:计算该公司的最佳现金持有量和现金持有量的最高上限。

[**解析**]

该公司的最佳现金持有量为:

$$Z^*=L+\left(\frac{0.75b\sigma^2}{r}\right)^{\frac{1}{3}}=0+\left(\frac{0.75\times100\times150^2}{0.000\,5}\right)^{\frac{1}{3}}=1\,500(元)$$

该公司的现金持有量的最高上限为:

$$U=L+3\times\left(\frac{0.75b\sigma^2}{r}\right)^{\frac{1}{3}}=0+3\times1\,500=4\,500(元)$$

由上述计算结果可知,当企业现金持有量达到或超过 4 500 元时,企业应该将 3 000 元用于购买短期证券,使企业的现金持有量回到现金余额均衡点;而当企业的现金持有量下降到接近 0 元时,企业应该卖出 1 500 元的短期证券或以其他方式,以使得企业现金持有量回到均衡点。

二、流动负债管理

流动负债是指需要在一年内或者超过一年的一个营业周期内偿还的债务,主要包括短期借款、应付账款、应付票据、应付职工薪酬、应交税费及应付股利等。流动负债,又称短期融资,具有成本低、偿还期短的特点,因此须谨慎管理,避免使企业承受较大的流动性风险。

(一)短期银行借款

短期银行借款是指企业根据合同向商业银行借入的期限在一年以内的借款。

1. 短期银行借款的信用条件

按照国际惯例,短期银行借款往往附加一些信用条件,主要包括信贷额度、周转授信协议和补偿性余额等。

(1)信贷额度。信贷额度是借款企业与银行之间的非正式协议中关于借款企业最高借款额度的规定。按照这种规定,借款企业可以在规定期限内向银行借入不高于这个额度的资金。例如,在某年12月31日,银行同意如果某公司的经营状况良好,则下一年银行可向该公司贷款80 000元。如果在下一年1月20日,该公司已借入15 000元的短期借款,则表明其信贷额度减少了15 000元,公司可在该年的任何时间,向银行申请信贷额度范围内的剩余借款。但在非正式协议下,银行并不承担按最高借款额度保证借款的法律义务。

(2)周转授信协议。周转授信协议是银行和借款企业之间的一种正式协定,是银行具有法律义务地承诺提供不超过某一最高限额的贷款协定。企业一般用于有大额贷款需求的场合。在协定的有效期内,只要企业借款总额未超过最高限额,银行必须满足企业任何时候提出的借款要求。为此,企业通常要对贷款限额的未使用部分付给银行一笔承诺费,以保证银行不致因借款企业不履约而导致资金闲置、利息损失。承诺费一般为尚未借款额度的一定比例。例如,周转信用借款额度为1 000万元,承诺费用率为0.5%,如果贷款企业年内使用600万元,余额则为400万元,企业则需向银行支付协议费2万元(即400万元×0.5%),这是企业在该年内享有周转授信协议的代价。

> **知识链接**
>
> 周转授信协议和信贷额度有类似之处,但两者的不同在于,周转授信协议是一种正式的协议,银行有保证贷款的法定义务,并要向借款企业收取承诺费;而信贷额度是非正式协议,银行既不存在保证贷款的法定义务,也不用收取承诺费。

(3)补偿性余额。补偿性余额是银行要求借款企业在银行中保持按贷款限额或实际借用额一定比例(通常为10%～20%)计算的最低存款余额。对于银行来说,补偿性余额有助于降低贷款风险,补偿其可能遭受的风险;对借款企业来说,补偿性余额则提高了借款的实际利率,加重了企业负担。企业实际利率等于利息除以实际贷款金额。例如,某公司需借入8万元以清偿债务,银行要求必须保留贷款额的20%作为补偿性余额。为此,公司必须借入10万元才能满足资金需求。如果名义利率为8%,则对公司来说,实际负担的利率是 $10\%\left[\dfrac{100\ 000\times 8\%}{100\ 000\times(1-20\%)}\right]$。

2. 短期银行借款的成本

银行借款成本用借款利率来表示。按照国际惯例,短期银行借款的利率会因借款企业的类型、借款金额及时间的不同而不同。例如,银行向信用好、贷款风险低的企业只收取较低的利率;反之,则收取较高的利率。此外,银行贷款利率有单利、复利、贴现利率和附加利率等种类。因此,企业应根据不同的情况,确定短期借款的成本,以便做出选择。

(1)单利。单利计息是指将贷款金额乘以贷款期限和利率计算利息的方法。多数银行通常按单利计算收取短期贷款利息,企业通常按单利比较不同银行的借款成本。在单利情况下,短期借款成本取决于设定利率和银行收取利息的方法。若利息在借款到期日随本金一并支付,则设定利率就是实际利率。

(2)复利。以复利计息,意味着存在对利息计息的情况。按照复利计算利息,借款企业实际负担的利率,即有效利率,高于名义利率。在贷款到期以前,如果定期计息的次数越多,那么有效利率高出名义利率的部分就越大。

(3)贴现利率。在贴现利率情况下,银行会在发放贷款的同时,先扣除贷款的贴现利息,然后以贷款面值与贴现利息的差额贷给企业。因此,借款企业拿到的金额低于借款面值。当然,贷款到期时也免去了利息。在以贴现利率的方式贷款时,借款企业的借款成本高于名义利率,并且高出的程度远远大于复利贷款方式。

[实务题4-8] 假定甲公司以贴现方式借入1年期贷款20 000元,名义利率为12%。这时,其实际拿到的资金是17 600元,利息是2 400元。

要求:计算贴现贷款的有效利率。

[解析]

$$\text{贴现贷款的有效利率} = \dfrac{\text{利息}}{\text{贷款金额}-\text{利息}} \times 100\%$$

$$= \dfrac{2\ 400}{20\ 000 - 2\ 400} \times 100\%$$

$$= 13.64\%$$

因此,有效利率比名义利率高出 1.64 个百分点。

(4)附加利率。附加利率是指即使是分期偿还贷款,银行通常按贷款总额和名义利率来计算收取利息。在附加利率方式下,虽然借款公司可以利用的借款逐期减少,但利息并不减少,因此实际负担的利息费用较高。

[实务题4-9] 甲公司以分期还款方式借入 20 000 元,名义利率为 12%,还款方式为 12 个月等额还款。因此,全年平均拥有的借款额为 10 000 元(20 000/2)。

要求:按照 2 400 元的利息,计算有效利率。

[解析]

$$\text{有效利率} = \frac{\text{利息}}{\text{年平均贷款额}} = \frac{\text{利息}}{\text{借款企业收到的贷款金额} \div 2} \times 100\%$$

$$= \frac{2\ 400}{20\ 000 \div 2} \times 100\%$$

$$= 24\%$$

由此可见,与贴现利率相比,企业在附加利率方式下承担的短期银行借款成本更高。

3. 对贷款银行的选择

企业在短期银行借款筹资过程中,一项重要的工作就是选择银行。随着金融市场的日益完善,选择合适的银行对于企业生产经营业务长期稳定发展具有重要意义。企业应该注意银行间存在的显著区别,这些区别主要体现在以下几个方面:

(1)银行对待风险的基本政策。不同银行对待风险的政策是不同的,一些银行偏好比较保守的信贷政策,而另一些银行则喜欢开展创新性业务。这些政策反映了银行管理者的个人风格和银行贷款的特征。业务范围广泛、分支机构多的银行能够有效地分散风险,而一些专业化的小型银行能承受的信用风险小得多。

(2)银行所能提供的咨询服务。一些银行在提供咨询服务和在公司初创时期向公司发放大量贷款方面比较积极,某些银行甚至设有专门机构为客户提供建议和咨询。

(3)银行对待客户的忠诚度。不同银行对客户的忠诚度不同。这里所指的忠诚度是指在企业困难时期,银行支持借款企业的行为。一些银行要求企业无论遭遇何种困难,都必须无条件偿还贷款。而另一些银行则顾及所谓的"老交情",即使自己遇到困难,也要千方百计地支持那些与自己有着多年业务往来的企业,帮助这些企业获得更有利的发展条件。

(4)银行贷款的专业化程度。银行在贷款专业化方面存在显著的差异。大型银行设有专门的部门,负责针对不同行业特征提供专业化贷款服务;而小型银行则注重企业生产经营所处的经济环境。借款企业可以从熟悉经营业务且经验丰富的银行获得更主动的支持和更具创造性的合作。因此,借款者应慎重选择银行。

4.短期银行借款的优缺点

(1)短期银行借款的优点。

①银行资金充足、实力雄厚,能随时为企业提供数额较大的短期贷款。对于满足季节性和临时性的资金需求,采用短期银行借款尤为方便。而那些规模大、信誉好的大公司,更可以较低的利率借入资金。

②企业取得借款的条件相对宽松,手续较简便,因此筹资效率较高。

③借款数额和借款时间弹性较大,企业可在资金需求增加时借入,在资金需求减少时还款,便于企业灵活安排资金。

(2)短期银行借款的缺点。

①资金成本较高。与商业信用、短期融资券相比,短期银行借款成本较高。尤其当存在承诺费、补偿性余额,以及以贴现利率、附加利率贷款时,实际利率高,导致成本更高。

②限制较多。向银行借款时,银行要调查企业的经营和财务状况,有些银行还要对企业设置一定的限制性条款,比如要求企业把流动比率、负债比率维持在一定范围之内,这些都会构成对企业的限制。

③筹资风险较大。由于银行短期借款的期限较短,如果企业无法及时偿还,续借存在较大的不确定性,导致企业面临较大的风险。

在我国,短期银行借款是绝大多数企业短期资金的主要来源。因此,企业应根据自身情况并结合短期银行借款的优缺点进行融资分析和决策。

(二)商业信用

1.商业信用的概念

商业信用,是指商品交易中以延期付款或预收货款的方式进行购销活动而形成的企业之间的借贷关系。它是企业之间因商品和货币在时间和空间上的分离而形成的直接信用行为。其表现形式包括应付账款、应付票据和预收账款。其中,应付账款是商业信用的典型表现形式。

2.商业信用的成本

在规范的商业信用行为中,债权人为了控制应收账款的期限和额度,通常会向债务人提出信用条件。信用条件包括信用期限,以及给买方的现金折扣与折扣期限。

在商业信用政策中,给予购货折扣和折扣期限的目的是促使客户尽早付款,以控制卖方公司的应收账款数额。至于买方是否接受折扣优惠并提前付款,则需考虑放弃这笔现金折扣所形成的隐含利息成本,即考虑商业信用成本的高低。放弃折扣的成本若比银行贷款利息高,显然是不划算的。利用放弃折扣而增加的商业信用额度偿还银行贷款,则更是不明智之举。因此,在这个意义上,我们将放弃折扣的成本称为商业信用的隐含利息成本。

放弃折扣的成本可以用以下公式计算:

$$放弃折扣的成本 = \frac{折扣率}{1-折扣率} \times \frac{360}{信用期-折扣期}$$

利用以上公式可以计算出不同信用政策下,企业放弃折扣时的隐含利息成本(见表4—9)。

表4—9　　　　　　　　　不同信用政策下的隐含利息成本

信用政策	隐含利息成本(%)
$1/10, n/20$	36
$1/10, n/30$	18
$2/10, n/20$	73
$2/10, n/30$	37

[实务题4-10]　甲公司按"3/10,n/30"的条件购入一批价值10万元的存货,如果公司在10天内付款,可以获得10天的免费信用期间,并获得3%的现金折扣。

要求:如果公司在10天后、30天内付款,则将承受因放弃现金折扣而造成的机会成本,计算具体成本率。

[解析]

$$\frac{3\%}{1-3\%} \times \frac{360}{30-10} = 55.67\%$$

由此可见,甲公司在当前的付款条件下放弃现金折扣的机会成本非常高。公司如果选择放弃折扣推迟付款,并且不能利用这笔资金在信用期间内获得高于55.67%的报酬率,那么放弃现金折扣显然不是明智的选择。

3.商业信用筹资的优缺点

(1)商业信用筹资的优点。作为一种比较常用的短期筹资方式,商业信用筹资的优点主要包括以下几个方面:

①使用方便。因为商业信用与商品买卖同时进行,属于一种自发性筹资,也称为自发性流动负债,不是非常正规的安排,不需要办理手续,一般也不附加条件,所以使用比较方便。

②成本低。如果没有现金折扣,或企业不放弃现金折扣,那么利用商业信用筹资没有实际成本。

③限制少。商业信用的使用灵活且具有弹性。如果企业利用银行借款筹资,银行往往会对贷款的使用规定一些限制条件,而商业信用则限制较少。

(2)商业信用筹资的缺点。当然,商业信用筹资还存在不足,主要缺点是商业信用的时间一般较短,尤其是应付账款,不利于企业对资本的统筹运用。如果拖欠,则有可能导致企业信用地位和信用等级下降。此外,如果企业取得现金折扣,则付款时间会更短,而要放弃现金折扣,企业会付出较高的资金成本。在法制不健全的情况下,若企业缺乏信誉,则容易造成企业之间的相互拖欠,影响资金运转。

(三)短期融资券

短期融资券又称商业票据、短期债券,是大型工商企业或金融企业为筹措短期资金而发行的无担保短期本票。

1.短期融资券概述

(1)短期融资券的发展过程。短期融资券源于商业票据。商业票据是一种古老的商业信用工具,产生于18世纪。它最初是随商品和劳务交易而签发的一种债务凭证。例如,一笔交易不是采用现金交易,而是采用票据方式结算,当货物被运走后,买方按合同规定的时间、地点、金额,向卖方开出一张远期付款的票据。卖方持有票据,直至到期日再向买方收取现金。这种商业票据是随商品、劳务交易而产生的商业信用。商业票据是一种双名票据,即票据上列明收款方和付款方的名称。持有商业票据的企业如果在约定的付款期前需要现金,可以向商业银行或贴现公司进行票据贴现。票据贴现是指持有商业票据的企业将票据出让给银行或贴现公司,后者按票面额扣除从贴现日到票据到期日的利息后,将余额付给持票企业。当贴现的票据到期后,银行或贴现公司再持票人向付款方索取票面款项。这种方式使办理贴现的银行或贴现公司得到了利息又收回了本金,是一种很好的短期投资方式。随后,有的投资人便比照这种贴现方式,从持票人手中购买商业票据,待票据到期后持票人向付款方收回资金。有时,贴现票据的银行因为资金短缺,也将贴现的票据重新卖出,由新的购买人到期收取款项。

一些大公司发现了商业票据的这一特点,便凭借自己的信誉,开始脱离商品交易过程,签发商业票据以筹措短期资金。20世纪20年代,美国汽车制造业及其他高档耐用品行业蓬勃发展,为增加销售量,企业一般采用赊销、分期付款等方式对外销售,在应收账款上进行了大量投资,使得企业感到资金不足。在银行借款受到多种限制的情况下,企业便开始大量发行商业票据筹集短期资金。由此,商业票据与商品、业务的交易相分离,演变成一种在货币市场上融资的票据,发行人与投资者之间形成了一种单纯的债务、债权关系,而不是商品买卖或劳务供应关系。商业票据上不用再列明收款人,只需列明付款人,因此成为单名票据。为了与传统商业票据相区别,人们通常把这种专门用于融资的票据叫作短期融资券或短期商业债券。

(2)短期融资券的特点及利用情况。

①短期融资券的一般特点。短期融资券的期限较短,一般为2～6个月,平均期限为5个月。其面值很高,通常在10万元以上。在美国的短期融资券市场上,往往以10万美元为一个交易单位。短期融资券的利率较低,通常低于银行优惠贷款利率1～2个百分点,但又比同期国债利率高出1/4个百分点。短期融资券是否为一个有效的短期融资工具,取决于短期融资券市场的流通性。

短期融资券的这些特点源于其发行人多为资信很好的知名大公司。一般来说,短期融资券的期限短、发行人信誉高,因此市场流动性较强。

②我国短期融资券的利用情况。2005年5月,中国人民银行颁布了《短期融资券管理办法》。该办法规定,融资券的期限最长不超过365天。发行融资券的企业可在上述最长期限内自主确定每期融资券的期限;融资券的发行利率或发行价格由企业和承销机构协商确定。由此,短期融资券在我国得到了迅速发展,现已成为我国货币市场的重要组成部分。

我国实行的短期融资券筹资在解决企业流动资金不足、加速资金周转、健全金融工具、优化资金投向等方面都有着十分重要的意义。

2. 短期融资券的成本

短期融资券的成本也就是利息,是在贴现的基础上支付的。短期融资券的成本(年度利率i)的计算公式如下:

$$i = \frac{r}{1 - r \times \frac{n}{360}}$$

式中,i为年度利率;r为票面利率;n为票据期限。

[实务题4-11] ABC公司发行了为期120天的优等短期融资券,其票面利率是12%。

要求:计算短期融资券的成本。

[解析]

该短期融资券的成本为:

$$i = \frac{r}{1 - r \times \frac{n}{360}} = \frac{12\%}{1 - 12\% \times \frac{120}{360}} = 12.5\%$$

如果有多个短期融资券的发行方案可供选择,那么应该选择年度利率最低的方案,以使成本最低。此外,发行短期融资券的公司一般都保持备用的信贷额度,以便为出售短期融资券时发生的问题提供保证。如果一家公司到期不能偿还其短期融资券,就可以动用备用的信贷额度。对于这种备用的信贷额度,银行一般要按年收取0.25%～0.5%的费用,这将增加企业的成本。

[实务题4-12] ABC公司以10%的票面利率发行了50亿元为期90天的优等短期融资券。ABC公司利用备用的信贷额度所获得的资金的成本是0.25%,其他直接费用率为每年0.5%。

要求:计算ABC公司的短期融资券的总成本。

[解析]

首先,计算年度利率:

$$i = \frac{r}{1 - r \times \frac{n}{360}} = \frac{10\%}{1 - 10\% \times \frac{90}{360}} = 10.26\%$$

然后,计算总成本:

总成本＝10.26%＋0.25%＋0.5%＝11.01%

3.短期融资券的优缺点

(1)短期融资券的优点

①筹资成本较低。在西方,短期融资券的利率加上发行成本,通常低于银行的同期贷款利率。但在我国,目前短期融资券市场还不够完善,有时会出现短期融资券的利率高于银行借款利率的情况。

②筹资数额较大。一般而言,银行不会向企业发放巨额的短期借款,因此,短期银行借款常常面临数额的限制。而发行短期融资券的数额往往较大,可以筹集更多资金。

③提高企业的信誉和知名度。由于能在货币市场上发行短期融资券的都是著名的大公司,因此一个公司如果能发行自己的短期融资券,则说明该公司有较好的信誉。同时,随着发行公司的短期融资券被广泛了解,其信誉和知名度也大大提高。

(2)短期融资券的缺点

①发行风险较大。短期融资券到期必须偿还,一般不会有延期可能。如果到期不偿还,则会对企业的信誉等产生比较大的负面影响。

②弹性较小。只有当企业的资金需求达到一定数量时才能使用短期融资券,如果数量较小,则会增加单位资金的筹资成本。此外,短期融资券一般不能提前偿还,即使企业资金比较充裕,也要到期才能还款。

③发行条件比较严格。只有信誉好、实力强、效益高的企业才能发行短期融资券,而一些小型企业或信誉不好的企业则不可能利用短期融资券来筹集资金。

(四) 应付费用

应付费用是指企业应付未付的费用,如应付职工薪酬、应交税费等。这些应付费用通常形成在先、支付在后,因此在支付之前可以为企业所利用。由于其结算期往往比较固定,占用的数额也比较固定,因此通常又被称为定额负债。定额负债通常可用平均每天发生额和占用天数来确定。其计算公式为:

$$定额负债 = 平均每天发生额 \times 占用天数$$

$$平均每天发生额 = \frac{预计发生额}{预计期天数}$$

上式中,占用天数有两种计算方法:一种是按照平均占用天数计算,即按两次支付间隔天数的一半计算;另一种是按照经常占用天数计算,即按计算期到支付期的间隔天数计算。

[实务题 4-13] 甲公司预计当年支付增值税金额为 180 000 元,每月上缴一次,假定 360 天/年。

要求:按平均占用天数计算资金占用额。

[解析]

按平均占用天数计算的资金占用额:

$$\frac{180\ 000}{360} \times \frac{30}{2} = 7\ 500(元)$$

假定增值税按规定在次月 5 日缴纳,则按经常占用天数为 4 天计算的资金占用额为:

$$\frac{180\ 000}{360} \times 4 = 2\ 000(元)$$

随着企业经营业务的扩展,这些应付费用也会自动增长。由于通过应付费用所筹集的资金不用付出任何代价,因此是一项免费的短期资金来源。但是在使用时必须注意加强支付期的控制,以免因拖欠给企业带来损失。

应付费用的资本成本通常为零,但这种特殊的筹资方式并不能为企业自由使用。企业如果无限期地拖欠应付费用,极有可能产生较高的显性或隐性成本。例如,企业如果拖欠职工工资费用,便会遭到职工反对,直接影响企业的整体生产经营;如果拖欠税款,则会产生滞纳金,并且会被强制执行、列入黑名单等。

第三节 本章课程思政案例及延伸阅读

为扩展本章内容的理解,本章课程思政案例侧重于营运资金管理模式创新与实践,旨在帮助学生对企业营运资金管理模式的建立与实践有更加详细的认识,并结合实务对营运资金管理内容进行进一步延伸。

一、本章课程思政案例

(一)案例主题与思政意义

[案例主题]

通过分析Q公司营运资金管理模式创新与实践[①]案例,深入了解其营运资金管理体系的构建与实践过程。无论是对应收账款、存货、应付账款还是现金周期的管理,Q公司都注重引入适合公司特点的创新理念、方法和技术,以确保其营运资金管理合理有效。

[思政意义]

在营运资金管理中推动创新,我们鼓励员工打破传统思维,勇于尝试新的管理方法和策略,找到合适企业自身特点的新路径,这有助于培养学生的创新思维和适应能力。同时,其"管理未动,制度先行"的管理原则,有助于增强学生的规则意识。

(二)案例描述与分析

[案例描述]

Q公司是国内一家具有国际品牌影响力的食品饮料生产企业,包括采购、生产、销售等经营环节。在发展过程中,Q公司始终重视并加强营运资金管理,构建全面有效的营运资金管理体系,动态优化营运资金管理模式,旨在提升营运效率,减少资金占用和资金成本。经过持续的营运资金管理创新,Q公司形成了适应公司特点的"3456"营运资金管理模式。

"3"是指全面、全员、全流程的"3全"营运资金管理:公司营运资金管理不仅是财务人员的工作,而且是由业务与财务人员共同参与,具有全员性;营运资金管理体系包括规则、制度、目标、过程管控、考核激励等,具有全面性;营运资金管理涉及销售、回款、采购、付款、生产等主要运营过程,具有全流程性。"4"是指营运资金管理主要关注应收账款、存货、应付账款与现金周期这四个关键要素,以此实现对营运资金的整合管理。"5"是指公司形成了销售按现款现货回款、采购按账期付款、以销定产、以产订购、产销协同五个营运资金管理规则。"6"是指营运资金管理体系构建与实践包括树立规则意识、搭建制度、设定目标、过程管控、评价激励、形成营运资金管理模式六个步骤。

[①] 于竹明,彭家钧. Q公司营运资金管理模式创新与实践[J]. 财务与会计,2019(18):73—74.

[案例分析]

Q公司的营运资金管理实践表现为以下几个方面：

1. 树立规则意识，公司层面统一营运资金管理规则

"运营提效才能资金提速""优化业务规则才能改善财务绩效"，提升营运资金效率的重要前提是优化运营规则和提升管理意识，统一各单位各部门在营运资金管理方面的目标和行为。因此，Q公司从集团层面统一确定了"销售按现款现货回款、采购按账期付款、以销定产、以产订购、产销协同"五个营运资金管理规则。这些规则规范了全公司各单位在销售回款、采购付款、生产与存货管理、应收管理、应付管理等方面的运营规则和资金管理要求，同时要求各单位严格执行，旨在全面提升员工的营运资金管理意识。

2. 搭建营运资金管理制度体系，明确职责分工与管控标准

"管理未动，制度先行。"为更有效地加强营运资金管理，Q公司建立了一整套合理有效的营运资金管理制度，具体分为应收账款管理制度（包括《信用政策管理内控制度》《内部往来内控管理制度》等）；存货管理制度（包括《存货管理内控制度》《存货损失管理内控制度》等）；应付账款管理制度（《应付账款及采购付款账期管理内控制度》）。管理制度明确了营运资金管理的目标、原则、要求、权限、职责分工、考核与激励办法等。

（1）应收账款管理的职责分工与管控标准。财务管理总部是公司信用政策的归口管理部门，负责规范公司信用政策，销售等业务部门和各单位必须严格按现款现货的基本政策实施销售回款和管控。

（2）存货管理的职责分工与管控标准。财务管理总部负责建立和完善公司的存货管理体系，销售和生产单位负责存货实物管理工作，各单位根据销售订单计划以及合理的采购周期和生产周期，有序安排材料采购和生产，推进产销协同。同时，根据持续优化存货周转天数的目标管控，减少存货占用，提升存货管理水平。

（3）应付账款管理的职责分工与管控标准。财务管理总部为公司应付账款及账期管理的牵头部门，确立应付账款管理原则，同时明确采购等相关业务部门的职责，各单位必须严格按付款账期执行与管控。

3. 设定营运资金管理的预算考核目标，促进营运资金效率持续提升

为了持续优化营运资金效率，Q公司每年制定总体的现金周期加速目标与考核目标，同时，结合各单位实际情况，分别制定各单位的现金周期加速目标及考核目标。

4. 强化营运资金管理过程控制，确保规则和制度有效落地

一是推进各单位严格按现款现货的销售回款政策执行，从源头规避应收账款管

理。同时,对个别特殊的赊销进行严格限制与管控,实时跟踪应收账款情况,进行闭环管理,确保按时回款。二是持续跟踪各单位的存货周转情况,推进各单位严格按订单需求采购与生产,动态跟踪公司和各单位的产成品、在产品、原材料等,分析库存周转天数等指标的变化,对上升较大的单位要求及时改进。三是总部跟踪各单位应付账款情况,监控各单位实际付款账期,通过系统校验,确保各单位严格按照合同账期付款,杜绝擅自调整账期的行为。

5. 实行营运资金管理考核与激励,激发人员的积极性

Q公司各单位的业务负责人与财务负责人的考核指标都包括营运资金效率指标。公司每年对各单位的应收账款周转天数、存货周转天数、现金周期等指标完成与加速情况跟踪考核与排序,根据考核结果激励,促进内部各单位相互学习、持续提升营运资金效率,确保资金管理目标顺利完成。

6. 打造适合公司特点的营运资金管理模式

Q公司结合所在行业特点,根据公司的产品特征、市场特征以及供应链特征,逐步形成独特的营运资金管理模式。这一模式将营运资金由原来的蓄水池转变为畅通的河流,加速销售回款资金的流入,降低应收与存货等资金占用,规范采购付款账期,减少资金闲置,实现对各单位资金集中有效利用,从而提升资金效率与收益。

(1)应收账款管理模式

①现款现货的销售回款政策。为最大化资金效益,Q公司实行现款现货的销售回款政策:对内规范结算纪律,加速资金周转;对外严格控制赊销,加紧催收货款,以防止坏账损失。同时,各单位必须严格执行现款现货的销售回款政策。对于未经公司批准擅自赊销的单位,根据赊销额及赊销期,按照一定的资金成本率计算资金成本及处罚额,其中70%的额度处罚所在单位高管团队(包括总经理、分管业务负责人和财务负责人),30%的额度处罚所在单位的相关业务人员;若造成损失,则按公司制度要求追究相关责任。

②对赊销进行严格限制和管理。对于个别特殊的赊销单位,应每年提报赊销政策申请报告,包括但不限于营销实施方案、赊销对象、赊销限额和赊销账期、催收欠款措施、追责奖惩措施等内容,报公司批准后方可继续赊销;对于报公司批准后继续执行原有赊销业务的特殊单位,原则上须在3年过渡期后取消赊销方式。

(2)存货管理模式

①以销定产、以产订购、产销协同。公司对存货采用"以销定产,以产定购"的方式管理。同时,结合月度滚动预算,建立动态的产销协同机制,提高生产计划的准确性,合理控制采购及库存量,提升存货周转效率。

②集中采购、统一管理。集中采购的大宗物资全部由总部统一竞价采购,以降低

采购成本、减少库存,同时紧跟行业变化,判断行情,适时调整。

(3)应付账款管理模式

①按账期付款、合理利用商业信用。按账期付款有利于维持对供应商付款周期的稳定,构建可持续的供应商战略合作伙伴关系,也有利于公司资金计划管理。Q 公司根据采购类别规定了统一的付款账期,并要求各单位严格执行,未经批准不得擅自调整付款账期。若出现擅自调整账期付款的行为,扣除相应单位当月财务总监考核得分。

②授权审批、动态监控。Q 公司跟踪集中采购物料、资本性支出等付款账期执行情况,严格落实预付款以及提前付款特殊事项的审批机制,对重大资金支出采用集体决策制或联签制。

(4)现金周期管理模式

①整合与积极的营运资金管理策略。运用现金周期指标,整合应收账款、存货、应付账款,跟踪公司和各单位营运资金周转情况,加强监控,促进各单位合理控制存货和应收账款占用水平,优化营运资金效率,降低资金成本。

②对标管理,持续优化。公司加强现金周期等指标的对标管理,包括与外部竞争对手以及内部各单位之间的对标。同时,公司根据各单位的现金周期进行分类管理,重点关注现金周期指标排名落后和同比管理水平下降的单位,提出改进目标及措施,并持续跟踪优化。

(三)案例讨论与升华

[案例讨论]

根据案例分析,Q 公司结合所在行业及自身特点,逐步形成了独特的营运资金管理模式。其营运资金管理创新之处体现在哪些方面?创新的意义何在?

[案例升华]

Q 公司的营运资金管理模式创新实践,是以创新观为引领的。这种创新不仅体现在对既有流程的优化上,更体现在对管理思维和管理模式的转变和突破上。通过统一规则和意识提升,Q 公司确保了全公司目标的一致;建立制度体系,使管理有章可循;设定预算考核目标,促进各单位灵活调整策略;强化过程控制,降低风险;考核与激励激发员工积极性;打造特色模式,以适应公司需求。党的二十大报告强调"创新是第一动力"。而这些创新实践共同为 Q 公司的长期发展奠定了坚实基础。通过统一规则、创新管理等方式,Q 公司培养员工创新意识,强化了规则遵守,促进了公司的长远发展。

二、本章延伸阅读

延伸阅读1　存货内部控制缺陷及改进建议——基于广州浪奇的案例研究[①]

广州浪奇成立于1959年,集团公司位于广州市,并于1993年在深圳证券交易所挂牌上市,注册资本6.28亿元。目前,公司资产总额逾80亿元,员工1 055余人。集团下设8家子公司、4家参股公司。公司属于化学原料及化学制品制造业,主要业务是生产与销售日化产品,并在此基础上拓展了化工原材料的生产和销售业务。

(一)广州浪奇存货罗生门事件

2020年9月27日,广州浪奇主动发布公告,称公司储存在辉丰公司的1.19亿元存货和存放在鸿燊公司瑞丽仓的4.53亿元存货丢失。此消息一出,立即在网络上引起了轩然大波,"3.6万股东彻夜难眠,广东知名企业近6亿元存货不翼而飞""广州浪奇的洗衣粉难不成是和獐子岛的扇贝私奔了?"等言论纷纷涌现。那么,这5.72亿元存货到底去哪儿了?三方当事人各执一词,真相扑朔迷离。广州浪奇与两家仓库公司解释如下:

1. 广州浪奇公司

广州浪奇在回函中称,自己及奇化公司同辉丰公司从2017年至今共签订了6份仓储合同,公司将货物储存于辉丰仓,库方负责货物入库验收及保管,公司定期支付仓储费及力资费,仓储期限到期后可以自动续期。广州浪奇及奇化公司同鸿燊公司从2017年至今总共签署了2份仓储合同,由库方负责货物入库验收及保管。合作期间,公司与上游供应商和下游客户共发生了60单涉及辉丰仓的采购或销售业务;而涉及瑞丽仓的采购或销售业务共发生148单,涉及上游供应商11家、下游客户14家。截至2020年9月30日,公司存放在辉丰仓与瑞丽仓内的存货价值分别达1.19亿元和4.53亿元。然而,公司于2020年多次前往两家仓库意图开展盘点工作,却由于未落实辉丰公司相关人员的联系工作,以及鸿燊公司也以园区安全检查工作为由将盘点工作一拖再拖,导致两家公司的盘点工作均无法正常进行。

2. 辉丰公司

江苏辉丰石化有限公司是上市公司辉丰股份的全资子公司,成立于2007年12月,注册地址位于盐城市。其经营范围包括成品油(汽油、煤油、柴油)批发、危险化学品经营等。

[①] 蒋秋菊,陈敏,窦宇,等. 存货内部控制缺陷及改进建议——基于广州浪奇的案例研究[J]. 会计之友,2021(16):107—111.

相比鸿燊方,辉丰公司负责人的态度更为强硬。2020年9月16日,辉丰公司的回复函中表示并未与广州浪奇签订任何仓储合同,因此没有义务配合该公司的盘点工作。同时,辉丰公司还表示,从未向广州浪奇公司出具过2020年6月辉丰盘点表,也未加盖过辉丰公司印章。对于广州浪奇出示的2020年6月辉丰盘点表中加盖的辉丰公司公章,辉丰方表示与其实际公章不符,因此可以判断广州浪奇可能存在伪造公章的嫌疑。

3. 鸿燊公司

江苏鸿燊物流有限公司成立于2004年4月5日,注册地位于如东县,法定代表人为黄勇军,注册资本为1 188万元。其经营范围主要包括物流技术研发、危险品装卸及包装技术服务,公司危险品货物专用运输,货运代办服务,货物仓储、装卸、包装、配送,纺织原料(棉茧除外)及辅料、化工原料(危险化学品除外)等。

鸿燊方的相关负责人表示,由于公司面临破产危机,为了挽救公司,确实与广州浪奇及其子公司奇化化工签订了保管合同,约定为其保管账面价值为4.53亿元的存货。但据该负责人进一步透露,此项交易过程并无实物交割。换言之,鸿燊方从未保管运输过广州浪奇及其子公司的货物,因此就不存在货物丢失的情形。此外,鸿燊方表示曾收到两笔金额共计64万元的"管理费用",目的就是帮助广州浪奇公司"完善数据"。

广州浪奇与鸿燊各执一词,64万元到底是给鸿燊方的仓储费用,还是掩饰公司存货状况的"封口费"?这又为价值高达4.53亿元存货的消失增加了一层迷雾。

(二)广州浪奇存货现状及其管理模式

1. 存货分类

广州浪奇的存货包括原材料、库存商品、周转材料、发出商品、材料采购、自制半成品、委托加工物资。根据广州浪奇2019年年报资料,2019年年末,广州浪奇半成品在存货中占比为0.002 24%,而原材料与库存商品在存货中占比为95.12%。这样的存货构成,一方面是因为其主营的化工产品生产周期短,因此在产品比重小;另一方面是因为近年来公司将重心转向化工贸易,通过购进和出售产品赚取差价来获利,从而减少了产品生产,使得原材料与库存商品占比很高。

2. 存货存储

我们对深圳证券交易所2020年5月至2020年10月对广州浪奇出具的关注函以及广州浪奇的回函进行分析。根据2020年10月30日的回函可知,2019年年末广州浪奇存放在外部仓库的存货占比超过80%,同时贸易类存货占比高达79.55%,由此得知,至少有63.61%的存货是存放在外部仓库的贸易类存货。那么,为什么会有这么大比重的贸易类存货存放在外部仓库呢?对于广州浪奇来说,在外地开展贸易业务并不持续且稳定,若在贸易点建造自有仓库并配备相应人员,成本高、风险大。因此,广州浪奇选择了在江苏、四川等贸易业务点租用外部仓库存放贸易类存货。

据2020年10月30日广州浪奇的回函披露,截至2020年9月30日,75.98%的贸易类存货存放在辉丰仓、瑞丽仓、广东仓、四川仓等9个外部仓库中,其中瑞丽仓、辉丰仓、四川仓库1、四川仓库2、广东仓库2、广东仓库3均出现账实不符的情况,累计金额达8.67亿元,占2020年广州浪奇半年报中披露存货总额的55.16%。这说明存货丢失事件与外部仓库紧密相关。

3. 存货管理制度

广州浪奇作为一家大型上市公司,建立了专门的存货管理制度。根据存货存放仓库的性质,可以将存货划分为自有仓库存货和外部仓库存货。而此次罗生门事件中,丢失的存货均是存放在外部仓库的贸易类存货。因此,我们着重分析了广州浪奇外部仓库存放存货的管理制度。

我们通过对广州浪奇存货管理制度的研究得知,外部仓库存货管理内容包括存货采购与销售、仓库供应商的开发、仓库供应商的风险评估、外部仓库盘点表的索取及账实核对、外部仓库存放存货的定期盘点等。在2020年3月之前,商务拓展部负责以上所有的存货管理工作。此后,广州浪奇新增供应链管理部和审计内部控制部来进行外部仓库存放存货的管理。其中,商务拓展部负责存货采购与销售、仓库供应商的开发;供应链管理部负责盘点表的索取、账实核对、定期盘点;审计内部控制部负责仓库供应商的风险评估。

(三)讨论与分析:广州浪奇存货管理内部控制的问题及成因

虽然广州浪奇有专门的存货管理制度,但是也出现了外部仓库大量存货账实不符的情况,具体问题分析如下:

1. 有缺陷的存货管理模式

通常情况下,存货的采购与保管应该是由相互独立的部门或人员分别负责。然而,我们通过对广州浪奇存货管理模式的分析发现,在2020年4月以前,广州浪奇的外部仓库货物的管理一直由商务拓展部业务人员负责,没有第三方人员参与其中,未形成有效的监督机制,存在相关人员利用职务之便舞弊的风险。而在2020年4月之后,公司派遣供应链管理部根据商业拓展部提供的第三方贸易仓库联系方式,向仓库方索取每月盘点确认表,对外部存货实施管理,在5月的定期存货盘点中就发现了端倪,进而在9月确定了5.72亿元存货的丢失,引起外界轰动。

在没有监督的情况下,单一部门或人员对存货流动的各个环节都有操作空间。对于自有仓库来说,首先,在存货的采购过程中,相关人员可能虚报采购价格。其次,在验收入库时,可能出现存货品种、数量、规格与原始凭证不一致的情况。再次,在盘点过程中,相关人员可能提供虚假的存货盘点表。同样地,对于外部仓库来说,在存货采购环节也会出现虚报价格的情况;在存货存储环节,相关人员可能会与外部仓库的管理人员串通,并提供虚假的存货库存单据,甚至可能会无中生有,伪造与外部仓库的仓储合同。

2. 具有特殊化学属性的存货难以盘点

农业类企业的消耗性生物资产因其生产受自然环境影响大,存货价值差异性大,导致难以准确计量且盘点困难。例如因扇贝消失而备受关注的獐子岛,其存货扇贝在水下基本无法看见,数量难以评估,质量也难以检测,导致盘点流程形同虚设。无独有偶,化学类企业也常因化工材料独特的化学属性而面临存货盘点的挑战。

大多数化学材料有严格的储存规定,如密封、防火、防潮、需专门储罐,这使正常存货盘点的取样和计数变得困难。对于许多存放危险化学材料的仓库,盘点人员无法进入其中实地盘点。例如,广州浪奇存储于瑞丽仓的三氯乙酰氯,由于其具有腐蚀性、强刺激性等特点,因此需要密封储存。在存货盘点时,因储罐无取样口而无法取样,从而无法对其进行管理控制。

3. 公司与外部仓库相距甚远

由于广州浪奇的贸易业务涉及全国各地,为了降低运输成本,广州浪奇的存货大多存放在外部仓库。在2019年年底,广州浪奇的外部仓库存放存货占总存货比重就已高达84.06%。在本次丢失存货的外部仓库中,辉丰仓距离广州浪奇公司1 689千米,瑞丽仓距离广州浪奇公司1 571千米。

那么,如此远距离的存货仓储会带来什么问题呢?首先,遥远的距离会提高实地盘点成本,例如盘点人员的差旅费,同时会延长每次盘点工作的时长。为了控制成本,企业通常会减少盘点人员的数量,这可能影响企业盘点工作的质量。其次,由于不是自有仓库,企业对外部存货的盘点需要烦琐的申请程序,这可能使企业降低存货实地盘点频率,削弱企业对外部存货的控制,导致存货盘点的及时性失效,无法核实存货的真实情况。

(四)广州浪奇存货内部控制优化的改进建议

1. 分离不相容职位,明晰职责划分

存货在广州浪奇整个生产经营活动中流转,包括采购、入库、仓储、盘点和发出等,每个流转环节都有专门的人员负责。内部控制规范规定,企业应保证不相容职位相互分离,各岗位间权责明晰,因此这些人员的职责应该相互独立。广州浪奇在2020年3月以前,外部仓库存货管理一直由一个部门(即商务拓展部)负责,之后才派遣供应链管理部进行协作,但是仍然存在一个部门同时负责多个相容环节的情况。因此,广州浪奇需要重新划分存货管理职责。例如，商务拓展部若同时负责供应商的开发与存货的采购和销售，则可能存在相关人员联合其开发的供应商编造虚假的存货盘点表舞弊。在这种情况下，供应链管理部门的账实核对就没有意义，无法达到各个部门相互制约与监督的目的。因此，广州浪奇应该把供应商的开发和存货的采购与销售这两个职责分离，具体来说，把目前属于商务拓展部的供应商开发职责转移给审计内部控制部或其他独立部门。

2. 根据化学存货属性选择不同的仓库

化学类企业要正确认识其化学材料的特有属性，了解其存储方式，将存货按照盘点的难易程度划分。对于存储要求不高且盘点容易的存货，交由了解程度不深、合作时间相对较短的仓库储存；对于存储条件严格、盘点较困难的存货，交由已深入了解且合作时间长的仓库储存。对于存储条件严格、盘点困难的存货，应加强管控，管控措施包括提高盘点工作的频率、派遣更负责任的人员盘点等。

3. 派遣本公司员工到外部仓库进行监督

外部仓库遥远的距离削弱了企业对外部仓库存储存货的控制，使得存货盘点的及时性失效，存货的真实情况难以核实。为加强对外部仓库存储存货的控制，企业可以选择派遣自有员工到外部仓库参与存货的管理，以及时向企业反馈存货的真实情况。

延伸阅读2　经营性现金流视角下企业成长型战略构建研究[①]

新业务模式进入市场竞争，势必采用成长型战略。成长型战略是一种使企业在现有的战略水平上向更高一级目标发展的战略，具体分为密集型战略、一体化战略和多元化战略三种类型。无论采用哪一种成长型战略，企业都必须强化现金流量管理能力。只有加强现金流量管理，提高现金使用效率，使自身具备经营性现金流的自生能力，才能实现企业的持续稳定发展。以下以京东和苏宁易购两家公司为例，围绕经营性现金流下一体化和多元化战略构建，分析企业加强现金流量管理、发展经营性现金流自生能力的重要意义。

（一）一体化、多元化战略经营性现金流管理有效——京东

北京京东世纪贸易有限公司（以下简称"京东"）是实施一体化和多元化战略的典型公司。公司针对具有优势和增长潜力的产品或业务，沿经营链条纵向或横向扩大业务的深度和广度，从而扩大经营规模，实现企业快速增长。其多元化战略体现在扩展现有业务领域之外的新业务领域。京东是技术驱动型电商公司，以供应链为基础，产

[①] 武丽丽,李璇.经营性现金流视角下企业成长型战略构建研究[J].税务与经济,2023(5):96-102.

品和物流的经营模式均以自营为主。

在商品采购方面,京东的供应商议价能力体现在价格和付款条件两个方面。采购价格低可以为促销活动留足空间,优惠的付款条件可以延迟应付账款的付款时间,从而获得可自由支配的资金,且该资金没有利息成本。这种资金占用并非简单拉长账期占用供应商资金,而是通过提高自身运营效率而实现快速回笼,使供应商伙伴也可以相对较快地回笼资金。

在物流方面,京东接连收购达达快运、跨越速运和德邦快递,形成了"京邦达"(京东、德邦、达达)铁三角,业务覆盖电商件、快运件和即时零售商品。2022年7月14日,京东旗下子公司京东智能产业发展集团完成对中国物流资产控股有限公司的强制性收购,从而进一步完善了京东对仓储环节的管理,节省了运营成本。得益于完善的物流管理体系,京东存货管理效率远高于同行业水平,存货周转顺畅,极大地减少了对自身资金的占用。

根据表4—10的数据,京东在前期战略布局阶段,净利润小于0,但现金流表现健康。从2017年开始,公司经营活动现金流均为正向流入,并且逐年稳步增长,基于公司的业务模式,只要每个月的销售增长超过亏损额的增长,经营性现金流就可保持正向流入。近年来,公司的营业收入高速增长,配合高效的运营管理,保持了健康的现金流及充沛的现金储备。公司已具备盈利能力以及经营性现金流自生能力。决定一家零售商生存的关键因素不再是传统意义上的盈利或者亏损,而是高效的现金流管理。

表4—10　　　　　　　　　　京东年度报告数据　　　　　　　　　　单位:亿元

项目	2017年	2018年	2019年	2020年	2021年	2022年半年
经营活动现金流量净额	268.57	208.81	247.81	425.44	423.01	301.82
净利润	−0.90	−28.01	118.90	493.37	−44.67	5.10
收入	3 623.32	4 620.20	5 768.88	7 458.02	9 515.92	5 072.55
成本	3 115.17	3 960.66	4 924.67	6 366.94	8 225.26	4 379.15
毛利率	14.02%	14.28%	14.63%	14.63%	13.56%	13.67%
毛利	508.15	659.54	844.21	1 091.08	1 290.66	693.40

(二)一体化、多元化战略经营性现金流管理低效——苏宁易购

实施一体化和多元化战略的另一典型企业为苏宁易购集团股份有限公司(以下简称"苏宁易购")。苏宁易购自成立之初专营空调业务,成为当时中国最大的空调零售商。1998年,公司将经营范围由销售空调扩展为综合电器经营,并在全国范围内开设连锁店,随后在全球范围内开设连锁店。

2010年，苏宁易购电子商务平台正式上线。为了进一步丰富商品经营种类，苏宁易购开始在多个领域并购，开启了多元化发展路线，具体包括业务多元化和投资多元化。业务多元化体现在业务范围延伸到主营业务外的各个领域，包括母婴、图书和虚拟产品等，并购了经营母婴业务的红孩子、经营团购业务的满座网，收购了37家万达百货门店；并通过开放苏宁网上平台，吸引经营百货及日用品等种类的商户入驻，以此增加收入来源，获得平台费用收入和销售提成收益。投资多元化体现在公司相继投入22亿元收购了PPTV，用40亿元投资了中国联通，用95亿元入股了万达商业，用34亿元投资了华泰证券等。然而，公司未将有限的资金放在增强用户黏性和提升消费者的品牌忠诚度上，而是分散在各个经营和投资项目上。这导致每一个项目的资金均不足以支持其发展壮大，势必使各个业务板块相互扯后腿而形成螃蟹效应。

根据表4—11的数据，在2014年之前，苏宁易购各年的毛利率均保持在15%左右，年度经营活动现金流量为正向流入，总体财务状况良好。然而，从2014年开始，虽然公司仍维持盈利，但经营活动现金流量已出现问题。2017年，其经营活动产生的现金流量净额开始转为负数，之后数年均未产生正向经营性现金流入。这主要由存货和应收账款的资金占用持续增加导致。

在存货管理方面，苏宁易购有线下和线上两种销售渠道。既要保证充足的库存以满足消费者的购物体验，又要防止因库存过多而产生额外的管理成本和资金占用。因此，公司须具备良好的存货管理能力，以提高存货周转率并减少资金占用。然而，苏宁易购的存货周转率低于行业平均水平，存货管理效率有待提高。

在应收账款管理方面，苏宁易购采用赊销的方式吸引客户，但没有对客户的信用等级进行评估，也没有及时监控应收账款，并未对应收账款进行有效的监控和预防坏账，降低了资金流动性。由于企业未持续优化现金流量管理和提高运营效率，因此公司失去了经营性现金流的自生能力，扩大了商业版图却忽视了现金流量的管理，最终造成集团整体业务的收缩。

表4—11　　　　　　　　　　　苏宁易购年度报告数据　　　　　　　　　　　单位：亿元

项目	2013年	2014年	2015年	2016年	2017年	2018年	2019年	2020年	2021年	2022年
经营活动现金流量净额	22.38	−13.81	17.33	38.39	−66.05	−138.74	−178.65	−16.22	−64.3	−6.31
净利润	1.04	8.24	7.58	4.93	40.50	126.43	93.20	−53.58	−441.79	−168.02
收入	1 052.93	1 089.25	1 355.48	1 485.85	1 879.28	2 449.57	2 692.29	2 522.96	1 389.04	713.74
成本	892.79	922.85	1 159.81	1 272.48	1 614.32	2 082.17	2 301.17	2 245.77	1 297.38	659.69
毛利率	15.21%	15.28%	14.44%	14.36%	14.10%	15.00%	14.53%	10.99%	6.60%	7.57%
毛利	160.14	166.40	195.67	213.37	264.96	367.40	391.12	277.19	91.66	54.05

(三)实施成长型战略的现金流量管理建议

强化现金流量管理能力,重视经营性现金流的自生能力,是企业走向成功的关键。

1. 加强对经营性现金流的监控与分析

企业应当按照基本商业逻辑,分析自身的现金流分布,并适时建立预警机制。深入分析财务指标,揭示出企业的经营短板并及时采取补救措施,从而保障企业持续健康经营。在巩固品牌竞争力的同时,企业应适当增加现金流业务的比例,并夯实这类业务在市场竞争中的地位。同时,根据企业实际情况,灵活调整新业务或新产品的发展节奏,关停并转经营性现金流自生能力较弱的业务。企业应转变思路,从盲目追求规模、高估值和流量,转向追求长远的盈利能力和经营性现金流自生能力。

2. 完善财务风险管理

企业经营者应更加重视面对不确定性事件时的应对速度与效率。企业对财务风险的管理要求应上升到一个新高度,既要有防范风险的先手,也要有危机处理、化解风险的妙手。企业应将财务风险管理前置化,做好各种在极端场景下的风险管理预案,保证留有足够的资金储备以应对突发事件,并顺利渡过阶段性危机。

3. 完善预算体系

在预算管理体系中,企业需要及时量化突发事件对经营目标的影响,并据此调整年度预算以及中长期计划,对预算管理建立动态跟踪和管理机制,及时调整短期的经营计划、经营目标,以确保企业长期战略的实施。将"事前预测""事中控制"和"事后核算"相结合,实现事前、事中、事后的联动,以及从战略决策到业务执行的高效连接,从而更好地发挥预算管理的作用。

4. 关注有效商业数据的分析与应用

现如今,中国网民规模已超过10亿人,宽带家庭普及率已达70%,智能手机普及度高,物流条件便利,支付手段多样。在消费领域,有效数据就是财富,企业需要重点关注有效商业数据的分析与应用,将有效数据用于指导经营。这样既可以指导供应商生产,改善商品的生产效率,又可以降低库存积压造成的资源浪费,提高资金周转速度和管理效益。

复习思考题与练习题

一、复习思考题

1. 什么是营运资金?它有哪些特点?

2. 现金预算的编制方法有哪些?

3. 运用 ABC 分类管理方法,一般有几个步骤?

二、练习题

1. 资料:某公司每年需要某种原材料 600 吨,每次订货的固定成本为 8 000 元,每吨原材料年储存保管费用为 6 000 元。每吨原材料的价格为 800 元,但如果一次订购超过 50 吨,可得到 2% 的批量折扣。

要求:计算该公司应以多大批量订货。

2. 资料:假设某企业的现金流量具有较大的不确定性,日现金余额标准差为 10 000 元,有价证券的利息率为 9%,每次现金转换成本为 30 元,公司每日最低现金需要量为 0,假定 360 天/年。

要求:分别计算该企业的最佳现金余额和持有上限。

第五章 利润分配

▶ 本章概述

本章在介绍利润分配原则、内容及顺序的基础上,进一步阐释股利理论,围绕股利分配政策、期权定价、股票分割和回购等相关内容,结合实务例题对利润分配的过程进行重点分析。同时,结合思政案例与延伸阅读进行内容拓展。

▶ 思政目标

利润分配是企业的重要财务活动之一,其政策选择及分配过程,需要体现"社会主义核心价值观"中的公正、法治、平等、和谐等价值观念。

▶ 育人元素

着重培养学生的利益权衡能力,在利润分配中兼顾各利益相关者的利益。

第一节 利润分配概述

利润分配是企业按照国家有关法律、法规以及企业章程的规定,在兼顾股东与债权人及其他利益相关者利益关系的基础上,将实现的利润在企业与企业所有者之间、企业内部的有关项目之间、企业所有者之间分配的活动。利润分配决策是股东当前利益与企业未来发展之间权衡的结果,它不仅会引起企业的资金存量与股东权益规模及结构的变化,还会对企业内部的筹资活动和投资活动产生影响。

一、利润分配的基本原则

利润分配是企业的一项重要工作,它关系到企业、投资者等有关各方的利益,涉

企业的生存与发展。因此,在利润分配的过程中,企业应遵循以下原则:

(一)依法分配原则

企业利润分配的对象是企业缴纳所得税后的净利润,这些利润是企业的权益,企业有权自主分配。为保障企业利润分配的有序进行,维护企业和所有者、债权人以及职工的合法权益,促使企业增加积累、增强风险防范能力,国家有关法律、法规对企业利润分配的基本原则、一般次序和重大比例也做了较为明确的规定,例如《公司法》《外商投资企业法》等,企业在利润分配中必须切实执行相关法律、法规。利润分配在企业内部属于重大事项。企业的章程制定必须在不违背国家有关规定的前提下,对利润分配的原则、方法、决策程序等内容做出具体而又明确的规定。企业在利润分配中也必须按规定办事。

(二)资本保全原则

资本保全是现代责任有限企业制度的基础性原则之一。企业在分配时,不能侵蚀资本。利润的分配是对经营中资本增值额的分配,不是对资本金的返还。按照这一原则,一般情况下,企业如果存在尚未弥补的亏损,应首先弥补亏损,再进行其他分配。

(三)充分保护债权人利益原则

按照风险承担的顺序及其合同契约的规定,企业必须在利润分配之前偿清所有债权人到期的债务,否则不能分配利润。同时,在利润分配之后,企业还应保持一定的偿债能力,以免产生财务危机,危及企业生存。此外,当企业在与债权人签订某些长期债务契约时,其利润分配政策还应征得债权人的同意或经其审核后方能执行。

(四)多方及长短期利益兼顾原则

利益机制是制约机制的核心,而利润分配的合理性是利益机制最终能否持续发挥作用的关键。利润分配涉及投资者、经营者、职工等多方面的利益,企业必须兼顾,并尽可能保持稳定的利润分配。当企业获得稳定增长的利润后,应增加利润分配的数额或百分比。同时,由于发展及优化资本结构的需要,除依法必须留用的利润外,企业仍可以出于长远发展的考虑,合理留用利润。在处理积累与消费的关系上,企业应贯彻积累优先的原则,合理确定提取盈余公积金和分配给投资者利润的比例,使利润分配真正成为促进企业发展的有效手段。

二、利润分配的项目

按照我国公司法的规定,公司利润分配的项目包括公积金和股利。

(一)公积金

公积金包括法定公积金和任意公积金两部分。法定公积金从税后净利润中提取形成，主要用于弥补公司亏损、扩大公司生产经营或者转为增加公司资本。公司分配当年税后利润时，应当按照 10% 的比例提取法定公积金；当法定公积金累计额达到公司注册资本的 50% 时，可不再继续提取。任意公积金的提取由股东会根据需要决定。

（二）股利

股利是指企业向投资者分配的利润。公司向股东分派股利，要在提取公积金之后。股利的分配应以各股东持有股份的数额为依据，每一股东取得的股利与其持有的股份数成正比。股份有限公司原则上应从累计盈利中分派股利，无盈利则不得支付股利，即所谓"无利不分"的原则。但若公司用公积金抵补亏损以后，为了维护其股票信誉，经股东大会特别决议，也可用公积金支付股利。

知识链接

中国证监会于 2022 年 1 月 5 日颁布实施的《上市公司监管指引第 3 号——上市公司现金分红（2022 年修订）》第四条规定，上市公司应当在章程中明确现金分红相对于股票股利在利润分配方式中的优先顺序。（1）具备现金分红条件的，应当采用现金分红进行利润分配。（2）采用股票股利进行利润分配的，应当具有公司成长性、每股净资产的摊薄等真实合理因素。

第五条要求，上市公司董事会应当综合考虑所处行业特点、发展阶段、自身经营模式、盈利水平以及是否有重大资金支出安排等因素，区分下列情形，并按照公司章程规定的程序，提出差异化的现金分红政策：（1）公司发展阶段属成熟期且无重大资金支出安排的，进行利润分配时，现金分红在本次利润分配中所占比例最低应达到 80%；（2）公司发展阶段属成熟期且有重大资金支出安排的，进行利润分配时，现金分红在本次利润分配中所占比例最低应达到 40%；（3）公司发展阶段属成长期且有重大资金支出安排的，进行利润分配时，现金分红在本次利润分配中所占比例最低应达到 20%；公司发展阶段不易区分但有重大资金支出安排的，可以按照前项规定处理。

三、利润分配的顺序

按照我国公司法的有关规定，利润分配应按以下顺序进行：计算可供分配的利润、提取法定公积金、提取任意公积金、向股东分配股利。

（一）计算可供分配的利润

将本年净利润（或亏损）与年初未分配利润（或亏损）合并，计算出可供分配的利润。如果可供分配的利润为负数，即表示公司亏损，则不能进行后续分配；如果可供分配的利润为正数,即公司本年累计盈利,则进行后续分配。

根据现行法律法规,公司若发生年度亏损,则可以用下一年度的税前利润弥补;若下一年度税前利润不足弥补时,则可以在5年内延续弥补;若5年内仍然未弥补完的亏损,则可用税后利润弥补。

(二)提取法定公积金

按抵减年初累计亏损后的本年净利润计提法定公积金。因此,提取公积金的基数,不一定是可供分配的利润,也不一定是本年的税后利润。只有当不存在年初累计亏损时,才能按本年税后利润计算应提取数。这种"补亏"是按账面数字进行的,与所得税法的亏损后转无关,关键在于不能用资本发放股利,也不能在没有累计盈余的情况下提取公积金。

(三)提取任意公积金

《公司法》第167条第3款规定:"公司从税后利润中提取法定公积金后,经股东会决议,可以提取任意公积金。"任意公积金的提取与否及提取比例由股东会根据公司发展的需要和盈余情况决定,法律对此不做强制规定。

(四)向股东分配股利

公司在按照上述程序弥补亏损、提取公积金之后,所余当年利润与以前年度的未分配利润共同构成可供分配的利润。公司可根据股利政策向股东分配股利。若公司弥补以前年度亏损、提取公积金后,当年没有可供分配的利润,则一般不得向股东分配股利。

若公司股东会或董事会违反了上述利润分配顺序,在抵补亏损和提取公积金之前向股东分配利润的,必须将违反规定发放的利润退还公司。

第二节 利润分配重点问题的理解与应用

一、股利理论

股利分配的核心问题是如何权衡公司股利支付决策与未来长期增长之间的关系,以实现企业价值最大化的财务管理目标。围绕着公司股利政策是否影响公司价值这一问题,主要有两类不同的股利理论:股利无关论和股利相关论。

(一)股利无关论

股利无关论认为,公司的股利政策对公司的市场价值(或股票价格)不会产生影响。这一理论是由美国的米勒和莫迪格里安尼于 1961 年在《股利政策增长和股票价值》一文中提出的 MM 理论所奠定,成为股利政策理论的基石。然而,该理论有一系列假设前提:(1)公司的投资政策已确定并且已经为投资者所理解;(2)不存在股票的发行和交易费用;(3)不存在个人或公司所得税;(4)不存在信息不对称;(5)经理与外部投资者之间不存在代理成本。

这些假设描述的是一种完美资本市场,因而股利无关论又被称为完全市场理论。其核心内容主要体现在以下两个方面:

1. 投资者并不关心公司股利的分配

若公司留存较多的利润用于再投资,会导致公司股票价格上升。此时,尽管股利较低,但需用现金的投资者可以出售股票换取现金。相反,若公司发放较多的股利,投资者则可以用现金再买入一些股票以扩大投资。这表明投资者对股利和资本利得并无偏好。

2. 股利的支付比率不影响公司的价值

既然投资者不关心股利的分配,那么公司的价值就完全由其投资政策及其获利能力决定。公司的盈余在股利和保留盈余之间的分配并不影响公司的价值,既不会使公司价值增加,也不会使公司价值减少(即使公司有理想的投资机会并支付高额的股利,也可以募集新股,新投资者会认可公司的投资机会)。

(二)股利相关论

股利无关论是在完美资本市场的一系列假设下提出的。然而,如果放宽这些假设条件,股利政策就会对公司价值(或股票价格)产生影响。

1. 税差理论

在 MM 的股利无关论中,假设不存在税收。但在现实条件下,现金股利税与资本利得税是存在的,并且会表现出差异性。当股利收益税率高于资本利得的税率时,投资者倾向于公司少支付股利,而将较多的收益留下来用作再投资,以期提高股票价格,从而把股利转化为资本所得。因此,公司应该支付较低的股利,将利润留在公司内部。

当股利与资本利得具有相同的税率时,股东在支付税金的时间上也存在差异。股利收益纳税是在收取股利时发生,而资本利得纳税是在股票出售时才发生。因此,继续持有股票来延迟资本利得的纳税时间,可以体现递延纳税的时间价值。

因此,企业的股利政策采取多留少分,有利于投资者减少缴纳的所得税,使投资者获得更多的投资收益,这就是股利政策的税收效应。

2. 客户效应理论

客户效应理论研究处于不同税收等级的投资者对待股利分配态度的差异。它认为投资者不仅仅对资本利得和股利收益有偏好,即使是投资者本身,因其所处不同等级的边际税率,对企业股利政策的偏好也是不同的。

收入高的投资者因其拥有较高的税率,表现出偏好低股利支付率的股票,希望少分或不分现金股利,以更多的留存收益进行再投资,从而提高所持有的股票价格。而收入低的投资者以及享有税收优惠的养老基金投资者,则偏好高股利支付率的股票,希望支付较高而且稳定的现金股利。

3. "一鸟在手"理论

由于企业在经营过程中存在着诸多的不确定因素,因此股东会认为现实的现金股利要比未来的资本利得更为可靠,他们会偏好于确定的股利收益。因此,资本利得好像林中之鸟,虽然看上去很多,但不一定抓得到;而现金股利则好像在手之鸟,是股东有把握按时、按量获得的现实收益。股东在对待股利分配政策态度上表现出来的这种态度偏好,即宁愿现在获得确定的股利收益,而不愿意将同等的资金放在未来价值不确定性投资上,被称为"双鸟在林,不如一鸟在手"。

4. 信号传递理论

信号传递理论认为,股利向市场传递企业信息可以表现为两个方面:一是股利增长的信号作用,即如果企业股利支付率增加,被认为是经理人员对企业发展前景做出良好预期的结果,表明企业未来业绩将大幅增长,并通过增加发放股利的方式向投资者传递了这一信息。此时,随着股利支付的增加,企业股票价格通常是上升的。二是股利减少的信号作用,即如果企业股利支付率下降,股东与投资者会认为这是企业经理人员对未来发展前景做出无法避免衰退预期的结果。显然,随着股利支付率下降,企业股票价格通常会下降。

在信号传递理论中,增发股利是否一定向股东与投资者传递了好消息,对这一点的认识是不同的。如果考虑处于成熟期的企业,其盈利能力相对稳定,此时,如果企业宣布增发股利,特别是发放高额股利,可能意味着该企业目前没有新的、前景很好的投资项目,预示着企业成长性趋缓甚至下降。此时,随着股利支付率提高,股票价格可能会下降;而如果企业宣布减少股利,则意味着企业需要通过增加留存收益为新增投资项目提供融资,预示着未来前景较好。因此,随着股利支付率的下降,企业股票价格可能会上升。

5. 代理理论

与股利政策有关的代理问题主要有以下三类:股东与经理之间的代理问题、股东与债权人之间的代理问题、控股股东与中小股东之间的代理问题。代理理论认为,公司分派现金股利可以有效地降低代理成本,提高公司价值。因此,在股利政策的选择上,应考虑如何降低代理成本。下面分别探讨这三类代理问题对公司股利政策的影响:

(1)股东与经理之间的代理问题。当企业拥有较多的自由现金流时,企业经理人员有可能把资金投资于低回报项目,或为了取得个人私利而追求额外津贴及在职消费等。因此,实施高股利支付率的股利政策,有利于降低股东与经理人员之间因代理问题而引发的代理成本。实施多分配少留存的股利政策,既可以抑制经理人员随意支配自由现金流的行为,也可以满足股东取得股利收益的愿望。

(2)股东与债权人之间的代理问题。企业股东在进行投资与筹资决策时,有可能为增加自身的财富而选择增加债权人风险的政策,如股东通过发行债务支付股利,或为发放股利而拒绝净现值为正的投资项目。在股东与债权人之间存在代理问题时,债权人为保护自身利益,希望企业采取低股利支付率政策,通过多留存少分配的股利政策以确保企业有较为充裕的现金以应对债务支付困难。因此,债权人在与企业签订借款合同时,习惯于制定制约企业发放股利的水平的约束性条款。

(3)控股股东与中小股东之间的代理问题。在公司股权比较集中的情况下,存在控股股东。控股股东利用其持股比例的优势控制公司的董事会和管理层,而中小股东在公司中的权利常常被忽视。当法律制度较为完善且外部投资者保护受到重视时,这有效地降低了大股东的代理成本,促使企业实施较为合理的股利分配政策;反之,当法律制度建设滞后且外部投资者受保护程度较低时,如果控股股东通过利益侵占取得控制权私利机会较多,会忽视基于所有权的正常股利收益分配,甚至因过多的利益侵占而缺乏可供分配的现金。因此,对于处于外部投资者保护程度较弱的中小股东,企业应采用多分配少留存的股利政策,以防控股股东的利益受到侵害。因此,有些企业为了向外部中小投资者展示自身盈利前景与企业质量良好的状况,则通过多分配少留存的股利政策向外界传递声誉信息。

知识链接

根据《公司法》第二百一十六条的规定,控股股东,是指其出资额占有限责任公司资本总额50%以上或者其持有的股份占股份有限公司股本总额50%以上的股东;出资额或者持有股份的比例虽然不足50%,但依其出资额或者持有的股份所享有的表决权已足以对股东会、股东大会的决议产生重大影响的股东。

二、股利分配政策

(一)股利分配政策的类型

公司在制定股利分配政策时,会受到多种因素的影响,并且不同的股利分配政策也会对公司的股票价格产生影响。因此,对于公司而言,制定合理的股利分配政策非常重要。股利分配政策的选择既要符合公司的经营状况和财务状况,又要符合股东的长远利益。在实务中,公司常用的股利分配政策主要有以下五种类型:剩余股利政策、固定股利政策、稳定增长股利政策、固定股利支付率政策、低正常股利加额外股利政策。

1. 剩余股利政策

剩余股利政策,是指当公司拥有良好的投资机会时,首先根据目标资本结构的要求将税后净利润用于满足投资所需的权益资本,然后将剩余的净利润再用于股利分配。剩余股利政策是一种投资优先的股利分配政策。

采取剩余股利政策的公司,由于其有良好的投资机会,投资者会对公司未来的获利能力有较好的预期,从而推动公司股票价格上升。此外,采用剩余股利政策可以保持理想的资本结构,使综合资本成本最低,有利于提高公司的价值。然而,这种股利政策往往导致股利支付不稳定,不符合希望取得稳定收入股东的利益。

采用剩余股利政策,应遵循以下几个步骤:

(1)根据选定的最佳投资方案,确定投资所需的资本总额。

(2)设定目标资本结构,即确定权益资本与债务资本的比率,在此资本结构下,加权平均资本成本达到最低水平。

(3)根据公司的目标资本结构,确定投资所需的权益资本数额。

(4)最大限度地使用税后利润来满足投资方案所需的权益资本数额。

(5)在投资方案所需权益资本已经满足后,若有剩余盈余,再将其作为股利发放给股东。

[实务题5-1] 资料:ABC公司20×2年利润将在20×3年分配股利。公司20×2年净利润600万元,20×3年年初讨论决定股利分配的数额。预计20×3年需要增加长期资本800万元。公司的目标资本结构是权益资本占60%,债务资本占40%(今年继续保持)。公司采用剩余股利政策。

要求:20×3年公司应分配多少股利?

[解析]

根据资料,可以进行以下计算:

利润留存=800×60%=480(万元)

股利分配=600-480=120(万元)

分析这类问题需要注意以下几点:

(1)财务限制。在股利分配中,财务限制主要是指资本结构限制。资本结构是长期有息负债(长期借款和公司债券)和所有者权益的比率。题目要求"保持目标资本结构",是指因为目前资本结构已是目标资本结构,所以补充长期资本800万元时,按目标比例筹集资金即可保持该结构,也就是留存480万元,另外的320万元通过长期有息负债筹集。

保持目标资本结构不是指保持全部资产的负债比率,无息负债和短期借款不可能也不需要保持某种固定比率。短期负债筹资是营运资本管理的问题,不是资本结构问题。保持目标资本结构,不是指一年中始终保持同样的资本结构。利润分配后,随着生产经营的进行会出现损益,导致所有者权益的变化,使资本结构发生变化。因此,符合目标资本结构是指利润分配后(特定时点)新增长期资本的资本结构符合既定目标,而不考虑后续经营造成的所有者权益变化。

(2)经济限制。出于经济上有利的原则,筹集资金要在确定目标结构的前提下,使用利润留存(如不足,增发股份)和长期借款补充资金。因此,800万元资金只能由利润留存补充480万元,借款部分补充320万元。公司不应当违背经济原则,把全部利润都分给股东,再按资本结构比率增发股份和借款。就本题而言,只能分配本年利润的剩余部分(即120万元)给股东。

执行剩余股利政策,意味着公司只将剩余的盈余用于发放股利。这样做是为了保持理想的资本结构,使加权平均资本成本最低。

2. 固定股利或稳定增长股利政策

固定股利或稳定增长股利政策是指企业将每年派发的股利固定在某一特定水平,或是在此基础上维持某一固定增长率,从而确保股利逐年稳定增长。

其中,固定股利政策是将每年发放的股利固定在某一相对稳定的水平上,并在较长的时期内保持不变。只有当公司认为未来盈余将出现显著的、不可逆转的增长时,才会提高股利发放额,如图5-1中的虚线所示。

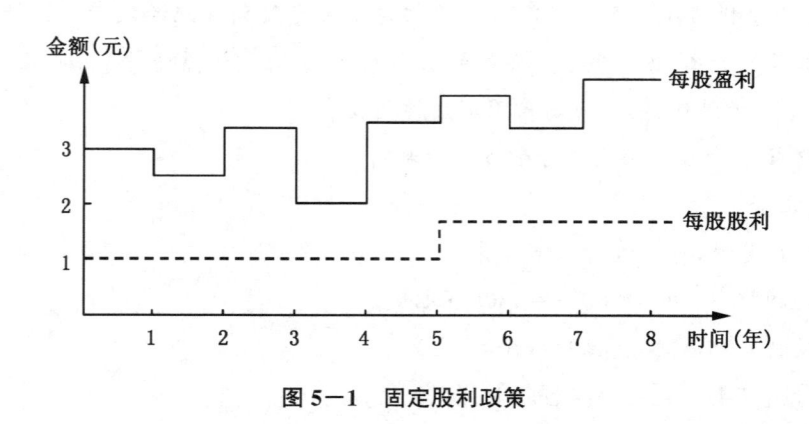

图5-1 固定股利政策

稳定增长股利政策是指每年发放的股利在上一年股利的基础上按固定增长率稳定增长,如图5-2虚线所示。

图 5—2　稳定增长股利政策

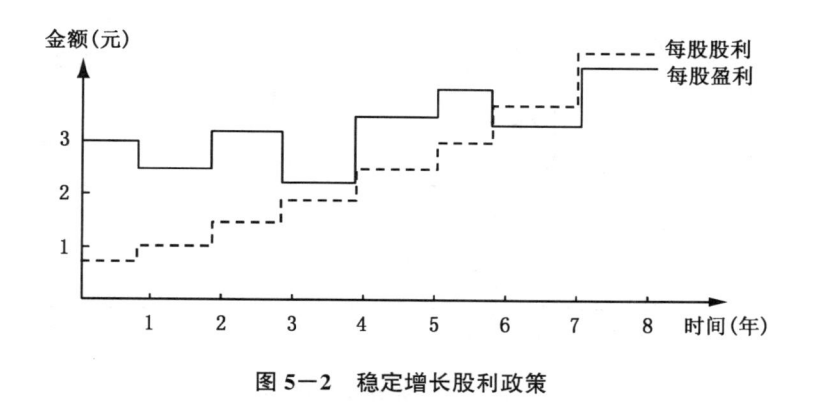

固定股利或稳定增长股利政策的理论依据是"一鸟在手"理论和股利信号理论。这些理论认为：

(1)固定或稳定增长的股利可以消除投资者内心的不确定性，因为它向市场传递了公司经营业绩正常或稳定增长的信息。这有利于树立公司的良好形象，增强投资者对公司的信心，从而使公司股票价格保持稳定或上升。

(2)固定或稳定增长的股利有利于投资者安排股利收入和支出，特别是对于那些对股利有着很高依赖性的股东而言。而股利忽高忽低的股票，则不会受到这些股东的欢迎，股票价格会因此而下降。

固定股利或稳定增长股利政策的缺点是股利的支付与盈余相脱节。当公司盈余较低时，仍要支付固定或稳定增长的股利，这可能导致资金短缺，财务状况恶化；同时，这种政策不能像剩余股利政策那样保持较低的资本成本。

固定股利或稳定增长股利政策适用于成熟的、盈利充分且获利能力比较稳定的、扩张需求减少的公司。从公司发展的生命周期考虑，处于稳定增长期的企业可采用稳定增长股利政策，而处于成熟期的企业可采用固定股利政策。

3. 固定股利支付率政策

固定股利支付率政策，是指公司确定一个股利占盈余的比率，并长期按此比率支付股利的政策。固定股利支付率政策是一种变动的股利政策，该政策下公司的股利支付与盈利状况密切相关：若盈利状况好，则每股股利增加；若盈利状况不好，则每股股利下降。股利随着公司的经营业绩"水涨船高"，如图 5—3 中的虚线所示。

固定股利支付率政策的优点在于它体现了风险投资与风险收益对等的原则，不会增加公司的财务压力。这种股利政策使得股利与公司盈余紧密结合，体现了多盈利多分配、少盈利少分配、不盈利不分配的原则。这有利于投资者了解公司真实的经营状况和财务状况，从而做出恰当的投资决策。然而，在这种政策下，各年的股利变动较

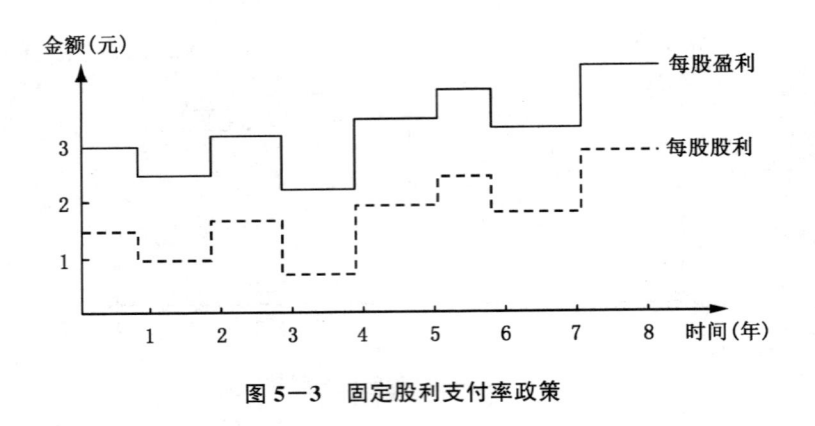

图 5-3　固定股利支付率政策

大,极易给投资者带来公司不稳定的感觉,对于稳定股票价格不利。

4. 低正常股利加额外股利政策

低正常股利加额外股利政策,是指公司一般情况下每年只支付一个固定的、数额较低的股利,而在盈利较多或不需要较多留存收益的年份,再根据实际情况向股东发放额外的股利。但额外股利并不是固定化,也不意味着公司永久地提高了规定的股利率,如图 5-4 中虚线所示。

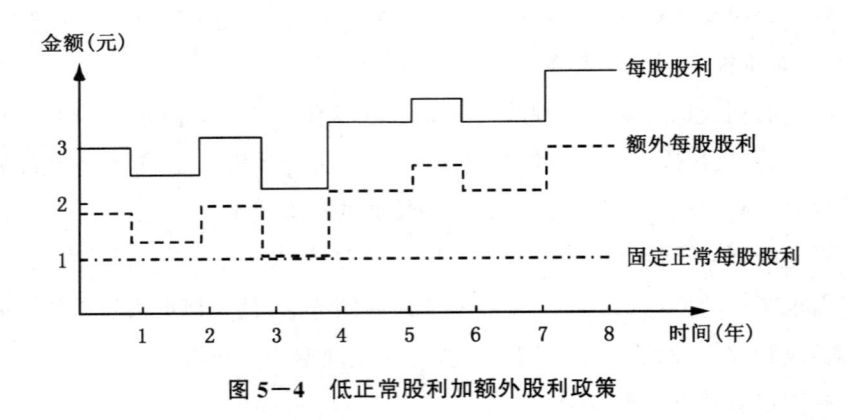

图 5-4　低正常股利加额外股利政策

低正常股利加额外股利政策使公司具有较大的灵活性。当公司盈利较少或投资需要较多资金时,可以维持设定较低的正常股利,这样股东不会有股利跌落感;当公司盈利较多且不需要较多投资资本时,则可以适度增发股利,促使股东增强对公司的信心。此外,这种政策还能确保股东每年至少可以得到虽然比较低但稳定的股利收入,从而吸引那些依靠股利生活的股东。

总体而言,以上各种股利政策各有所长,公司在分配股利时,应借鉴其基本决策思想,制定适合自身实际情况的股利政策。

(二)股利分配政策的影响因素

在实践中,公司的股利分配是在多种制约因素下进行的。在制定股利分配政策前,公司应充分考虑影响股利政策的主要因素,包括法律因素、股东因素、公司自身因素、其他因素等。

1. 法律因素

为了保护投资者的利益,有关法律对公司的股利分配进行了一定的限制。影响公司股利政策的法律因素主要有:

(1)资本保全约束

资本保全规定公司支付股利不能侵蚀公司的资本,不能用资本(包括股本和资本公积)发放股利,只能用当期利润或留存利润来分配股利。这样可以保全公司的资本,维护债权人利益。

(2)资本积累约束

股份公司在分配股利之前,应当按法定的程序先提取各种公积金。我国有关法律、法规明确规定,股份公司应按税后利润的10%提取法定盈余公积金,并且鼓励企业在分配普通股股利之前提取任意盈余公积金。只有当公积金累计数额达到注册资本的50%时,方可不再提取。

(3)超额累积利润约束

在公司以前年度的亏损没有全部弥补时,不能发放股利。按照我国法律、法规的规定,只有在以前年度亏损弥补完之后还有剩余利润的情况下,才能用于分配股利。

(4)偿债能力约束

该规定要求公司在分配股利时,必须保持充分的偿债能力。公司分配股利不能只看利润表上的净利润数额,还必须考虑公司的现金是否充足。如果因分配现金股利而影响了公司的偿债能力或正常的经营活动,那么股利分配就要受到限制。

知识链接

由于股东接受股利所缴纳的所得税高于其进行股票交易的资本利得税,因此许多国家规定公司不得超额累积利润。一旦公司的保留盈余超过法律认可的水平,将被加征额外税额。然而,我国法律对公司累积利润尚未做出限制性规定。

2. 股东因素

公司的股利分配方案必须经股东大会决议通过才能实施,因此股东对公司股利政策具有举足轻重的影响。一般来说,影响股利政策的股东因素主要有以下几个方面:

(1) 稳定收入

对于一些依赖于公司发放现金股利维持生活的股东,往往要求公司能够定期支付稳定的现金股利,反对公司留用过多的利润。

(2) 规避风险

一部分股东认为,公司通过增加留存收益来投资项目,促使股价上涨,从而取得资本利得是不确定的、有风险的;而当期发放的股利是确定的、无风险的。现时较少的股利比未来可能有的较多资本利得更实在。因此,他们往往要求企业支付较多的股利,从而减少风险。

(3) 担心控制权被稀释

公司支付较高的股利会导致留存盈余减少,这意味着将来发行新股的可能性加大。而发行新股必然会稀释公司的控制权,这是公司拥有控制权的股东们所不愿看到的局面。

(4) 规避所得税

由于股利收益的所得税高于股票交易的资本利得税,因此一些股利收入较多的股东出于避税的考虑,往往反对公司发放较多的股利。

3. 公司自身因素

公司自身因素的影响,是指公司内部的各种因素及其面临的各种环境、机会对其股利政策产生的影响。

(1) 盈利的稳定性

公司是否能获得长期稳定的盈利是其股利决策的重要基础。盈利相对稳定的公司相对于盈利不稳定的公司而言具有较高的股利支付能力,因为盈利稳定的公司对保持较高的股利支付率更有信心。同时,盈利稳定的公司面临的经营风险和财务风险较小,筹资能力较强,这些都是其股利支付能力的保证。

(2) 公司的流动性

较多地支付现金股利会减少公司的现金持有量,使公司的流动性降低。过多地分配现金股利会减少公司的现金持有量,影响未来的支付能力,甚至可能导致公司面临财务困难。

(3) 筹资能力

筹资能力是影响公司股利政策的一个重要因素。如果公司筹资能力较强,能够较容易地在资本市场上筹集到资本,就可以采取比较宽松的股利政策,适当地提高股利支付水平;如果筹资能力较弱,就应当采取比较紧缩的股利政策,少发放现金股利,增加留用利润。

(4) 投资机会

拥有良好投资机会的公司,需要有强大的资金支持,因此往往少发放股利,将大部分盈余用于投资;缺乏良好投资机会的公司,保留大量现金会造成资金的闲置,因此倾向于支付较高的股利。因此,处于成长中的公司多采取低股利政策,而处于经营收缩中的公司多采取高股利政策。

知识链接

公司的生命周期主要包括初创阶段、成长阶段、成熟阶段和衰退阶段四个时期。在不同的发展阶段,由于公司的经营状况和经营风险不同,对资本的需求情况有很大差异,这必然会影响公司股利政策的选择。

(5)资本成本

资本成本是企业选择筹资方式的基本依据。留存利润是企业内部筹资的一种重要方式,与发行新股或举债相比,具有资本成本低的优点。如果公司一方面大量发放现金股利,另一方面又要通过资本市场发行新股筹集资本,由于存在交易费用和所得税,这样会增加公司的综合资本成本,也会减少股东财富。因此,从资本成本角度考虑,如果公司有扩大资金的需求,就应当采取低股利政策。

4. 其他因素

影响股利政策的其他因素主要包括以下几种:不属于法规规范的债务契约、因通货膨胀带来的企业对重置实物资产的特殊考虑,以及政府对机构投资者的投资限制等。

(1)债务契约因素

一般来说,股利支付水平越高,留存收益越少,这可能会增加公司的破产风险,从而损害债权人的利益。因此,为保证自己的利益不受侵害,债权人通常会在债务契约、租赁合同中加入关于借款企业股利政策的限制条款。

(2)通货膨胀因素

通货膨胀会带来货币购买力水平下降,导致固定资产重置资金不足。此时,企业不得不考虑留用一定的利润,以弥补由于购买力下降而造成的固定资产重置资金缺口。因此,在通货膨胀时,企业一般会采取偏紧的股利分配政策。

(三)股利种类

股利的种类,即股份有限公司分派股利的形式,是股利政策内容的一部分。上市公司股利分配的形式有很多种,一般包括现金股利、股票股利、财产股利和负债股利等,我国主要使用现金股利和股票股利两种。

1. 现金股利

现金股利(Cash Dividend)，是指股份有限公司以现金的形式从公司净利润中分配给股东的投资报酬，也称"红利"或"股息"。现金股利是股份有限公司最常用的股利分配形式。采用现金股利形式的公司必须具备两个基本条件：一是要有足够的可供分配的利润，二是要有足够的现金。因此，公司在宣告发放现金股利前，必须做好财务上的安排，以便有充足的现金支付股利。在西方国家，许多公司按季度发放现金股利，一年发放四次；在我国，公司一般半年或一年发放一次现金股利。

对于公司而言，由于现金股利是从公司实现的净利润中支付给股东的投资报酬，支付现金股利一般会减少公司的留用利润，因此发放现金股利会减少所有者权益。对于股东而言，虽然可以收到股利，但股票价格会在除息日下跌，因此并不会增加股东财富总额。

发放现金股利后的除息价计算公式如下：

$$发放现金股利后的除息价 = 股权登记日收盘价 - 每股现金股利$$

知识链接

除权（除息）是指上市公司向股东派发现金股利或股票股利时，对股票价格进行的一种调整机制。在除息日购买公司股份的股东不享有股息分配。

2. 股票股利

股票股利(Stock Dividend)俗称送股，是指股份有限公司以股票的形式从公司净利润中分配给股东的股利。发放股票股利时，在账面上，一方面减少了未分配利润项目金额，另一方面增加了股本和资本公积等项目金额。

股份有限公司发放股票股利，需要经股东大会表决通过。根据股权登记日的股东持股比例，将可供分配利润转为股本，并按持股比例无偿地向各个股东分派股票，从而增加股东的持股数量。对于公司来说，分配股票股利不会增加其现金流出量，也不会导致公司资产的流出或负债的增加。同时，也并不会因此而增加公司的财产，只会引起所有者权益各项目的结构发生变化。当公司发放股票股利时，如果盈利总额与市盈率不变，那么由于普通股股数增加会引起每股收益和每股市价下降。一般来说，若不考虑股票市价的波动，发放股票股利后的股票价格，应当按发放的股票股利比例而成比例下降。因此，对于股东而言，股票数量的增加和股票价格的下降，最终对股东财富无影响。

在我国上市公司的股利分配实践中，股利支付方式可以是现金股利、股票股利或者是两种方式兼有的组合分配方式。部分上市公司在实施现金股利和股票股利的利

润分配方案时,有时也会同时实施从资本公积转增股本的方案。发放股票股利后的除权价计算公式如下:

$$发放股票股利后的除权价=\frac{股权登记日收盘价-每股现金股利}{1+送股率+转增率}$$

[**实务题5-2**] 资料:甲公司年终利润分配前的有关资料如表5-1所示,并决定每10股送1股。

表5-1　　　　　　　　　　甲公司利润分配相关资料

项目	金额
上年留存收益	1 000 万元
本年税后利润	2 000 万元
股本(50 万股,每股 1 元)	50 万元
资本公积	100 万元
所有者权益合计	3 150 万元
每股市价	40 元

要求:分析利润分配后所有者权益项目的变动。

[解析]

根据相关资料计算发放股票股利后各个项目的对比情况(如表5-2所示)。

表5-2　　　　　　　　　　甲公司股票股利发放前后对比表

项目	发放股票股利前	发放股票股利后
股本(50 万股,每股 1 元)	50 万元	55 万元
资本公积	100 万元	100 万元
留存收益	3 000 万元	2 995 万元
所有者权益合计	3 150 万元	3 150 万元
每股市价	40 元	36.36 元

公司发放10%的股票股利时,应配送的股份数额为5万股(50万股×10%)。在我国,上市公司是按照股票面值从未分配利润转入股本的,即减少了留存收益5万元(5万股×1元/股),同时增加股本5万元。这只是改变了所有者权益的内部结构,而不影响公司所有者权益总额。

假设不考虑股市的波动效应,股票价格同比例下降为每股36.36元(40÷1.1),即除权参考价。若你在公司发放股利前持有普通股1 000股,那么分配股利前,你所拥有的财富为40 000元;分配股利后,你拥有的财富仍然为40 000元[(1 000+1 000÷

10×1)×40÷1.1]。这表明,股票股利只会影响股东权益结构的变化,不会影响公司股东的财富。

由此可见,分配股票股利,一方面扩张了股本,另一方面起到了股票分割的作用。处于高速成长阶段的公司可以利用分配股票股利的方式扩张股本,以使股价保持在一个合理的水平,避免因股价过高而影响股票的流动性。

如果公司现金紧张或者需要大量的资本投资,那么考虑采用股票股利的形式。但应当注意的是,一直实行稳定股利政策的公司,因发放股票股利而扩张了股本,如果以后继续维持原有的现金股利水平,势必会增加未来年度的现金股利支付。在公司净利润的增长速度低于股本扩张速度时,公司的每股盈利就会下降,可能导致股价下跌。对于股东而言,虽然分派股票股利没有增加现金,但如果发放股票股利之后,公司依然维持原有的现金股利水平,股东可以在以后年度得到更多的现金股利收入。

[实务题5-3] 资料:继续使用表5—1的信息,甲公司决定:本年按规定比例15%提取盈余公积,按10%发放股票股利(即股东每持10股可得1股),并且按发放股票股利后的股数派发现金股利每股0.1元。

要求:假设股票每股市价与每股账面价值成正比例关系,计算本期提取的盈余公积和利润分配后的流通股数、资本公积、留存收益和除权价。

[解析]
(1)提取盈余公积=2 000×15%=300(万元)

(2)流通股数=50×(1+10%)=55(万股)

(3)股票股利=50×10%×1=5(万元)

股本余额=50+5=55(万元)

资本公积余额=100(万元)

(4)现金股利=50×(1+10%)×0.1=5.5(万元)

留存收益余额=1 000+2 000−5−5.5=2 989.5(万元)

(5)除权价=(40−0.1)/(1+0.1)=36.274(元)

由此可见,如果采用现金股利和股票股利结合的方式分配利润,那么分配后每股市价的理论值将进一步降低。

3.财产股利和负债股利

财产股利,是指股份公司以实物或有价证券的形式向股东发放的股利。财产股利主要分为证券股利和实物股利两种。证券股利是公司用所持有的其他公司发行的债券、股票等证券资产来向股东支付股利的一种特殊形式。实物股利是指公司以现金以外的实物资产支付股利,例如公司的实物产品等。

> **知识链接**
>
> 公司支付实物股利时，通常掩盖了产品的销售过程，这常被一些不法公司当作逃避流转税的一种手段。如果按照合法的操作规程支付实物股利，公司不能够逃避纳税责任。股东收到公司发放的实物股利时，一般会意识到公司经营状况欠佳。尽管实物股利不是他们所乐意接受的股利形式，但在公司经营状况不佳时，发放实物股利至少要比不发放要好。

负债股利是以负债方式支付的股利，通常以公司的应付票据支付给股东，有时也以发放公司债券的方式支付股利。这些应付票据或债券既是公司支付的股利，又确定了股东对上市公司享有的独立债权。

财产股利和负债股利实际上是现金股利的替代形式。这两种股利方式虽然没有被法律所禁止，但在我国公司实务中很少使用。

（四）股利支付程序

1. 决策程序

股份有限公司分配股利必须遵循法定的程序。首先，公司董事会根据公司盈利水平和股利政策，制定股利分配方案，并提交股东大会审议。方案通过后方能生效。然后，董事会依股利分配方案向股东宣布，并在规定的股利发放日以约定的支付方式派发。在经过上述决策程序之后，公司方可对外发布股利分配公告，并具体实施分配方案。

2. 分配信息披露

根据有关规定，股份有限公司利润分配方案、公积金转增股本方案须经股东大会批准，董事会应当在股东大会召开后 2 个月内完成股利派发或股份转增事项。在此期间，董事会必须对外发布股利分配公告，以确定分配的具体程序与时间安排。

股利分配公告一般在股权登记前 3 个工作日发布。如果公司股东较少，股票交易又不活跃，公告日可以与股利支付日在同一天。公告包括以下内容：（1）利润分配方案；（2）股利分配对象，即股权登记日当日登记在册的全体股东；（3）股利发放方法。我国上市公司的股利分配程序应当按登记的证券交易所的具体规定进行。

此外，为提高上市公司现金分红的透明度，《关于修改上市公司现金分红若干规定的决定》要求上市公司在年度报告、半年度报告中分别披露利润分配预案，在报告期实施的利润分配方案执行情况的基础上，还要求在年度报告、半年度报告以及季度报告中分别披露现金分红政策在本报告期的执行情况。同时，要求上市公司以列表方式明确披露前三年现金分红的数额与净利润的比率。如果本报告期内盈利但公司年度报告中未提出现金利润分配预案，应详细说明未分红的原因、未用于分红的资金留存公司的用途。

3. 分配程序

以深交所的规定为例，对于流通股份，其现金股利由上市公司于股权登记日前划入深交所账户，再由深交所于登记日后3个工作日划入各托管证券经营机构账户。托管证券经营机构于登记日后第5个工作日将股利划入股东资金账户。红股则于股权登记日后第3个工作日直接记入股东的证券账户，并自即日起开始上市交易。

4. 股利支付过程中的重要日期

(1) 股利宣告日

股利宣告日(Announcement Date)，即公司董事会将股东大会通过本年度利润分配方案的情况以及股利支付情况予以公告的日期。在宣布股利分配方案时，公告应明确股利分配的年度、对象、形式、现金股利金额或者股票股利的数量，并公布股权登记日、除息日和股利发放日等事项。

(2) 股权登记日

股权登记日(Record Date)，即有权领取本期股利的股东资格登记截止日期。凡在股权登记日这一天登记在册的股东(即在此日及之前持有或买入股票的股东)才有资格领取本期股利。而在这一天之后登记在册的股东，即使是在股利支付日之前买入股票，也无权领取本期分配的股利。在信息技术环境下，股权登记极其方便、快捷，一般在股权登记日交易结束的当天即可打印出股东名册。

(3) 除息日

除息日(Ex-dividend Date)也称除权日，是指从股价中除去股利的日期，即领取股利的权利与股票分开的日期。在除息日之前的股票价格中包含了本次股利，在除息日之后的股票价格中不再包含本次股利。因此，除息日在股票交易中具有重要意义，对股票的价格有重要影响。如前述，除息日股票价格因除权而相应下降。我国上市公司的除息日通常是在登记日的下一个交易日。

(4) 股利支付日

股利支付日(Payable Date)，是公司确定的向股东正式发放股利的日期。公司通过资金清算系统或其他方式将股利支付给股东。

[实务题5-4] 资料：乙公司20×1年度A股利润分配及资本公积金转增股本实施公告(节选)

(一) 通过分配、转增股本方案的股东大会届次和日期

乙公司20×1年利润分配及资本公积转增股本方案已经本公司于20×2年1月21日召开的20×2年第一次临时股东大会审议通过。股东大会决议公告已于20×2年1月22日登载在上海证券交易所及香港联合交易所有限公司网站，并同时刊登在

《中国证券报》《上海证券报》上。

（二）利润分配、转增股本方案

（1）发放年度：20×1年。

（2）发放范围及对象：截至20×2年2月15日15：00上海证券交易所收市后，在中国证券登记结算有限责任公司上海分公司（以下简称"中登公司上海分公司"）登记在册的本公司全体A股股东。

（3）利润分配及资本公积金转增股本方案：本次20×1年利润分配以20×1年12月31日的总股本30亿股为基数，向全体股东每10股派发股票股利10股，每10股派发现金红利人民币2.50元（含税），即每股派发股票股利1股并派发现金红利人民币0.25元（含税），共计派送股票股利30亿股，派发现金红利人民币7.5亿元（含税）；同时，以资本公积金向全体股东每10股转增10股，即每股转增1股，共转增30亿股。本次股票股利派发和资本公积金转增股本实施完成后，本公司总股本增加60亿股，总股本变更为90亿股。

（三）利润分配具体实施日期

A股股权登记日：20×2年2月15日

除权（除息）日：20×2年2月16日

现金红利发放日：20×2年2月16日

新增无限售条件流通股份上市日：20×2年2月17日

（四）分配对象

截至20×2年2月15日15：00上海证券交易所收市后，在中登公司上海分公司登记在册的本公司全体A股股东。

（五）分配、转增股本实施办法

1. 现金红利的派送方法

本公司股东M公司的现金红利由本公司直接派发。除M公司外，其他A股股东的现金红利，本公司委托中登公司上海分公司通过其资金清算系统，向股权登记日登记在册并在上海证券交易所各会员单位办理了指定交易的股东派发。已办理全面指定交易的投资者可于现金红利发放日在其指定的证券营业部领取现金红利，未办理指定交易的股东红利暂由中登公司上海分公司保管，待办理指定交易后再派发。

2. 股票股利及资本公积金转增股本的派发方法

本次所送（转）股份，将按照中登公司上海分公司的有关规定，由中登公司上海分公司通过计算机网络根据股权登记日下午上海证券交易所收市后登记在册的公司股东持股数直接记入公司股东账户。

要求：根据该公司20×1年度A股利润分配及资本公积金转增股本实施公告分

析其股利分配种类。

[解析]

根据该公司20×1年度A股利润分配及资本公积金转增股本实施公告详细资料可知，该公司股利分配包含现金股利和股票股利两种。

三、股权激励的期权定价

股份公司通常会通过股权激励的方式来激励和留住核心人才，通过附条件地给予员工部分股东权益，使其具有主人翁意识，从而与企业形成利益共同体，促进企业与员工的共同成长，从而帮助企业实现稳定发展的长期目标。股权激励，这种期权激励，从实质上也可以看作一次股利分配。

股利的现值是股票价值的一部分，但是只有股东可以享有该收益，期权持有人则不能享有。因此，在期权估值时，要从股价中扣除期权到期日前所派发的全部股利的现值。也就是说，把所有到期日前预期发放的未来股利视同已经发放，并将这些股利的现值从现行股票价格中扣除。此时，模型建立在调整后的股票价格而不是实际价格基础上。考虑派发股利的期权定价公式如下：

$$C_0 = S_0 e^{-\delta t}[N(d_1)] - X e^{-rt}[N(d_2)]$$

$$d_1 = \frac{\ln(S_0/X) + (r - \delta + \sigma^2/2)t}{\sigma \sqrt{t}}$$

$$d_2 = d_1 - \sigma \sqrt{t}$$

式中，δ表示标的股票的年股利报酬率，如果δ为零，则该模型与布莱克—斯科尔斯模型相同。除此之外，布莱克—斯科尔斯期权定价模型还有以下假设条件：

(1) 在期权寿命期内，买方期权标的股票不发放股利，也不作其他分配。
(2) 股票或期权的买卖没有交易成本。
(3) 短期的无风险报酬率是已知的，并且在期权寿命期内保持不变。
(4) 任何证券购买者都能以短期的无风险报酬率借得任何数量的资金。
(5) 允许卖空，卖空者将立即得到所卖空股票当天价格的资金。
(6) 看涨期权只能在到期日执行。
(7) 所有证券交易都是连续发生的，且股票价格随机游走。

布莱克—斯科尔斯模型的公式如下：

$$C_0 = S_0[N(d_1)] - X e^{-rt}[N(d_2)]$$

$$\text{或} = S_0[N(d_1)] - PV(X)[N(d_2)]$$

$$d_1 = \frac{\ln(S_0/X) + (r + \sigma^2/2)t}{\sigma \sqrt{t}}$$

$$d_2 = d_1 - \sigma\sqrt{t}$$

式中，C_0 表示看涨期权的当前价值；S_0 表示标的股票的当前价格；$N(d)$ 表示标准正态分布中离差小于 d 的概率；X 表示期权的执行价格；r 表示连续复利的年无风险报酬率；t 表示期权到期日前的时间（年）；e^{-rt} 表示连续复利现值系数；Xe^{-rt} 表示期权执行价格的连续复利现值，即 $PV(X)$；σ^2 表示连续复利的以年计的股票回报率的方差。

> **知识链接**
>
> 一般复利和连续复利的主要区别在于利息的计算和复利的时间间隔。一般复利是按照固定的时间间隔（如每年、每半年、每季度等）计算并累加利息，而连续复利则是假设利息无时无刻不在产生，并实时地累加到本金中。严格来说，在期权估值中使用的利率都应当是连续复利。如果 F 表示终值，P 表示现值，r 表示连续复利率，t 表示时间（年）。则 $F = P \times e^{rt}$，则 $r = \dfrac{\ln(F/P)}{t}$。

该公式的第一项是当前股价 S_0 和概率 $N(d_1)$ 的乘积。股价越高，第一项的数值越大，期权 C_0 价值越大。公式的第二项是执行价格的现值 Xe^{-rt} 和概率 $N(d_2)$ 的乘积。执行价格越高，第二项的数值越大，期权的价值 C_0 越小。

概率 $N(d_1)$ 和 $N(d_2)$ 可以大致看作看涨期权到期时处于实值状态的风险调整概率。当前股价和 $N(d_1)$ 的乘积是股价的期望现值，执行价格的现值与 $N(d_2)$ 的乘积是执行价格的期望现值。

在股价上升时，d_1 和 d_2 都会上升，$N(d_1)$ 和 $N(d_2)$ 也都会上升，股票价格越是高出执行价格，期权越有可能被执行。当 $N(d_1)$ 和 $N(d_2)$ 接近 1 时，期权肯定被执行，此时期权价值等于 $S_0 - Xe^{-rt}$。

> **知识链接**
>
> 期权价值是由内在价值和时间溢价两部分构成。实值期权：当执行期权能给持有人带来正回报时，该期权称为实值期权。虚值期权：当执行期权能给持有人带来负回报时，该期权称为虚值期权。平价期权：当资产的现行市价等于执行价格时，该期权称为平价期权。

[实务题5-5] 假设 ABC 公司的股票当前市场价格为 50 元。有 1 股以该股票为标的资产的看涨期权，执行价格为 52.08 元，期权到期日前的时间为 0.5 年。每年复利一次的无风险报酬率为 4%，连续复利的标准差 σ 为 0.406 8。

要求：应用布莱克—斯科尔斯期权定价模型计算该公司股票的期权价格。

[解析]

每年复利一次的无风险报酬率为4%，则连续复利的无风险报酬率 $r=\ln(1.04)=3.9221\%$

$\sigma^2=0.1655$

$d_1=\dfrac{\ln(50/52.08)+(0.39221+0.1655/2)\times 0.5}{0.4068\times\sqrt{0.5}}=0.07$

$d_2=0.07-0.4068\times\sqrt{0.5}=-0.217$

查标准正态分布表可得：

$[N(d_1)]=N(0.07)=0.5280$

$[N(d_2)]=N(-0.217)=1-N(0.217)=0.4140$

$C_0=50\times 0.5280-52.08\times e^{-3.9221\%\times 0.5}\times 0.4140=5.26$（元）

四、股票分割

(一)股票分割的概念

股票分割(Stock Split)是指将面额较高的股票交换成面额较低的股票的行为。例如，将原来的一股股票交换成两股股票。股票分割不属于股利分配的一种方式，但其产生的效果与发放股票股利相似。

股票分割时，流通在外的股数增加，而每股面额下降。如果盈利总额和市盈率保持不变，则每股收益和每股市价下降，但公司价值不变，股东权益总额以及股东权益内部各项目相互间的比例也不会改变。这与发放股票股利时的情况既有相似处，但也存在明显的区别。

[实务题5-6] 资料：ABC公司原发行面额2元的普通股200 000股，若按1股换成2股的比例进行股票分割，分割前、后的股东权益如表5-3、表5-4所示。

表5-3　　　　　　　　　　　股票分割前的股东权益　　　　　　　　　　单位：元

项目	金额
普通股（面额2元，已发行200 000股）	400 000
资本公积	800 000
未分配利润	4 000 000
股东权益合计	5 200 000

表 5—4　　　　　　　　　　　股票分割后的股东权益

项目	金额
普通股(面额 1 元,已发行 400 000 股)	400 000
资本公积	800 000
未分配利润	4 000 000
股东权益合计	5 200 000

要求:假定该公司本年净利润为 440 000 元,计算该公司分割前、后的每股收益。

[解析]

股票分割前的每股收益为 2.2 元(440 000÷200 000),分割后的每股收益为 1.1 元(440 000÷400 000)。

股票分割后,如果市盈率不变,每股市价也会因此而下降。

知识链接

从实践效果看,由于股票分割与股票股利非常接近,因此一般要根据证券管理部门的具体规定对两者加以区分。例如,有的国家证券交易机构规定,发放 25% 以上的股票股利即属于股票分割。

尽管股票分割与发放股票股利都能达到降低公司股价的目的,但一般来说,只有在公司股价暴涨且预期难以下降时,才采用股票分割的办法降低股价;而在公司股价上涨幅度不大时,往往通过发放股票股利将股价维持在理想的范围之内。

相反地,若公司认为自己股票的价格过低,为了提高股价,会采取反分割(也称股票合并)的措施。反分割是股票分割的相反行为,即将数股面额较低的股票合并为一股面额较高的股票。

[实务题 5-7]　若[实务题 5-6]原面额 2 元、发行 200 000 股、市价 10 元的股票,按 2 股换成 1 股的比例进行反分割。

要求:该公司反分割后股票面额及股数将如何变化? 它会给市价带来什么影响?

[解析]

该公司的股票面额将变为 4 元,股数将变为 100 000 股,市价也将上升。

(二)股票分割的意义

1.降低股价

有些公司的股票价格过高,一些中小投资者由于资金量的限制不愿意购买高价股票,这样会使高价股的流动性受到影响。股票分割可以增加公司股票数量,降低每股市价，使股价保持在合理的水平上，从而避免因股价过高而丧失投资者。

2.传递积极信息

与分配股利一样，股票分割也可以向投资者传递公司未来经营业绩变化的信息。股票分割往往是成长中公司采取的股利决策，因此宣布股票分割后容易给人一种"公司正处于发展之中"的印象，向投资者传递积极的信息，这种积极信息会在短时间内引起股票价格上涨。

五、股票回购

(一)股票回购的概念

股票回购(Stock Repurchase)，是指股份公司出资购回本公司发行在外的股票，随后将其注销或者作为库藏股的行为。公司以多余现金购回股东所持有的股份，使流通在外的股份数量减少，导致每股股利增加，从而会使股价上升，股东因此能获得资本利得，这相当于公司向股东支付现金股利。因此，股票回购被看作一种现金股利的替代方式。

然而，两者也存在一定的差异。通常情况下，资本利得税低于股利所得税，因此公司回购股票可以为股东规避部分税负，从而为股东带来税收利益。值得注意的是，现金股利是公司对股东一种长期稳定的回报方式，而股票回购不能经常采用，只在公司拥有大量闲置现金的情况下才能偶尔为之。

[**实务题5-8**] 某公司普通股的每股收益、每股市价等资料如表5-5所示。

表5-5　　　　　　　　　　　某公司普通股资料

净利润	7 500 000元
流通股数	1 000 000股
每股收益(7 500 000÷1 000 000)	7.5元/股
市盈率	8
预计分红后每股市价	60元

要求：

(1)假设该公司拿出4 000 000元用于发放现金股利，计算每股价值。

(2)假设该公司用4 000 000元以每股64元价格回购股票，计算每股价值。

[解析]

(1)每股股利＝4 000 000÷1 000 000＝4(元/股)

普通股股东将有每股价值60元的股票和每股4元的现金股利，即每股价值合计

64 元。

(2) 回购股数＝4 000 000÷64＝62 500(股)

每股收益＝7 500 000÷(1 000 000－62 500)＝8(元/股)

如果市盈率仍为 8,股票回购后的每股市价将为 64 元(8×8)。这与支付现金股利后的每股市价相同。

由此可见,公司不论采用支付现金股利还是股票回购的方式,对股东而言都是等效的。

(二)股票回购的意义

股票回购与发放现金股利具有不同的意义。

(1)对股东而言,股票回购后股东获得的资本利得需缴纳资本利得税,而发放现金股利后股东则需缴纳股利收益税。在资本利得税率低于股利收益税率的情况下,股东能在纳税上获得一定的优惠。然而,上述分析是建立在各种假设之上的,例如假设股票以每股 64 元的价格回购、7 500 000 元的净利润不受回购影响、回购后市盈率仍为 8 等。实际上,这些因素很可能因股票回购而发生变化,因此其结果是否对股东有利难以预料。也就是说,股票回购对股东利益的影响具有不确定性。

(2)对公司而言,股票回购有利于增加公司价值。

第一,公司进行股票回购的目的之一是向市场传递股价被低估的信号。股票回购具有与股票发行相反的作用。股票回购的市场反应通常是提升股价。

第二,当公司可支配的现金流明显超过投资项目所需的现金流时,可以利用自由现金流进行股票回购,从而提高每股收益。股票回购减少了公司的自由现金流,有助于降低管理层代理成本。管理层通过股票回购,试图使投资者相信公司的股票具有投资吸引力,且公司没有把股东的钱浪费在收益不好的投资上。

第三,避免股利波动带来的负面影响。当公司剩余现金流是暂时的或不稳定的,没有把握能够长期维持高股利政策时,可以在维持一个相对稳定的股利的基础上,通过股票回购回馈股东。

第四,发挥财务杠杆的作用。如果公司认为资本结构中权益资本的比例较高,可以通过股票回购提高负债率,从而改变公司的资本结构,并有助于降低加权平均资本成本。虽然发放现金股利也可以减少股东权益、增加财务杠杆,但在收益相同的情形下,两者的每股收益不同。特别是当公司通过发行债券融资回购本公司的股票时,可以快速提高负债率。

第五,通过股票回购,公司可以减少外部流通股的数量,提高股票价格,这在一定程度上降低了公司被收购的风险。

第六，调节所有权结构。公司拥有回购的股票（库藏股），可以用来交换被收购或被兼并公司的股票，也可用来满足认股权证持有人认购公司股票或可转换债券持有人转换公司普通股的需要，还可以在执行管理层与员工股票期权时使用，从而避免发行新股导致的稀释收益。

知识链接

我国公司法规定，公司只有在以下四种情形下才能回购本公司的股份：（1）减少公司注册资本；（2）与持有本公司股份的其他公司合并；（3）将股份奖励给本公司职工；（4）股东因对股东大会作出的合并、分立决议持异议，要求公司收购其股份。

公司因第一种情况收购本公司股份的，应当在收购之日起10日内注销这些股份；属于第二、第四种情况的，应当在6个月内转让或者注销股份。公司因奖励职工回购股份的，其数额不得超过本公司已发行股份总额的5%；用于回购的资金应当从公司的税后利润中支出；所收购的股份应当在1年内转让给职工。由此可见，我国法规并不允许公司拥有西方实务中常见的库藏股。

（三）股票回购的方式

股票回购的方式按照不同的分类标准主要有以下几种：

1. 场内公开收购和场外协议收购

按照股票回购的地点不同，可以分为场内公开收购和场外协议收购两种。场内公开收购是指公司把自己等同于任何潜在的投资者，委托证券公司按照公司股票当前市场价格回购。场外协议收购是指公司与某一类或某几类投资者直接见面，通过协商回购股票。协商的内容包括价格与数量，以及执行时间等。很显然，这种方式的缺点是透明度比较低。

2. 随机回购、向全体股东招标回购和向个别股东协商回购

按照股票回购的对象不同，可以分为在资本市场上随机回购、向全体股东招标回购以及向个别股东协商回购。

在资本市场上随机回购的方式最为普遍，但往往受到监管机构的严格监控。在向全体股东招标回购时，回购价格通常高于当时的股票价格，且具体的回购工作一般要委托金融中介机构进行，成本费用较高。向个别股东协商回购由于不是面向全体股东，因此必须确保回购价格的公正合理性，以免损害其他股东的利益。

3. 举债回购、现金回购和混合回购

按照回购资金筹资方式不同，可分为举债回购、现金回购和混合回购。

举债回购是指企业通过银行等金融机构借款来回购本公司的股份。其目的是防

御其他公司的恶意兼并与收购。现金回购是指企业利用剩余资金回购本公司的股票。如果企业既动用剩余资金,又向银行等金融机构举债来回购本公司股票,则称为混合回购。

4.固定价格要约回购和荷兰式拍卖回购

按照回购价格的确定方式不同,可以分为固定价格要约回购和荷兰式拍卖回购。

固定价格要约回购是指企业在特定时间发出的以某一高出股票当前市场价格的价格水平,回购既定数量股票的回购报价。它的优点是赋予所有股东向公司出售其所持有股票的均等机会,而且通常情况下公司享有在回购数量不足时取消回购计划或延长要约有效期的权利。

荷兰式拍卖回购首次出现于1981年Todd造船公司的股票回购中。此种方式的股票回购在回购价格确定方面给予公司更大的灵活性。在荷兰式拍卖股票回购中,公司首先指定回购价格的范围(通常较宽)和计划回购的股票数量(可以上下限的形式表示);其次股东投标,说明愿意以某一特定价格水平(股东在公司指定的回购价格范围内任选)出售股票的数量;最后,公司汇总所有股东提交的价格和数量,确定此次股票回购的"价格—数量曲线",并根据实际回购数量确定最终的回购价格。

第三节 本章课程思政案例及延伸阅读

为扩展本章内容的理解,本章课程思政案例基于收入分配体系,从国有企业利润全民共享[①]的视角展开,并结合利润分配的其他相关政策进行延伸。

一、本章课程思政案例

(一)案例主题与思政意义

[案例主题]

从初次分配、再分配与第三次分配三个方面,我们可以理解国有企业在扎实推进共同富裕过程中所彰显的社会主义本质属性及核心功能。党的二十大报告强调,中国式现代化是全体人民共同富裕的现代化。自新中国成立以来,国有企业就为实现全民共同富裕的目标而不断努力,其利润也主要用于服务国家和人民利益。让全

---

① 江剑平.利润全民共享:国有企业扎实推进共同富裕的逻辑与路径[J].当代经济研究,2023(10):38—55.

体人民更多更公平地共享国有企业改革发展成果,是国有企业推进共同富裕的关键路径,而持续满足人民群众日益增长的共同需要,则是国有企业利润全民共享的实践指向。

[思政意义]

深刻认识利润分配对社会和谐发展的重要影响,这体现了"社会主义核心价值观"中的平等、公正、法治、和谐等价值观念。企业通过向投资者分配利润作为投资回报,同时在国有企业"标杆"的引领下,共同促进国家经济的进一步发展,以实现共同富裕。

(二)案例描述与分析

[案例描述]

经过长期改革发展,国有企业从小到大、从弱到强。1952 年至 2021 年,全国国有企业(不含金融企业)的资产总额、主营业务收入分别从 470.7 亿元、392.1 亿元提高至 308.3 万亿元、75.6 万亿元。

[案例分析]

下面将基于利润全民共享视角,围绕生产力与生产关系两个维度来分析国有企业扎实推进共同富裕的重要贡献。

1. 国有企业为扎实推进共同富裕提供了坚实的物质基础

首先,国有企业为我国建立独立完整的现代化工业体系做出了卓越贡献。共同富裕的实现需要建立在物质生产力高度发达的基础上,而国有企业在解放和发展生产力方面发挥了重要作用。新中国成立以来,为改变生产力水平极端落后的不利局面,尽快建立现代化工业体系,提高国家综合实力,我国实施了重工业优先发展战略,而国有企业承担了这一战略的实施任务。

其次,国有企业为促进我国经济腾飞而建设了大量基础设施。基础设施供给不足是制约一国经济增长的重要瓶颈。基础设施投资具有规模大、周期长、价值转移慢、回报率低、经济正外部性强等特征。改革开放以来,我国国有企业在基础设施建设方面贡献突出,建成了全球规模最大的高速铁路网、高速公路网、电力网、水利网、信息网等,这对促进我国经济长期快速增长、人民生活水平持续提高、城乡区域均衡发展、综合国力持续提升等起到了不可替代的作用。

再次,国有企业为促进我国生产力飞跃发展而积极投资于国家重大科技创新领域。由于重大科技创新具有投资周期长、投资金额大、投资风险高、正外部性强等特征,更多注重边际创新的民营企业较少投资这一领域。而我国之所以能在载人航天、高速动车、核电、电力、深海探测等领域的技术水平位于世界前列,这与国有企业在这些领域的长期积累和投资是密切相关的。

最后，国有企业经营效益的持续提升为扎实推进共同富裕提供了重要支撑。第一，国有企业在国民经济中占据重要地位。1998 年至 2021 年，国有企业资产总额（不含金融企业）年均增速达到 14.3%。第二，国有企业经营绩效与私营企业、外资企业相差不大。经过一系列改革后的国有企业，其发展效益持续提升，盈利面从 1998 年的 31.3% 稳步提高至 2021 年的 62.5%，增加了近一倍。此外，有学者研究得出，国有企业的利润率被低估了。例如，若将居民住房费用支出及学校和医院费用开支平均分摊，非国有企业成本将上升 20%。

2. 国有企业在提高劳动者劳动报酬方面发挥了示范作用

国有企业在实践中切实贯彻了按劳分配原则，劳动者与国有企业之间实现了等量劳动交换。劳动者不仅能获得劳动力价值，还能共享国有企业利润，而私营企业主要是按劳动力价值分配，其劳动报酬水平相对较低。国有企业通过"工资标杆"作用形成市场标准，带动非公有制企业提高劳动者报酬，使其达到富有竞争力的市场水平。非公有制企业效益提高，则劳动者报酬也会提高，从而吸引更多劳动者加入。公有制经济也会感受到来自劳动力市场的压力，进而进一步提高劳动生产率，最终形成普遍的共享发展氛围。

3. 国有企业在增强国家再分配能力方面发挥了重要支撑作用

第一，国有企业上缴国有资本收益充实国家财政。截至 2021 年年底，国有企业上缴的国有资本收益从 2006 年的 116 亿元增长至 2021 年的 5 170.43 亿元，这对于增强国家再分配能力发挥了重要支撑作用。第二，国家将上缴的国有资本收益调入公共财政统筹使用。2010 年至 2021 年，调入公共财政的转移性支出从 10 亿元提高至 2 472.84 亿元，占上缴国有资本收益的比重从 1.79% 提高至 47.83%，超额完成了党的十八届三中全会提出的目标。第三，国家将上缴的国有资本收益或国有股充实社保基金。一方面，将上缴的国有资本收益充实社保基金。另一方面，根据 2009 年出台的《境内证券市场转持部分国有股充实全国社会保障基金实施办法》及 2017 年国务院印发的《划转部分国有资本充实社保基金实施方案》，国有企业分别减转持国有股、划转国有资本至社保基金，加强了国有企业承担社会保障责任的力度。

4. 国有企业在积极承担社会责任方面发挥了表率作用

社会责任是国有企业公共性的重要体现之一，也是第三次分配的重要内容。社会责任不计较经济回报，需要企业自行承担相关支出。国有企业在积极承担经济责任的同时，也承担了大量社会责任。例如，在应对全球经济波动、抗击疫情等重大灾害面前，国有企业勇挑重担、冲锋在前，充分发挥了"压舱石""稳定器"的作用。从某种程度上说，企业承担的社会责任是体现"发展成果全民共享"的重要指标之一。总体来看，国有企业、民营企业和外资企业的社会责任发展指数均呈上升趋势，但国有企业在积极承担社会责任方面明显领先于民营企业和外资企业。

（三）案例讨论与升华

[案例讨论]

国有企业推进共同富裕的关键机制是什么？上市公司应该如何为投资者分享经济增长的成果？

[案例升华]

企业利润的分配，关系到人民的福祉和国家的进步。社会主义国家的国有企业，其本质属性是"全民所有、全民共享"。国有企业不仅要承担经济责任，还要全面履行社会责任和政治责任，利润全民共享是国有企业扎实推进共同富裕的关键机制。首先，国有企业在初次分配中坚持按劳分配，强调公平性，保障员工的基本权益，这正是对党的二十大报告中提出的"坚持以人民为中心的发展思想"的直接体现和具体实践。其次，国有企业通过积极上缴国有资本收益并统筹使用，加强了国有企业承担社会保障责任的力度。最后，国有企业在抗击疫情等重大自然灾害中承担社会责任，发挥了表率作用，有力的引导有意愿、有能力的企业、社会组织和个人积极参与公益慈善事业。

随着上市公司的成长和发展，在国家政策、法规指引下，上市公司通过现金分红等股利分配方式，给予投资者合理的投资回报，履行了上市公司应尽的责任和义务，让投资者共享经济发展的成果。

二、本章延伸阅读

延伸阅读1　员工持股计划与企业持续创新——基于人力资本结构升级视角[①]

（一）引言

在高度不确定的经营环境下，持续创新被视为企业建立动态竞争优势的关键所在。相较于短暂的创新与突破，持续创新是一个重复创建或重塑创新能力以实现可持续创新绩效的过程，需要高素质人力资本的持续投入。然而，当前我国面临着对高素质人才激励不足以及高技能人才短缺所导致的技能错配问题，这构成了技术人才供给的主要挑战。因此，2014年中国证监会发布了《关于上市公司实施员工持股计划试点的指导意见》（以下简称《指导意见》），为解决上述问题提供了一种可能的途径。员工持股计划是以股权作为纽带，旨在引导上市公司构建资本所有者和劳动者的利益共同体，促进企业人力资本结构提升，优化创新资源的配置，从而对企业持续创新产生重要影响。

---

① 曹玉珊，陈哲.员工持股计划与企业持续创新——基于人力资本结构升级视角[J].管理决策，2024，639(3)：179－183.

(二)理论分析

企业实施员工持股计划,不仅可以改善员工待遇产生激励效应,从存量和增量上促进企业人力资本结构升级,提高企业持续创新水平,而且对未被激励的员工产生挤出效应,优化人力资本结构,调整创新资源配置,从而促进持续创新。

1. 激励理论视角

基于激励理论,员工持股计划可以促进人才集聚,带来企业存量人力资本结构升级,进而促进持续创新。《指导意见》明确将科研人员、业务骨干等高层次人才作为激励对象,使他们在企业的未来发展中受益,因而从主观上促使他们增加对人力资本的投入。同时,员工持股计划的实施有助于缩小高管与非高管高层次人才之间的薪酬差距,缓解企业的激励错配问题,增强员工对企业的认同感与归属感,实现高层次员工个人利益与企业战略趋同,从存量上维系较高的人力资本结构水平。这些高层次人才所具备的技能正是企业持续创新的直接动力,有助于推进企业创新活动的持续进行。此外,员工持股计划的实施会向资本市场释放利好消息,引起积极的市场反应,进而促进增量人力资本结构升级。从创新角度来看,企业的持续创新是风险高、周期长的过程,需要持续投入新的创新要素。而企业实施员工持股计划所吸引的高层次人才能为企业的持续创新活动提供人力与技术支持,是企业持续提高创新水平的有效保障。

2. 公平理论视角

基于公平理论,员工持股计划将挤出部分低技能劳动人才以优化人力资本结构,进而提高企业的持续创新能力。在实施员工持股计划过程中,企业往往面临着内部资源的重新配置、劳动力和组织结构的重组等问题。受激励的员工与未被激励的员工所产生的较大薪酬差距会增加后者的不公平感,而他们往往将其较低的薪酬水平归因于高层次人力资本的剥削或侵占。在这种情况下,未受激励的普通员工可能以"敲竹杠"行为消极应对,甚至被挤出,促使企业人力资本结构升级。作为一项知识密集型活动,持续创新虽然离不开团队合作,但高水平人力资本结构才是企业持续创新的源泉和关键力量。被挤出的低层次人力资本所节约的成本和资源投入能缓解企业持续创新投入时所面临的资源约束,助力企业持续创新。

(三)研究结论

文章运用渐进双重差分法实证检验员工持股计划对企业持续创新的影响及其作用机理。研究结果证实了员工持股计划与企业持续创新的因果关系。机制检验发现,人力资本结构升级是关键作用机制,包括人力资本技能结构升级和人力资本教育结构升级两条影响路径。在检验不同员工持股计划特征对企业持续创新的异质性影响后发现,员工薪酬及自筹资金的筹资方式、员工认购比例的提升,以及锁定周期和存续周期的延长能促进企业持续创新。此外,异质性分析结果表明,上述创新效应在市场化程度更高的企业和非国有企业中表现更为显著。

延伸阅读 2　非上市公司虚拟股票激励方案应用前景探讨[①]

股权激励作为公司内部薪酬激励机制的创新,是经实践证明行之有效的薪酬激励模式,可以有效缓解员工与公司间的利益冲突。然而,目前实施股权激励的公司绝大多数为上市公司,而实务界和学术界对非上市公司的股权激励方案关注明显不足。

(一)非上市类公司实施虚拟股票激励的必要性

广大的中小型民营企业或者传统的家族式民营企业是保持经济稳定发展的重要推动力,也是吸收和稳定就业人口的重要基地。非上市类民营企业在经营管理模式上大多采用实际控制人、创始人独立经营或者家长式的管理方式。这种相对独裁的管理模式在公司创立的初始阶段,在提高经营效率、控制经营风险和选择公司经营战略等方面起到了非常重要的作用。然而,随着公司的不断发展,公司内部治理、员工激励等方面就会面临诸多制约。目前,大多数非上市类民营企业的薪酬结构均采用基本工资加年底奖金或一定业绩报酬的传统方式,这种方式无法实现将员工的业绩报酬和公司的长期发展直接挂钩。

(二)虚拟股票激励方案的要点

1. 虚拟股票的授予标准和范围

虚拟股票的授予范围包括公司高级管理人员、研发和销售业务骨干以及对公司有卓越贡献的新老员工等,一般参考如下标准确定:(1)在公司的发展中做出过突出贡献的人员;(2)公司未来发展亟需的人员;(3)年度工作表现突出的人员。

虚拟股票的授予由公司根据上述标准,在可选范围内提出具体人员名单,并报经董事会批准。进入公司的新员工,在工作满一年且转正后,若符合激励对象资格要求,公司可调整当年股权激励计划,经董事会批准后将其作为当年度的激励对象。原则上,员工需在公司工作满一个自然年度(自入职到该方案每年的实施时间)后方可享受该方案。同时,每个考核年度,公司管理层有权根据激励对象的岗位职级、岗位价值以及上一年度业绩表现等综合情况重新审定激励对象。

2. 虚拟股票授予方式和数量的确定

公司一般以现有的注册资本作为基准股数,依据激励对象的工作能力,即岗位职责和工作业绩等因素,作为最重要的初始分配系数。激励对象通过获赠的方式取得虚

[①]　薛伟.非上市公司虚拟股票激励方案应用前景探讨[J].中国注册会计师,2023(3):62−66.

拟股票。

虚拟股票的初始授予数量＝基准股数×初始分配系数

虚拟股票的最终授予数量＝虚拟股票的初始授予数量×公司整体考核系数×个人绩效考核系数

若公司员工流动性较大，且公司是第一次实施虚拟股票激励计划，则公司对虚拟股票的数量总数不做限制。典型的虚拟股票方案的初始分配系数主要是综合考虑员工的工作职责和岗位（见表5－6）、员工在公司的工作时间和学历等因素（见表5－7）。最终分配系数计算方法为：首先按照上述业绩考核核心指标对员工打分，然后计算所有拟激励对象的总得分，具体计算方式为：

各员工分配系数＝核心指标打分/所有拟激励对象指标总分

表5－6　　　　　　　　　　　工作职责岗位分配系数打分

岗位类型	人员	业绩考核核心指标（每项满分1分）	系数权重比例
高层管理人员	各部门总监	财务：收入、毛利率、净利润增长率	40%
		客户：客户满意度、客户数量增长率	40%
		团队：团队流动率、核心员工增长率	20%
核心研发团队	研发人员	承担研发项目数量	20%
		研发进度的及时性	30%
		研发项目的质量	50%
销售团队	销售经理	销售收入的增长	40%
		项目毛利率（按照标准成本）的增长	30%
		年度回款率占收入比例	30%
支持团队	采购、人事和财务部门的中层经理	工作差错率	30%
		其他部门的满意度	30%
		成本/收入控制比率	40%

表5－7　　　　　　　　　　　本公司工龄和学历分配系数

本公司工龄	工龄系数	学历	学历系数
5年以上（含）	1.4	博士研究生	1.4
3年（含）～5年	1.2	硕士研究生	1.2
1年（含）～3年	1.0	本科	1.0
1年以下	0	本科以下	0.8

虚拟股票激励期限一般为未来三年，每年年终，根据公司整体业绩考核以及个人

业绩考核结果，调整拟激励对象的股票最终授予数量。公司整体业绩的考核分别设置了净利润和营业收入两个考核指标，其中，净利润指标是考核的基础，并根据不同的年度收入增长率对应不同的公司层面考核系数（见表5—8）。将个人的业绩考核与激励期间内每年业绩考核相结合，个人绩效在考核期间，根据激励对象考评得分并结合综合评价结果确定绩效等级（A、B、C、D 四个等级），详见表5—9。

表5—8　　　　　　　　　　　公司层面考核系数

考核期间	公司业绩指标	收入增长率对应系数
20×0年度	净利润≥30万元	收入增长率≤10%，系数0； 10%＜收入增长率≤20%，系数0.5； 20%＜收入增长率≤30%，系数0.7； 30%＜收入增长率≤40%，系数1.0； 40%＜收入增长率，系数1.4
	年度营业收入以1 500万元为基数，考核增长率	
20×1年度	净利润450万元	
	年度营业收入以1 800万元为基数，考核增长率	
20×2年度	净利润≥600万元	
	年度营业收入以2 000万元为基数，考核增长率	

表5—9　　　　　　　　　　　个人业绩考核系数

年度考核等级	A. 优秀	B. 良好	C. 及格	D. 不及格
系数	1.2	1.1	1.0	0

3. 虚拟股票对应的财产权益的实现

虚拟股票的激励方案所对应的财产权益主要包括年度分红收益。分红收益的计算方式如下：

虚拟股票每股收益＝考核年度净利润分配数×（加权虚拟股权总数/加权实际总股本）÷实际参与分配的最终授予虚拟股票总数

个人实际可分配虚拟股票收益＝虚拟股票每股收益×个人最终授予虚拟股票总数

其中，考核年度净利润分配系数为当年净利润的40%。净利润是指扣除非经常性损益后的净利润，以在中国证监会备案的从事证券服务业务的会计师事务所出具的审计报告为准。

为此，还需要通过建立完善的绩效评估体系，设置健全的监管制度，以保障实施虚拟股权激励方案的顺利实施。

复习思考题与练习题

一、复习思考题

1. 利润分配的项目包括哪些内容？
2. 股利理论分为几类？分别包括哪些理论？
3. 股票分割与股票股利之间有何异同？
4. 股票回购与现金股利之间有何异同？

二、练习题

1. 资料：Y公司的资本目前全部由发行普通股取得，其有关资料如表5—10所示：

表5—10　　　　　　　　Y公司相关资料信息

息税前利润	500 000元
股权资本成本率	10%
普通股股数	200 000股
所得税税率	40%

Y公司准备按7%的利率发行债券900 000元，用发行债券所得资金以每股15元的价格回购部分发行在外的普通股。因发行债券，预计公司股权成本将上升到11%。该公司预期未来息税前利润具有可持续性，且预备将全部税后利润用于发放股利。

要求：

(1) 计算回购股票前与回购后该公司的每股收益。

(2) 计算回购股票前与回购后该公司的股权价值、企业价值和每股价值。

(3) 该公司是否应该发行债券回购股票？为什么？

2. 资料：Z公司正在研究其股利分配政策。目前，该公司发行在外的普通股共100万股，净资产200万元，今年每股支付1元股利。预计未来3年的税后利润和需要追加的资本性支出如表5—11所示：

表5—11　　　　　　　　Z公司相关资料信息　　　　　　　　　　　　单位：万元

年份	第1年	第2年	第3年
税后利润	200	300	150
资本支出	100	500	300

假设公司目前没有借款,并希望逐步增加负债的比重,但是资产负债率不能超过30%。在筹资时,公司优先使用留存收益,其次是长期借款,必要时增发普通股。

假设上表给出的"税后利润"可以涵盖增加借款的利息,并且不考虑所得税的影响。增发股份时,每股面值1元,预计发行价格每股2元,并假设增发的股份当年不需要支付股利,从下一年开始发放股利。

要求:

(1)假设维持目前的每股股利水平,计算各年需要增加的借款和权益资本;

(2)假设采用剩余股利政策,计算各年需要增加的借款和权益资本。

第六章　企业并购

▶ 本章概述

本章介绍了企业并购的概念、类型,以及企业并购动机的相关理论。在此基础上,从并购风险引出并购尽职调查和并购估值。最后,结合思政案例与延伸阅读进行内容扩展。

▶ 思政目标

深刻理解尽职调查在预警和化解并购风险中所起的作用,增强并购估值过程中的职业道德建设和诚信意识。

▶ 育人元素

增强并购风险意识、诚信意识。

第一节　企业并购概述

企业并购是一种常见的经济活动,已成为企业扩张的一种重要方式。由于其扩张速度远远超过通过企业内部成长扩张的速度,因此企业并购活动日益频繁。以美国为例,从19世纪末至今,美国先后发生了五次较大的企业并购浪潮。据Wind数据统计,2024年度,中国并购市场(包含中国企业跨境并购)共披露8 378起并购事件,交易规模约20 163亿元,同比上升约1.61%。其中,百亿元规模以上的并购事件共有28起。在这些大型并购事件中,中国船舶吸收合并中国重工的事件以1 151.50亿元的交易规模位居第一;国泰君安吸收合并海通证券的事件以976.15亿元的交易规模排名第二；万达子公司大连新达盟引入新的战略投资者的事件以600.00亿元的交易规模位列第三。

一、企业并购的概念与类型

(一)企业并购的概念

企业并购(Mergers and Acquisitions)包括兼并和收购两层含义。在国际上，兼并和收购常被合在一起使用，简称M&A，而在我国称为并购。企业之间的兼并与收购行为，是指企业法人在平等自愿、等价有偿的原则基础上，以一定的经济方式取得其他法人产权的行为，它是企业进行资本运作和经营管理的一种主要形式。

一般来说，企业并购概念有广义和狭义之分。狭义的并购是指企业合并，包括新设合并和吸收合并。广义的并购除了包括狭义的并购外，还包括收购和接管。本书采用的是广义的企业并购概念，即包括新设合并、吸收合并、收购和接管。

1. 新设合并

新设合并，是指两个或两个以上的企业合并后成立一个新的公司，同时原合并各方解散，并取消原法人资格的合并方式。

从法律形式上看，新设合并表现为"甲公司＋乙公司＝丙公司"，其中，丙公司为新设立的法人企业，而甲、乙公司则丧失其法人资格。合并后新设立的公司应当承接合并各方的全部资产和负债，原合并各方都应到工商行政管理部门办理相关手续。2006年原中港集团和原中国路桥集团合并组成中交集团，就属于典型的新设合并。

2. 吸收合并

吸收合并又称兼并，是指由一家公司吸收另一家或多家公司加入本公司，吸收方存续，而被吸收方则解散并取消原法人资格的合并方式。存续公司应承接被吸收合并公司的所有资产和负债。

从法律形式上看，吸收合并可表现为"甲公司＋乙公司＝甲公司"。即经过合并，甲公司作为实施合并的企业仍具有法人地位，但乙公司作为被合并企业则丧失法人地位，成为甲公司的一部分，即甲公司兼并了乙公司。甲公司应承接乙公司的所有资产和负债，并需前往工商行政管理部门办理变更登记手续。

3. 收购

收购又称为控股合并，是指一家公司通过产权交易取得其他公司一定程度的控制权，以实现一定经济目标的经济行为。对于上市公司来说，证券法规定，收购是指通过控制权变更实现经济资源整合的行为，其核心是取得或巩固对目标公司的实际控制权。收购的经济意义在于一家企业的经营控制权发生转移，原来的投资者丧失了对该企业的经营控制权,而收购方取得控制权。通常,收购方被称为并购公司或标购公司,被收购方则被称为被并购公司、目标公司或标的公司。

4. 接管

接管是一个比较宽泛的概念,通常是指一家公司的控制权的变更。公司接管与并购相关,但两者是不同的概念。公司的并购是站在股东立场上,是对所有权的取得。而接管是对经营权的取得,可以从公司的治理结构角度来观察接管问题。公司控制权的变更可能是由于股权的改变,如收购;也可能是因为托管或委托股票权等原因而发生接管。因此,接管概念的外延比收购更加广泛。

(二)企业并购的类型

按照不同的标准,企业并购可以划分为以下几种类型:

1. 按并购双方所处的行业分类

按并购双方所处的行业性质,企业并购可以分为横向并购、纵向并购和混合并购。

(1)横向并购

横向并购,是指两家或两家以上生产和销售相同或相似产品公司之间的并购行为。例如,两家航空公司的并购、两家石油公司的结合等。

横向并购的优点在于:企业可以迅速扩大生产规模,节约共同费用,提高通用设备的使用效率;便于在更大范围内实现专业分工协作;便于统一技术标准,加强技术管理和进行技术改造;便于统一销售产品和采购原材料等,形成产销的规模经济。然而,其缺点在于容易破坏自由竞争,形成高度垄断的局面。由于横向并购往往是竞争对手之间的并购,可能形成垄断,因此,许多国家法律会对形成高度垄断的横向并购活动加以限制。

(2)纵向并购

纵向并购,是指生产过程或经营环节相互衔接、密切联系的企业之间,或者具有纵向协作关系的专业化企业之间的并购。纵向并购的企业之间不是直接的竞争关系,而是供应商和需求商之间的关系。例如,发电公司与煤炭公司之间的并购就属于纵向并购。

纵向并购的优点在于:通过市场交易行为内部化,有助于减少市场风险,节省交易费用,并易于设置进入壁垒。纵向并购使企业提高了与供应商和客户之间的讨价还价能力,有利于提高公司整体经营效率。然而,其缺点在于企业可能因过度追求供应链控制而形成"小而全"或"大而全"的封闭体系,引发重复建设,同时因产业链刚性增强而更易受市场需求波动、技术替代等外部因素冲击。

(3)混合并购

混合并购,是指与本公司生产经营活动无直接关系的公司之间的并购行为。简单地说,当并购企业与被并购企业分别处于不同的产业部门、不同的市场,且这些产业部门的产品没有密切的替代关系,并购双方企业也没有显著的投入产出关系时,这种并购就称为混合并购。例如,房地产企业收购足球俱乐部就属于混合并购。

混合并购的目的是扩大生产经营范围,降低长期经营一个行业所带来的特定行业风险。通过混合并购,公司可以进入一个新的行业,实现多元化经营,从而分散投资风险。

2. 按出资方式分类

按出资方式的不同,企业并购可以划分为以下几种类型:

(1) 用现金购买资产

用现金购买资产,是指并购公司使用现金购买目标公司绝大部分或全部资产,以实现对目标公司的控制。

(2) 用现金购买股票

用现金购买股票,是指并购公司以现金购买目标公司的大部分或全部股票,以实现对目标公司的控制。

(3) 用股票购买资产

用股票购买资产,是指并购公司向目标公司发行自身的股票,以交换目标公司的大部分或全部资产。

(4) 用股票交换股票

用股票交换股票又称"换股",是指并购公司直接向目标公司的股东发行股票,以交换目标公司的大部分或全部股票。发行的股票通常要达到控股的股数。通过这种形式进行的并购,目标公司往往会成为并购公司的子公司。

(5) 债权转股权

债权转股权式企业并购,是指最大债权人在企业无力归还债务时,将债权转为投资,从而取得企业的控制权。在中国,金融资产管理公司控制的企业大部分为债转股而来,资产管理公司进行阶段性持股,并最终将持有的股权转让变现。

3. 按并购程序分类

按并购程序的不同,企业并购可以分为善意并购和敌意并购。

(1) 善意并购

善意并购又称友好并购,是指并购企业事先与目标公司协商,征得其同意并谈判达成并购条件的一致意见,从而完成并购活动的并购方式。

善意并购的程序是:首先,由并购公司确定目标公司;其次,设法使双方高层管理者接触,商讨并购事宜,如购买条件、价格、支付方式和收购后企业的地位以及目标公司人员的安排等;最后,在双方都可以接受的条件下,签订并购协议。并购协议需经双方董事会批准,股东大会 2/3 以上赞成票通过。由于双方在自愿、合作、公开的前提下协商,因此,善意并购成功率较高。

善意并购有利于降低并购行为的风险与成本,使并购双方能够充分交流、沟通信息,目标公司主动向并购公司提供必要的资料。同时,善意行为还可避免因目标公司的抗拒而带来的额外支出。

(2)敌意并购

敌意并购也称恶意并购,是指并购方不顾目标公司的意愿而采取非协商购买的手段,强行并购目标公司,或者并购公司事先并未与目标公司协商,而突然直接向目标公司股东开出收购价格或收购要约。由于敌意并购不是建立在并购双方友好协商的基础上的,因此极有可能遭到目标公司的抵制。

二、企业并购的动因

企业并购活动是十分复杂的经济现象,其动因主要体现在以下几个方面:

(一)企业并购的一般动因

自我国国有企业改革确立市场经济运行模式以来,企业成为独立的市场主体。为扩大生产规模、取得税负利益、实现多元化发展等,企业需要并购活动,由此构成了企业并购的一般动因。

1. 扩大生产规模,提高经济效益

企业规模的大小,对其竞争力具有决定性影响。一般而言,规模越大的企业,越能赢得客户信赖,从而占领更多的市场份额。通过并购,企业形成降低单位成本、提高经济效益的规模经济优势。对于并购企业而言,发展规模经济,需要关注投入与产出之间的联系。

2. 实现多元化发展,降低风险

并购既是企业多元化发展的重要手段,也是解决企业业务单一、回避业务萎缩的重要途径。企业通过并购实现多元化发展,可以在一定程度上增强企业核心能力的稳固性,降低企业收益的不稳定性,从而获取竞争优势。

3. 取得税负利益,降低成本

企业并购会引起利益相关者之间的利益再分配。并购利益从债权人转到股东,或从一般员工转到股东及消费者。企业股东会赞同这种对其有利的并购活动。因此,对于被并购企业的所有者来说,用其在原企业的利益交换一家大企业的股份,而不是直接出售企业获得现金,可以免除税收上的负担。由于亏损企业可以在五年内税前弥补其亏损,因此,一家高额盈余的企业并购这家亏损的企业,可据此条款达到合理避税的目的,从而降低成本。

(二)企业并购的政府动因

企业并购并不是纯粹的市场经济行为,企业也不是唯一的主体,政府的偏好在很大程度上会影响企业并购的动机强度。在一定程度上,政府承担了并购主体的角色。

1. 采用行政手段,消除亏损企业

自20世纪80年代以来,我国的并购浪潮存在政府撮合、干预的特征。政府出于消除企业亏损的目的,通常采用行政手段迫使优势企业并购亏损企业,用并购代替破产,一揽子解决被并购企业的债务、职工安排及其相关的职工医疗、养老等问题。

2. 进行产业结构调整,实现资源优化配置

为了解决我国国有企业重复建设及资源浪费问题,政府通过并购活动对资产进行并购重组,优化配置资源,提高存量资产运行的质量和效率,并引进市场竞争机制,不仅有助于优化产业结构,而且大大节省调整所需的资金投入。

3. 组建企业集团,参与国际竞争

在国际经济中,企业并购对经济的发展作用举足轻重。它不仅是推动国际经济合作、规避国外贸易壁垒的重要方式,也是促进国内资本与国际资本市场连通对接的重要手段。因此,面对国际市场的强有力竞争,积极推动企业强强联合,组建与跨国公司相抗衡的企业"航母",已成为政府的一项重要工作。以资本为纽带,通过市场形成具有较强竞争力的跨地区、跨行业、跨部门、跨国经营的大型企业集团,积极参与国际竞争,已成为我国企业并购的主要动因。

总之,企业并购既有其自身原因,也有来自政府的偏好与行政干预。但无论何种形式,都必须紧紧抓住企业价值最大化原则,只有这样,并购才显得有价值、有意义。

三、企业并购的相关理论

随着市场中并购浪潮的发生,学术界也从不同角度分析了企业并购的动因、方式和效应,从而产生了各种并购理论。下面主要介绍企业并购的效率理论、代理理论和税收效应理论。

(一)效率理论

效率理论,是指企业并购和其他形式的资产重组活动能够提高公司经营活动的效率,进而增进社会效益。效率理论认为,企业并购活动能够为社会收益带来潜在的增量,而且对交易的参与者来说,无疑能提高各自的效率。效率理论的基本逻辑顺序是:效率差异→并购行为→提高个体效率→提高整个社会经济的效率。该理论隐含的政

策导向是鼓励公司进行并购活动。

1. 效率差异化理论

效率差异化理论(Differential Efficiency)认为，并购活动产生的原因在于交易双方的管理效率是不一致的。简而言之，如果 A 公司的管理效率高于 B 公司，那么 A 公司并购 B 公司后，B 公司的管理效率将被提升至 A 公司的水平，两家公司的合并促进了管理效率的提升。该理论有以下两个基本假设：

(1)拥有过剩管理资源的公司的管理团队是一个不可分割的整体，因此解雇部分管理人员是不行的；同时，由于规模经济的制约，公司也不可能通过自身的规模扩张来消化过剩的管理资源。因此，通过并购交易可以使其剩余的管理资源得到充分利用。

(2)对于目标公司而言，其管理的非效率问题可以通过外部经理人的介入和增加管理资源的投入而得到改善。

2. 非效率管理理论

非效率管理理论(Inefficient Management)，是指由于现有管理层未能充分利用既有资源以达到潜在绩效，相对而言，另一控制集团的介入能使目标公司的管理更有效率。非效率管理也可能意味着目标公司的管理是绝对无效率的，几乎任一外部经理层都能比既有管理层做得更好。该理论为混合兼并提供了理论基础。而在效率差异化理论中，收购方具有目标公司所处行业所需的特殊经验，并致力于改进目标公司的管理。因此，效率差异理论更适用于解释横向兼并，而非效率管理理论则更适用于分析混合兼并，即处于不相关行业的公司间的并购活动。

3. 协同效应理论

协同效应理论认为，由于机器设备、人力或经费支出等方面具有不可分割性，因此产业存在规模经济的潜能。无论是横向、纵向甚至混合并购，都能实现协同效应，产生"1＋1＞2"的效果。例如，当 A 公司擅长营销但研究开发能力较弱，而 B 公司正好相反时，如果 A 公司并购了 B 公司，那么两者的优势互补将产生协同效应。

4. 多元化经营理论

公司的多元化经营不同于投资者在资本市场上的分散投资。作为并购效率理论的一种，多元化经营理论认为，企业并购可以实现多元化经营，有利于提高公司价值。其原因在于以下几个方面：

(1)分散经营风险。企业并购可以使企业从产品单一、经营专业领域集中的经营模式，转变为经营范围广泛、产品多样的形式，将大大增强该企业抗击市场风险的能力。因此，很多企业选择了多元化经营战略，进入不同的行业、生产更多类型的产品、提供更多样性的服务。

(2)争取协同效应。企业通过并购进行多元化经营，能获得管理、广告、商誉、销售等各方面的协同效应,提高人员、设备、资源的生产效率。此外,多元化经营可以让企业获得批量采购原材料、设备等带来的规模经济效应,使企业获得成本优势。

(3)充分利用剩余资源。企业在发展过程中,由于科技水平的提高、人员素质的提升、管理理念和方法的改进,以及企业发展方向的变化等,一般会产生大量的剩余资源,包括设施设备等有形资源、信誉等无形资源以及人力资源等。如果企业通过并购进行多元化经营,部分原先剩余的资源可以在新的领域得到充分利用,可以为企业创造更多的效益。

(二)代理理论

代理理论(Agency Theory)主要涉及企业资源的提供者与资源的使用者之间的契约关系。根据代理理论,经济资源的所有者是委托人,而负责使用以及控制这些资源的经理人员是代理人。代理理论认为,当经理人员本身就是企业资源的所有者时,他们拥有企业全部的剩余索取权,经理人员会努力地为自己而工作。在这种环境下,就不存在代理问题。然而,当所有权与经营权相分离时,经理人员可能会产生提高在职消费,自我放松并降低工作强度的动机。这就是詹森和麦克林(Jensen & Meckling,1976)所说的代理问题,由此而产生的成本就是代理成本。詹森和麦克林将代理成本细分为监督成本、守约成本和剩余损失。监督成本,是指外部股东为了监督管理者的过度消费或自我放松而耗费的支出;守约成本,是指代理人为了取得外部股东信任而发生的自我约束支出(如定期向委托人报告经营情况、聘请外部独立审计等);剩余损失,是指由于委托人和代理人的利益不一致而导致的其他损失。

代理理论从不同角度对企业并购进行了解释,可归纳为以下几点:

1. 一般的代理理论

曼尼(Manne,1965)认为,在公司内部治理结构和外部市场机制不足以解决代理问题时,并购作为一种外部控制手段应运而生。如果公司的管理层因为代理问题导致公司经营业绩不佳,股票价格就会下跌,低股价会给管理层带来压力,促使其改变行为方式,并忠于股东的利益,否则可能面临被接管或者被收购的威胁。因此,代理理论认为并购可以降低代理成本。

2. 管理主义

穆勒(Mueller)于1969年提出假说,认为代理人(公司管理层)的报酬取决于公司的规模,因此代理人有动机通过收购来扩大公司规模,而忽视公司的实际投资收益率。这种观点被称为管理主义。该观点与并购可以解决代理问题相反,认为并购是代理问题的一种形式,而不是解决办法。然而,有人对穆勒管理主义的基本前提提出了质疑。例如,卢埃林和亨茨曼(Lewellen & Huntsman,1970)的实证分析表明,代理人的报酬与公司的投资收益率有关,而与公司规模无关。

3. 自负假说

罗尔(Roll,1986)提出了"自负假说"。该理论认为,代理人(公司管理层)往往高估了自身的管理能力,在规划改造目标公司时过分乐观,导致在资本市场上大规模高价收购其他公司,最后无法成功整合目标公司,而导致并购失败,并把财富转移给了目标公司的股东。罗尔的假说在后来的实证研究中也被验证,即当并购消息传出后,并购方股价不涨反跌。当然,自负假说并不能解释所有并购活动,实际上,有许多企业并购可以为并购方带来收益。

4. 自由现金流量假说

根据詹森(Jensen,1986)的定义,自由现金流量是指公司的现金在支付了所有净现值(NPV)为正的投资计划后所剩余的现金量。自由现金流量留在公司内部并不能为公司创造价值,也不能给股东带来收益。因此,詹森认为,自由现金流量应完全交付股东,以降低管理层可控资源量,削弱管理层支配自由现金流量的权利,从而降低代理成本。企业并购是减少自由现金流量的一种重要方式,因此,企业并购可以降低代理问题,提高公司价值。

(三)税收效应理论

税收效应理论是从节约税收的角度解释企业并购的动机。从并购方来看,取得税收减免是激发企业并购发生的重要因素。企业可以利用税法中的亏损递延条款来达到合理避税的目的。具体来说,如果某公司在一年中出现亏损,那么该公司不但可以免付当年的所得税,而且它的亏损还可以向后递延,以抵销以后五年的盈利,企业根据抵销后的盈余缴纳所得税。因此,并购方通过并购亏损企业,可以实现节税的目的。如果企业并购仅仅是出于税收方面的利益考虑,那么其结果是政府税收的减少。但从整个社会角度来看,这是公司与政府之间的一种零和博弈,不会产生额外的社会效应。

第二节 企业并购重点问题的理解与应用

一、企业并购风险

企业并购风险,在广义上,是指由于企业并购未来收益的不确定性而造成的未来实际收益与预期收益之间的偏差。而本节所讨论的并购风险是狭义的并购风险,是指企业在实施并购行为时遭受损失的可能性。狭义的并购风险主要有以下两种情形：一是并购企业未能按照预期目标接管目标公司，即没有完成收购；二是尽管并购企业采取措施实现了对目标公司的并购，但控制权益不如预期或是接管后整合效果不如预期，难以达到企业价值最大化的目的。

在我国，企业并购，通常涉及所有制、跨产业、跨地区问题，且政策性和动态性很强，给企业并购带来了相当大的风险。因此，研究企业的并购风险具有重要的现实意义。

本节主要从外部风险、内部风险以及整合风险三个方面，分析企业并购风险。

（一）外部风险

外部风险，是指由并购企业自身因素之外的原因导致的并购风险。这种风险一方面源于宏观因素，如国家政策与法律法规变化、行业变化、社会环境变化等；另一方面源于目标公司的反并购行为，这些行为导致并购企业的并购行为失败，无法实现预期的效果。

1. 政策风险

企业的并购重组活动总是在一定的政策框架下进行的，政策风险主要表现为国家宏观或微观经济政策调整对企业并购产生的影响。这种影响可能导致企业的并购和重组活动因违反国家有关政策，而面临失败或损失的不确定性。例如，我国政府曾对纺织业、石油行业、通信业及金融业等产业政策进行调整，对很多有关企业并购活动产生了直接影响。此外，并购的政策风险在海外并购中尤为明显。我国企业海外并购失败的重要原因之一就是遭受政策风险，即并购活动无法得到外国政府的准许，最终导致并购失败。例如 2009 年，中铝收购力拓，由于澳大利亚政府出于保留本国战略性矿产的考虑，导致力拓最终推翻合约，收购行为没有达成。

企业必须提高自身对政策性风险的认识。一方面，充分了解国家的有关政策，尤其是在进行海外并购时，需要对目标公司所在国家的政策法规有深入的了解；另一方面，需要保持与政府的沟通，以获得政府的支持和合作。这将使企业避免或者减少各种不必要的政策性损失，确保并购重组工作的顺利进行。

2. 法律风险

企业并购总是受制于一定的法律规定，必须在符合法律法规的前提下进行。任何违反法律法规的行为，都可能招致诉讼，导致并购难以成功。因此，法律风险源于并购活动中长期存在的一种风险。法律风险是并购方对知识产权、合同管理、会计准则、税收、社会保障等方面法律知识的重视不够，或者因操作不当而违反了有关法律规定，从而招致诉讼并导致并购失败。

企业并购遭遇法律风险的例子很多。例如2008年汇源果汁在中国香港公布，可口可乐旗下全资附属公司大西洋公司将以179.2亿港元收购汇源果汁全部已发行股本。然而，商务部于2009年3月表示，可口可乐并购汇源未通过反垄断调查。这一案例是我国反垄断法实施以来首个由中国政府主管部门否决的收购案，也充分彰显了并购企业可能遭受法律限制的法律风险。

3. 产业与市场风险

产业风险是指并购方未能根据产业生命周期和双方的产业关联性，合理确定通过并购所进入的产业，从而导致并购行为偏离目标的可能性。由于科学技术的高速发展，新技术、新产品日新月异，可能导致众多的替代品出现，使原有的需求转向替代品，从而使并购双方所处的产业受到冲击。例如，对产业的生命周期阶段及发展前景判断失误，目标公司主营业务所处的行业增长缓慢或呈衰退趋势，明显低于预期目标，这将导致目标公司的产业优势难以有效发挥，进而造成产业风险。

产业风险的另外一个表现是市场情况的变化。市场风险是指因股市价格、利率、汇率等变动而导致未预料到的潜在损失的风险。在金融危机中，许多企业的市值一落千丈，大批收购行为在很短的时间内由盈利变成了巨额亏损。

4. 反并购风险

反并购风险主要是目标公司的所有者采取一系列行为使得收购行为面临困难的风险。由于企业并购涉及多方面的利益，目标公司当前利益相关者的既得利益格局面临企业并购的冲击。因此，企业并购必然受到制约。

在通常情况下，目标公司对并购行为持不欢迎或不合作的态度。因为目标公司多为劣势企业，若并购成功，目标公司的领导及其有关人员的既得利益将受到威胁。因此，企业并购往往会受到目标公司的抵制，尤其在强行并购时，更会激起目标公司的强烈反对，甚至会动员一切力量、采取一系列反并购措施防御和反抗。防御的方法和手段是多种多样的，从本质上说，就是要使目标公司对并购方缺乏吸引力，难以接管，从而达到阻止并购方并购的目的。反并购不仅使并购方的收购成本大大增加，还加大了企业并购后的整合难度，很可能直接导致并购的最终失败。

(二)内部风险

企业并购的内部风险是指由于并购企业自身因素引起的并购风险。常见的内部风险包括目标选择风险、价值评估风险、融资风险以及支付风险。

1. 目标选择风险

并购目标选择风险，主要是在选择并购的目标公司时，由于信息的不对称导致并购企业对目标公司的判断出现偏差，使得在并购过程中遭受失败或在并购完成之后无法达到预期的并购价值目标。

一些并购活动因为事先对目标公司的业务、法律、财务状况没有进行详尽的调查,例如,对企业的盈利状况、资产质量(包括有形资产的可用性、无形资产的真实性、债券的有效性等),以及或有事项等信息缺乏深入了解,没有发现隐藏的债务、诉讼纠纷、资产潜在问题等关键情况,而在实施后落入并购陷阱。其中,常见的就是财务报表风险。财务报表是并购企业了解目标公司的窗口,但是财务报表可能存在着虚假性。虚假的报表美化了目标公司的财务、经营状况,甚至把濒临倒闭的企业包装得完美无缺。并购企业如果没有进行完善的尽职调查,很容易被虚假的财报所欺骗,从而引发收购的巨大风险。企业并购尽职调查内容详见本节第二部分。

并购活动前期的尽职调查、预测和决策工作,主要以掌握各种情况、选准并购目标、避免决策失误、追求投资收益为目的,其本质是增加有效信息量以降低风险。

2. 价值评估风险

目标公司价值评估风险是指在并购过程中,由于对目标公司价值评估不当而导致并购企业财务状况出现损失的可能性。具体地说,如果在并购中付出过高的价格,将影响并购方未来的收益,甚至使企业日后背上沉重的成本负担,从而给企业在债务、经营成本以及利润方面带来巨大的压力。

对目标公司的价值评估是整个并购过程中十分重要且具有很大难度的步骤。目标公司的价值评估建立在一定的实务理论和模型及专业人员的从业经验基础上,价值评估结果直接关系到并购交易的成败。具体的目标公司价值评估方法详见本节第三部分。

3. 融资风险

企业并购融资风险,是指并购企业不能及时地以合理的资本结构和资本成本获得预期所需的并购资金的可能性。企业如何利用内部和外部资金渠道在短期内筹集到所需的资金,是并购活动能否成功的关键。

目前,企业并购的资金来源主要分为自有资金和负债融资两种。常见的收购者自有资金占比为10%~15%,银行贷款占比为50%~70%,发行债券占比为20%~40%。这种并购融资方式必然给收购方带来高债务资本的资本结构。高债务带来高利息费用,从而导致财务杠杆系数增大。较高的财务杠杆虽然起初只要支付较小的代价即可获得理想的经济效益,但其后续的影响不可忽视。如果并购方在并购时举债过重,可能导致其并购成功后资本结构恶化,负债比例过高,因付不出本息而破产倒闭。

为了防范融资风险,在并购活动前,必须做好筹资预测工作,努力拓展融资渠道,采用多种融资方式,确保融资渠道的多元化和融资结构的合理化。

4. 支付风险

支付风险主要是指并购资金支付方式不同造成的风险,它与融资风险和债务风险密切相关。根据企业并购类型的介绍,企业并购的支付方式主要概括为三类:现金支付、股权支付和混合支付。现金支付是指并购方通过支付现金来购买目标公司的资产或股权,从而实现并购交易。股权支付方式是指并购方通过换股或增发新股的方式取得目标公司的控制权,进而收购目标公司。混合支付则是两种支付方式的结合。每种支付方式都有利有弊,存在自身的风险。

现金支付风险在于,现金支付是一项巨大的即时现金负担,一次性巨额现金流出对并购企业生产经营将产生较大的压力。

股权支付风险主要来自预期价值增值状况。股票交换扩大了股东基数,导致收购当年或之后数年的每股收益下降。同时,股权支付导致并购方的股权稀释。如果并购方的股权分散,主要股东持股比例偏低而又要保持并购后的控股地位,那么并购方的主要股东不会选择股权支付方式。

此外,在支付方式中还要考虑税收因素。对于并购企业而言,以借贷或发行可转换债券的方式筹集现金来支付,其产生利息成本可以在税前列支,起到抵减税收的效果。而股权融资成本必须在税后列支,不能起到税盾作用。

(三)整合风险

整合风险主要是指,在完成并购后,由于没有实现并购企业与目标公司的良好整合,导致合并后的企业经营发展不善,没有实现并购价值目标的风险。

1. 经营整合风险

经营整合风险是指企业完成并购后,由于对未来经营环境不确定因素与多变性无法全部正确预计,而造成的预计报酬偏离实际的风险。它包括经济形势和经营环境的变化、市场供求等外部风险,以及由于企业营运能力与经营效率的变化等引起的内部经营风险。例如,原有客户的流失、并购对企业核心竞争力的影响、并购后的成本控制、并购后的地区协调。

企业必须在合理估计自身实力的基础上,对并购后的市场需求及经济效益进行全面的分析。根据行业和国内外的市场状况,评估并购后企业产品在质量、功能、价格方面的优势,寻找企业的核心竞争力,并预测并购后企业的生产经营状况和市场占有率。只有这样,企业在并购过程中才能有的放矢,有效地防范经营风险。

2. 文化与人力资源整合风险

企业并购中的文化整合是一个重要问题。对于公司和个人而言,企业并购都是一场大的变革,预示着公司及其管理人员和普通员工业务发展和职业生涯的重大变化。为实现整体战略目标或增强并购后企业的市场竞争力,并购企业通常会导入新的经营管理理念,并整顿目标公司的经营作风与企业文化。这必然会与目标公司过去的习惯、理念产生冲撞，从而表现出经营理念上的差异和冲突。戴姆勒奔驰公司与克莱斯勒企业于1998年合并前，对大型跨国企业并购的失败率和原因进行了调查研究。结果显示，超过70%的并购交易在三年内失败。对其中50宗失败案例的详细分析表明，文化冲突是导致失败的主要原因之一。尤其是在跨国并购中，文化上的差异使得文化整合风险更为明显。

与文化整合风险类似的是人力资源整合风险。并购企业在进入目标公司后，为转换经营机制、提高管理和生产效率、保障企业高效运行，必然会整合人力资源管理体系和激励机制。这可能会与职工的传统观念发生碰撞，从而产生冲突。同时，并购重组通常会导致大量的富余人员下岗，再就业工作的压力很大。如果处理不当，就会引起一系列社会矛盾，影响并购企业的正常运营。因此，对人力成本估计不足导致并购后人力资源成本加大，以及并购后企业人才的流失，都可能造成并购的人力资源整合风险。

二、企业并购尽职调查

（一）尽职调查的概念

尽职调查，简称"尽调"，是指在企业并购过程中，收购者对目标公司的资产和负债情况、经营和财务情况、法律关系以及目标公司所面临的机会与潜在的风险进行的一系列调查。尽职调查的英文为"due diligence"，直译为"应有的注意"，在商业上被引申为"审慎调查"。在实际操作中，"尽职"是一种程序概念，而非结果概念。从本质上说，尽职调查是为了控制风险，而没有办法做到完全规避风险。虽然是"尽职调查"，而不是"完美调查"或"全面调查"，但是需要提醒投资人和收购者的是，一定要在能力范围内尽可能做到"360度的调查"。尽职调查不仅直接影响了估值的准确性，而且会影响未来并购整合成功的概率。

知识链接

尽职调查与审计之间的差异。尽职调查无论是在方法还是作用方面与审计都有相似之处，但两者也有区别。尽职调查是动态的调查过程，侧重于评估目标公司未来的发展前景与协同效应；而审计是静态的合理保证，主要关注目标公司过去数据的可信度。如果审计被视为公众投资者提供的普通服务，尽职调查则是为收购者提供的特殊服务。因此，二者在内容上的要求也有所区别。审计侧重于财务数据，而尽职调查则包括业务、法律等方面的内容。作为并购的关键环节，尽职调查对目标公司的估值以及未来的整合都起着至关重要的作用。前期的准备工作越充分，后续的交易就会更加有效率，同时也会面临更少的风险和问题。

（二）尽职调查的分类

按调查的内容分类，尽职调查可分为业务尽调、法律尽调和财务尽调。其中，业务尽调是收购者需要重点关注的部分，法律尽调和财务尽调可以向会计师事务所与律师事务所寻求专业的帮助。

按照调查的作用分类，尽职调查可分为风险发现和价值发现。对于收购方来说，风险发现是了解目标公司的风险，是买方风险管理工具集合的组成部分；对于目标公司来说，风险发现有助于其了解收购方的情况，以判断放弃公司的控制权可能给公司的股东、管理层或员工带来的风险。价值发现主要关注以资产价值和盈利能力为衡量标准的现实价值，以及发展前景和资本市场喜好的未来可能价值。对于尽职调查来说，风险发现比价值发现更为重要。对于投资方来说，新的价值发现可能是"意外之喜"，而如果风险发现没有做好，那可能就是"灭顶之灾"。

（三）尽职调查的内容

1. 业务尽职调查

业务尽职调查的过程是自上而下、由表及里的。业务尽调内容包括行业背景、公司情况和股东及管理团队三部分。针对不同企业的发展阶段与所处行业，业务尽调应该有所侧重。例如，并购的公司如果是初创型企业，那么管理团队的调查就应该格外重要；如果并购的公司属于科技密集型产业，则需着重关注专利资质方面的问题。

（1）行业背景尽调

在正式开展业务尽调时，应将行业尽调细化为需求、供给、竞争、监管四个层面。

需求，是指整个市场对目标公司所提供的产品或服务的需求，即供应链的下游部分，包括市场规模与增长率。

供给，是指目标公司所提供的产品或服务所需要的原材料情况，即供应链的上游部分。供给调查包括该产品在业务中所需的原材料种类及其他辅料；上述原材料主要供应商的情况；各供应商所提供的原材料在公司总采购中所占的比例；公司是否进口原材料，进口原材料的比重，国家对进口该原材料的政策限制；公司与原材料供应商交易的结算方式，有无信用交易等。

竞争，是指行业内部其他公司与本公司的竞争情况，可以采用SWOT分析法或者波特五力模型分析。竞争调查包括公司的品牌、特许经营权或在客户中的商誉实力；与竞争对手相比较，对产品或服务质量的感知，以及市场定位的多样性；销售和市场推广公司的有效性，如覆盖面、成本、盈利能力等；技术壁垒与客户黏度分析。

监管层面的政策法规会影响整个行业的状况，其变化趋势无疑是需要重点考察的问题。监管层面的调查包括弄清楚目标公司所处的行业主管部门；详细阅读主管部门制订的相关法律法规；对比目标公司主营业务或产品目前与法律及规章制度的一致性，评估未来政策可能的收紧或利好；调查环保责任的风险敞口、补救的估计成本以及与收购方环境政策的兼容性等细节。

(2) 公司情况尽调

进一步的尽调应该从公司入手，可以实地考察目标公司、拜访目标公司的员工、进行面谈。其主要目的是了解公司的商业模式及盈利逻辑、采购与销售网络、组织架构与人力资源、企业文化及氛围等。

商业模式与盈利逻辑是尽职调查的核心及原动力。商业模式是整个估值体系中的定性分析，我们不仅要关注目标公司的商业模式，而且要注意其商业模式与盈利逻辑是否能相互印证。例如，共享单车商业模式被称为共享经济，但是考量其盈利逻辑就会发现，其本质是租赁。仅靠押金的周转无法支撑商业模式的长期健康存续，这也是共享单车倒闭的原因。

采购与销售网络是尽职调查中的一项重要内容。如果目标公司提供产品，就要了解库存、原材料的消耗，观察产品销售记录、物流运输情况。如果目标公司提供服务，就需要隐瞒身份并亲身体验，获取一手资料后与财务尽调佐证。同时，结合行业背景尽调，拜访主要材料供应商，并对客户进行匿名访谈。

目标公司的组织架构与人力资源不仅要着眼于现状，还应该考虑未来整合的可行性。组织架构及人力资源现状方面，主要考察目标公司的治理结构、员工信息概况、人力资源管理机制、薪酬和福利管理制度以及绩效管理等。未来整合可行性方面，主要考虑目标公司高管及核心人员是否会因控制权变更而流失，如何留住和激励他们；并购是否会导致岗位重合，应该如何处理；海外并购还应该考虑工会问题。在上汽集团收购韩国双龙汽车的案例中，因双龙工会的抵触情绪浓重，导致员工罢工游行甚至公司申请破产，40亿元的并购案以失败告终。

企业文化与氛围的考察是没有具体衡量指标的，但需要尽调团队通过实地考察并与关键人员访谈去感受并做出判断。企业文化是一个公司的灵魂所在，也是日后并购整合的起点。在吉利收购沃尔沃的案例中，在充分尽调了双方的文化差异后，吉利决定在并购后保持沃尔沃各自的研发、生产和销售团队不变，既保证了吉利的控制权，又最大限度地激发了沃尔沃的竞争力。该案例详见本章第三节。

(3) 股东及管理团队尽调

股东及管理团队的尽调是并购前十分重要的环节。除非并购的主要目的是收购目标公司资产，否则在其他情况下，都要考虑未来整合和发展中股东及管理团队不容小觑的影响力。主要管理团队成员包括董事会成员、监事会成员、总裁、副总裁以及财务总监等高级管理人员。

对于这些主要成员,我们应关注他们的学历和从业经历,尤其是在本行业的执业经验和记录。此外,还要调查过去三年中公司关键管理人员的离职情况,寻找其辞职的真实原因。除了书面的资料以外,实际的接触也是必不可少的,会谈的主题可以包括企业发展、公司文化、竞争对手、个人发展与公司发展的关系等。通过这些话题,我们可以判断主要管理层是否具备与公司发展需要相匹配的开拓精神和经营管理能力。

以上为业务尽调的总体原则与指导思想。在对不同行业的不同企业进行尽调时,可能会各有侧重,因此,在实际操作时可以比对细节清单进行筛选。

2.法律尽职调查

法律尽调通常建议聘请专业的律师团队来执行,并购方配合与协助。其中,税务的合法合规性调查可以寻求专业税务师调查与筹划。

(1)公司设立及存续情况

对公司设立及存续情况的尽职调查以时间为脉络,主要包括调查公司设立文件、历次变更工商资料,核实公司成立及存续的合法性。

(2)股权结构及治理结构

股权结构和治理结构是影响公司控制权的重要内容,尽职调查需做好以下工作:核实股东股权的合法性和真实性;梳理公司股东变更的历史沿革,确认其行为和程序是否合法、规范;调查公司与控股股东、实际控制人及其控制的企业之间是否存在关联交易及同业竞争,是否为控股股东或实际控制人提供担保,是否存在占用公司资金等行为;调查公司的章程是否合法合规;考察公司股东会、董事会、监事会建立健全及运行情况,包括会议是否按时召开、会议文件和记录是否完整合规、是否及时换届选举、会议决议是否实际执行等;在人员方面,需要调查董事、监事、高级管理人员任职及变动是否合法合规,是否存在利益冲突等情况。

(3)重大债权债务风险

比对目标公司是否如实披露全部的债权债务。在债权方面,应该重点关注重大应收、应付款和其他应收、应付款是否合法有效,以及这些债权是否存在无法实现的风险。除了关注目标公司承担的债务外,还应关注其对外担保情况及侵权之债。

(4)关联方及关联交易

因为我国关联交易比较广泛,所以尽调时应该格外引起重视。需要核查公司是否存在关联方及关联交易。如果存在关联交易,需调查这些关联交易是否经过法定程序;重点关注关联交易的内容、数量、金额以及占同类业务的比重;评估该关联交易是否能够对公司产生积极影响,判断其是否损害公司及其他股东的利益。

(5)诉讼、仲裁及处罚调查

通过查阅"中国裁判文书网""失信被执行人信息查询系统""全国企业信用信息公

示系统"等网站,我们可以查询到公司所涉及的诉讼、仲裁情况。如果目标公司存在尚未了结的或可预见的重大诉讼、仲裁及行政处罚案件,可能会对其正常的生产经营产生负面影响,进而直接导致股权价值的降低。此外,劳动用工风险也是需要着重关注的,需调查公司是否严格按照法律规定与劳动者签订合同、缴纳社保,并判断是否存在潜在的劳动纠纷。

(6)税收尽调

税收尽调首先要确认执行的税种和税率,在核实其依法纳税的基础上,还需调查执行的税收及财政补贴优惠政策是否合法、真实、有效。避免并购后为目标公司承担未付税款的风险,或者受到目标公司欺诈的风险。

3.财务尽职调查

财务尽职调查通常由专业的会计师团队及本公司的财务人员配合完成。这个环节不仅要对目标公司的财务状况做出审计和评估,而且需要考虑未来整合环节中,目标公司财务系统与本公司系统的融合。

(1)财务数据尽职调查

财务数据尽职调查的基础与审计基础相同,都是从资产负债表、利润表和现金流量表中获取财务信息。审计确保这些数据真实可信,而尽职调查却不能止步于此,还应从这些数据中分析出有用的财务信息,最后利用财务信息对目标公司未来的发展前景与协同效应做出评价和预测。

(2)财务系统尽职调查

在收集完财务数据和非报表信息的基础上,尽调团队还要对整个财务系统进行评估,并对未来做出预测,如未来是否有足够的业绩支撑?未来的发展方向是什么?在整合上是否能与本公司产生协同效应?财务系统尽职调查内容涵盖:收入、成本核算原则;财务核算软件;发票情况;检查内部审计程序的有效性,以识别是否存在财务欺诈等情况。

三、企业并购的价值评估

企业并购的价值评估是指对目标公司的价值进行评估。这是企业并购的一个重要问题,它决定了并购方收购目标公司所付出的代价。如果高估了目标公司的价值,就会导致并购方付出过高的代价,从而使并购方的收购成本提高,增加并购风险。在实践中,许多企业并购失败的重要原因之一就是对目标公司的估价过高。

在对目标公司进行价值评估时,采用不同的价值评估方法可能会得出不同的评估结果。因此,并购公司应根据目标公司的实际情况来确定合适的价值评估方法。在实践中,目标公司的价值评估方法主要有成本法、市场比较法、现金流量折现法和换股并购估价法。

(一)成本法

成本法也称资产基础法,是指以目标公司的资产价值为基础,对目标公司价值进行评估的方法。确定目标公司的资产价值,关键是选择合适的资产价值标准。根据资产价值标准不同,成本法可以分为账面价值法、市场价值法和清算价值法。

1. 账面价值法

账面价值法根据会计账簿记录的公司净资产价值来评估目标公司价值。目标公司净资产等于资产总额减去负债总额后的差额。该方法简单、容易理解。然而,这是一种静态估价方法,没有考虑资产的价值变化和资产的收益情况,具有一定的局限性。

在实践中,资产的实际价值可能由于各种原因而偏离其账面价值,造成这种偏离的因素包括三个方面:(1)会计上通常按历史成本确认资产的价值,但是出于通货膨胀的原因,资产的实际价值远超当初购置时的历史成本。(2)技术进步可能使某些资产(如机器设备)发生贬值。(3)公司的商誉、高效率的管理等组织方面的因素,使得目标公司多种资产的组合能够产生规模效应,具有强大的盈利能力,从而使资产组合的总价值大于各个单项资产的账面价值之和。采用账面价值法对目标公司进行价值评估主要适用于简单的并购活动,特别是非上市公司资产的账面价值与实际的市场价值偏离不大的情况。

2. 市场价值法

市场价值是资产评估中的重要价值类型,也是评估师在评估业务中使用最频繁的价值类型。市场价值,是指自愿买方和自愿卖方在各自理性行事且未受任何强迫的情况下,评估对象在评估基准日进行正常公平交易的价值估计数额。

相较于账面价值法,市场价值法的优点在于考虑了资产实际价值的变化,并且是以公平竞争的市场环境下的资产交易为假设进行评估。因此,市场价值是易于被并购双方所接受的一种价值标准。

3. 清算价值法

清算价值,是指在评估对象处于被迫出售、快速变现等非正常市场条件下的价值估计数额。在无法持续经营的情况下,公司作为一个整体已经丧失了增值能力,由于深陷财务危机可能导致破产清算。此时,公司将被迫出售各部门和全部实物资产,出售取得的收入扣除债务后的净额就是目标公司的清算价值。清算价值法主要适用于陷入财务困境的目标公司的价值评估。

(二)市场比较法

市场比较法也称相对价值法或可比公司法,是指以资本市场上与目标公司的经营业绩和风险水平相似的公司的平均市场价值作为参照标准,以此来估算目标公司价值的一种价值评估方法。市场比较法的基本假设是:在充分活跃的市场中,类似的资产应该具有类似的价值。因此,在难以通过其他方法评估对象的价值时,可以参照市场中类似资产的市场价值,并经过合理的调整之后,作为评估依据来估算出评估对象的价值。利用市场比较法评估目标公司价值,可以用以下公式来计算:

$$目标公司价值 = \frac{参照公司市场价值}{参照公司可观测变量} \times 目标公司同类可观测变量$$

其中,观测变量可选用净资产、销售额、净利润等指标。根据所选择的观测变量不同,市场比较法可分为市净率法、市销率法和市盈率法等。

1. 市净率法

市净率,是指公司的市场价值与其净资产的比值。对于上市公司来说,市净率可以用公司总市值除以净资产总额来计算。市净率法是根据参照公司的平均市净率来确定目标公司的市净率,并据此评估目标公司的价值。其计算公式如下:

$$参照公司市净率 = \frac{参照公司每股市价 \times 普通股股数}{参照公司每股净资产 \times 普通股股数}$$

$$目标公司价值 = 参照公司市净率 \times 目标公司净资产总额$$

2. 市销率法

市销率,是指参照公司总市值与其年销售总额的比值,一般可以按同类上市公司的每股市价除以其每股年销售额来计算。市销率法是根据参照公司的平均市销率来确定目标公司的市销率,并据此评估目标公司的价值。

$$参照公司市销率 = \frac{参照公司每股市价 \times 普通股股数}{参照公司每股年销售额 \times 普通股股数}$$

$$目标公司价值 = 参照公司市销率 \times 目标公司年销售总额$$

3. 市盈率法

市盈率,是指参照公司总市值与其净利润总额的比值,通常按同类上市公司的每股市价除以其每股收益来计算。市盈率法是根据参照公司的平均市盈率来确定目标公司的市盈率,并据此评估目标公司的价值。

$$参照公司市盈率 = \frac{参照公司每股市价 \times 普通股股数}{参照公司每股收益 \times 普通股股数}$$

$$目标公司价值 = 参照公司市盈率 \times 目标公司年净利润总额$$

[实务题6-1]

A公司计划收购B公司的全部股份。根据B公司的实际情况,A公司管理层认为,采用市盈率法对B公司价值进行评估比较合适。经调查研究发现,资本市场上与B公司具有可比性的公司主要有三家,这三家公司近3年的平均市盈率为16倍。A

公司管理层认为,采用 16 倍市盈率评估 B 公司价值比较合理。A 公司确定的决策期间为未来 5 年。经测算,B 公司在未来 5 年终预计年均可实现净利润 5 500 万元。请计算 B 公司的企业价值。

[解析]

B 公司企业价值为:16×5 500=88 000(万元)

(三)现金流量折现法

现金流量折现法的基本原理是,资产价值等于以投资者要求的必要投资报酬率为折现率,对该项资产预期未来所产生的现金流量进行折现所计算得到的现值之和。现金流量折现法既可用于单项资产的价值评估,也可用于对一个公司的价值评估。

1. 基本模型

根据现金流量折现法的基本原理,目标公司的价值等于其未来持续经营期间所产生的现金净流量的现值,这一关系可以用以下公式表示:

$$V=\sum_{t=1}^{n}\frac{NCF_t}{(1+k)^t}$$

式中,V 表示目标公司的评估价值;NCF_t 表示目标公司第 t 年的现金净流量;k 表示折现率;n 表示预测期限。

2. 评估价值的影响因素

从现金流量折现法基本模型可以看出,影响目标公司评估价值的主要因素包括现金净流量、期限和折现率。

(1)现金净流量,是指在一定期限内目标公司的现金流入量减去现金流出量后的净额。

(2)期限,是指现金净流量的测算期限,通常以年为时间单位。

(3)折现率。公司价值评估一般采用资本成本率作为折现率。资本成本与公司的风险水平密切相关,风险越高,资本成本也越高。与项目投资决策相比,并购决策所采用的折现率需要考虑更多的因素,不仅要考虑目标公司的风险大小,还需要考虑并购之后对公司整体风险的影响。由于在价值评估中采用的现金流量类型不同,在确定折现率时也应选择不同的资本成本率。如果现金流量采用公司自由现金流量(Free Cash Flow of Firm,FCFF),折现率就应当选择公司的加权平均资本成本率;如果现金流量采用股权自由现金流量(Free Cash Flow of Equity,FCFE),折现率就应当选择股权资本成本率。

3. 公司自由现金流量折现模型

公司自由现金流量是以目标公司为主体计算出的现金流量,它是目标公司全部现金流入量扣除付现成本和必要的投资后剩余的现金流量,是公司在一定时期内为包括普通股股东、优先股股东和债权人在内的所有投资者创造的净现金流量。其计算公式如下:

公司自由现金流量＝息税前利润＋折旧－所得税－资本性支出－营运资本增加额

＝息税前利润＋折旧－（息税前利润－利息）×所得税税率－资本性支出－营运资本增加额

＝息税前利润×（1－所得税税率）＋利息×所得税税率＋折旧－资本性支出－营运资本增加额

在采用公司自由现金流量评估公司价值时,目标公司价值等于以公司的加权平均资本成本率作为折现率对公司自由现金流量折现的现值。计算目标公司价值时可以用基本模型,也可以根据公司成长性不同,采用零增长模型、固定增长模型和二阶段增长模型等。

(1)零增长模型。在目标公司 FCFF 固定不变的情况下,公司价值的估算可采用零增长模型,类似于永续年金的折现。目标公司价值的计算公式如下:

$$V = \frac{FCFF}{k}$$

式中,k 表示加权平均资本成本率。

(2)固定增长模型。在目标公司未来 FCFF 以固定增长率 g 增长的情况下,目标公司的计算模型为:

$$V = \frac{FCFF_1}{k-g} = \frac{FCFF_0(1+g)}{k-g}$$

式中,$FCFF_0$ 表示目标公司上年度自由现金流量;$FCFF_1$ 表示目标公司预测期第一年的公司自由现金流量。

(3)二阶段增长模型。有的公司成长可以分为两个或多个阶段,例如,在第一个阶段,公司成长性非常好,每年的增长率不断提高。当公司增长到一定时期后,开始进入第二个阶段,即稳定增长阶段。在这个阶段,公司每年的增长率是固定的。目标公司价值可用以下模型估算:

$$V = \sum_{t=1}^{n} \frac{FCFF_0(1+g_t)^t}{(1+k)^t} + \frac{FCFF_n(1+g_m)}{k_m - g_m} \times \frac{1}{(1+k)^m}$$

式中,$FCFF_0$ 表示目标公司上一年度公司自由现金流量;$FCFF_n$ 表示目标公司预测期第 n 年的公司自由现金流量;k 表示第一增长阶段的折现率(目标公司第一增长阶段的加权平均资本成本率);k_m 表示第二增长阶段的折现率(目标公司第二增长阶段的加权平均资本成本率);g_m 表示目标公司在第二增长阶段的公司自由现金流量增长率；n 表示目标公司第一增长阶段的年限。

4. 股权自由现金流量折现模型

股权自由现金流量是公司普通股股东所能获得的现金流量，它是公司全部现金流入量扣除成本费用、必要的投资、偿还债权人的本金和利息以及支付优先股股息后剩余的现金流量，其计算公式为：

股权自由现金流量＝净利润＋折旧－资本性支出－营运资本增加额－偿还债务本金
　　　　　　　　＋新增债务－优先股股息

在采用股权自由现金流量评估公司价值时，目标公司价值等于以公司的股权资本成本率作为折现率对股权自由现金流量折现的现值。与公司自由现金流量折现模型一样，采用股权自由现金流量评估公司价值，除了可以采用基本模型外，也可以采用零增长模型、固定增长模型和二阶段增长模型，计算过程与公司自由现金流量折现模型类似。

(四)换股并购估价法

股份公司之间的并购，可以采用股票换股票方式来实现并购。并购公司用本公司发行的股票交换目标公司股东的股票，从而实现对目标公司的收购。在有效市场假设下，股票的市场价格反映了公司价值，股东财富的大小取决于股票价格的高低。因此，在并购活动中，并购的协同效应也应当反映在股票价格中。只有并购后，并购双方原有股东所持有的股票市值大于并购前所持有的股票市值，并购活动才能被双方股东所接受。采用换股并购时，对目标公司的价值评估主要体现在换股比例的大小上。换股比例是指 1 股目标公司的股票交换并购公司股票的股数。

假设 A 公司并购 B 公司，则并购后公司的股票价格可用下列公式表示：

$$P_{AB}=\frac{E_A+E_B+\Delta E}{S_A+S_B\times R}\times PE$$

式中，P_{AB} 表示并购后公司的股票价格；E_A 表示并购前 A 公司的净利润；E_B 表示并购前 B 公司的净利润；S_A 表示并购前 A 公司的普通股股数；S_B 表示并购前 B 公司的普通股股数；ΔE 表示并购产生的协同效应带来的净利润增加额；R 表示换股比例；PE 表示并购后公司的股票市盈率。

对于 A 公司的股东来说，只有当并购后的股价 P_{AB} 大于或等于 P_A 时，股东才能接受并购，即：

$$\frac{E_A+E_B+\Delta E}{S_A+S_B\times R}\times PE\geqslant P_A$$

由上式可以推算出 A 公司并购 B 公司的最高换股比例为：

$$R = \frac{PE \times (E_A + E_B + \Delta E) - S_A \times P_A}{S_B \times P_A}$$

此时，A 公司并购前后的股价相等，即 $P_{AB} = P_A$，这是 A 公司股东所能接受的最高换股比例。

对于 B 公司的股东来说，只有当并购后的股价与换股比例的乘积大于或等于并购前的目标公司股份 P_B，即 $P_{AB} \times R \geqslant P_B$ 时，目标公司股东才能接受并购。该条件可用以下公式表示：

$$\frac{E_A + E_B + \Delta E}{S_A + S_B \times R} \times PE \times R \geqslant P_B$$

由上式可以推算出 A 公司并购 B 公司的最低换股比例为：

$$R = \frac{S_A \times P_B}{PE \times (E_A + E_B + \Delta E) - S_B \times P_B}$$

此时，$P_{AB} \times R = P_B$，这是 B 公司股东所能接受的最低换股比例。

从理论上讲，采用换股并购时，换股比例应当在最低比例与最高比例之间。但在实践中，换股比例一般是由并购双方谈判确定的。

[**实务题 6-2**]

2022 年年初，W 公司计划并购 A 公司，经双方谈判，同意以换股方式并购。并购前，W 公司 2021 年度净利润为 6 500 万元，普通股股数为 7 500 万股，股价为 10 元/股；并购前，A 公司 2021 年度净利润为 1 500 万元，普通股股数为 6 000 万股，股价为 7 元/股。经预测，并购后实现协同效应所带来的净利润增加额为 800 万元，并购后公司的市盈率为 18 倍。请计算 W 企业并购 A 公司的换股比例方案。

[**解析**]

最高换股比例为：

$$R = \frac{18 \times (6\ 500 + 1\ 500 + 800) - 7\ 500 \times 10}{6\ 000 \times 10} = 1.39$$

此时，并购后的股价应为 10 元/股。

最低换股比例为：

$$R = \frac{7\ 500 \times 7}{18 \times (6\ 500 + 1\ 500 + 800) - 6\ 000 \times 7} = 0.451$$

此时，并购后股价应为 15.52 元/股(7/0.451)。

因此，W 企业并购 A 公司的换股比例应在 0.451～1.39 之间。如果换股比例小于 0.451，则 A 公司股东财富将会受损，其股东不会接受并购方案；如果换股比例大于 1.39，则 W 公司股东财富将会受损，其股东也不会接受该并购方案。

第三节 本章课程思政案例及延伸阅读

为扩展本章内容的理解,本章课程思政案例侧重于并购风险、并购尽职调查和并购估值内容的延伸,并结合目前并购实务中的一些问题进行分析和阐述。

一、本章课程思政案例

(一)案例主题与思政意义

[案例主题]

从吉利收购沃尔沃案①的整体并购过程中,深刻认识企业并购过程中合理的尽职调查和目标公司估值,对于降低并购风险、顺利完成并购目标的作用。

[思政意义]

谨慎性,又称稳健性,是会计核算中的重要原则。它强调"宁可预计可能的损失,不可预计可能的收益",体现了管理者对于不确定性的审慎反应。在企业并购决策中,谨慎性在减轻代理冲突、避免诉讼风险中发挥着积极作用,有助于预警和化解风险,也是建立社会主义市场经济的客观要求。在学习企业并购相关内容的同时,我们应着重培养学生谨慎、务实的品格,强调做事未雨绸缪,提高人生抗风险能力。

(二)案例描述与分析

[案例描述]

吉利控股集团收购沃尔沃汽车是一起经典的"蛇吞象"式收购案例,堪称中国企业在跨国并购中的里程碑事件,对中国汽车行业的快速增长有着很大的促进作用,标志着我国民族汽车工业已经走出国门、迈向世界。

[案例分析]

2007年8月,美国次贷危机爆发,导致金融危机蔓延至全球各国。长期以来,汽车和金融都是欧美国家的支柱产业。金融危机爆发后,汽车产业受到严重冲击。在这种情况下,全球汽车市场遭受重创,2007—2009年,全球汽车销量以约4%的速度连年下降。其中,北美市场的汽车销量跌幅最大,2008年9月,北美汽车市场的销量创下了17年来最大跌幅纪录,跌幅高达26.6%。在恶劣的大环境下,许多老牌车企都受

---

① 马文斌. 公司并购重组与整合[M]. 北京:清华大学出版社,2020:465−483.

到重创,包括通用、福特和克莱斯勒,这三家企业当时都面临被迫申请破产保护的困境。许多车企面对这种情形,只能选择断臂求生,甩卖旗下的资产以求自保。因此,这一时期的汽车并购案例明显增加。

金融危机同样影响中国经济,但由于当时汽车产业不是中国的支柱性产业,因此这场金融危机对中国汽车产业的影响有限,反而给中国带来了机遇。2009年,国务院颁布了《汽车产业调整和振兴计划》,旨在振兴中国汽车企业,提升中国汽车在全球市场的份额。吉利和北汽等本土车企开始投身世界汽车产业的重组浪潮当中。欧美国家的车企由于受到金融危机的冲击,开始减少对研发和设计等方面的支出,这为中国车企提供了收购和兼并的好机会。2007—2009年,中国汽车销售量连年上升,2009年甚至超过了美国,成为全球第一大汽车市场。

2010年沃尔沃被吉利接手之后,其销量逐步回升,息税前利润也开始扭亏为盈。进入2014年后,沃尔沃汽车的营业收入和息税前利润开始呈现爆发式增长。其中,2015—2017年的息税前利润分别同比增长193.96%、66.37%、28.02%,2017年的息税前利润更是创下历史新高。从吉利的角度分析,自从收购沃尔沃,吉利的品牌形象大大提升,这充分体现在销量和市值增长上。

吉利并购沃尔沃的成功在于,吉利对于沃尔沃的收购并不是心血来潮,而是经过精心而严密的准备。早在2002年,吉利就已经关注沃尔沃,此后就沃尔沃收购事宜洽谈了长达三年。可以说,吉利对沃尔沃的收购做了充分的准备。

1. 尽职调查

在收购沃尔沃之前,吉利组建了专业的团队,对沃尔沃做了深入的尽职调查,全面揭示了沃尔沃存在的风险和潜在的价值。2005—2009年,沃尔沃的营业利润连年亏损,销量也呈现下滑趋势,这说明收购沃尔沃存在一定的财务风险。然而,沃尔沃汽车拥有以下资产:(1)超过4 000名高素质研发团队;(2)3款发动机和10款整车,可以满足欧Ⅵ汽车废气排放标准;(3)超过2 500家的分布在全球100多个国家的经销商网络;(4)近60万辆轿车产能的生产线。此外,沃尔沃的整体品牌价值很高,如果能够成功收购,将实现"1+1>2"的效果,在拥有沃尔沃全部品牌资产的同时,也有助于提升吉利自主品牌的价值。

2. 合理的估值

此前1999年福特收购沃尔沃时缺乏经验,对其进行估值时存在严重的信息不对称,导致最终严重高估了沃尔沃的实际价值。吸取了福特的经验教训,吉利聘请了洛希尔国际投资银行,综合运用多种方法对沃尔沃进行合理估值。最终,洛希尔国际银行在权衡了各种估值方法的结果后,对沃尔沃给出了15亿~20亿美元的估值。最终,吉利以18亿美元的价格与福特达成收购沃尔沃的协议。

3.降低整合风险

在吉利收购沃尔沃之前,外界普遍对吉利的整合能力持怀疑态度,认为沃尔沃是一个"烫手的山芋"。然而,沃尔沃在被吉利接手之后,便迅速摆脱了亏损的困境,极大地复苏了沃尔沃品牌。吉利在接手沃尔沃之后,采取了"沃人治沃,放虎归山"的策略。并购沃尔沃后,李书福或吉利相关人士并没有出任CEO,而是由奥尔森继续担任,这充分体现了吉利对沃尔沃组织结构的尊重,也是"沃人治沃"的体现。2010年,沃尔沃企业内部民意调查显示,员工满意度达到了84%,相较于并购前2009年的82%不降反升,这表明吉利的整合工作稳定了沃尔沃集团内部的工作气氛,留住了沃尔沃的重要人才。

(三)案例讨论与升华

[案例讨论]

通过收购沃尔沃,吉利实现了外延式增长,扩大了公司规模,提高了品牌知名度。吉利在并购前的尽职调查、合理的估值以及并购后的有效整合,使得沃尔沃与吉利无论是在技术、管理还是财务方面都产生了协同效应,实现了"1+1>2"的收购结果。

[案例升华]

通过以上案例发现,吉利并购沃尔沃的成功,很大程度上取决于吉利在并购过程中的谨慎处理。吉利通过进行详尽的尽职调查,聘用优秀的估值团队,得出了合理的并购估值,实现了并购后的顺利整合。

因此,企业并购的成功与否,很大程度上取决于并购方在并购前的尽职调查,以减少信息不对称,充分了解目标公司的状况。在此基础上,并购方制订了合理的并购对价,并且在后期的整合过程中,充分尊重沃尔沃的组织结构和企业文化,以规避可能面临的风险,从而获得了并购的成功。

二、本章延伸阅读

延伸阅读1 乐视影业运用市盈率法的资产评估案例

乐视网于2004年11月在北京中关村高科技园区成立,是一家享有国家级高新技术企业资质的上市公司。自上市以来,乐视网凭借其"平台+内容+终端+应用"的经营模式,缔造了一个又一个令人瞩目的财务数据。然而,自2016年起,乐视网的财务问题初现端倪,公司希望通过收购乐视影业再次推高其市值。在对乐视影业的资产评估中,乐视网聘请的评估机构运用了可比公司法,试图论证定价的合理性。乐视影业的可比上市公司的情况如表6-1所示。

表 6—1 乐视影业可比上市公司情况

序号	证券简称	市盈率(P/E)(倍)	市净率(P/B)(倍)
1	长城影视	34.58	7.29
2	慈文传媒	72.37	12.66
3	完美环球	158.01	37.94
4	华谊兄弟	78.49	3.73
5	华策影视	72.06	4.5
6	光线传媒	103.08	5.44
7	华录百纳	66.12	4.07
8	新文化	54.19	4.82
9	唐德影视	99.69	11.98
平均值		82.07	10.27
中值		72.37	5.44
乐视影业		72.06	4.65

评估机构选取了市盈率和市净率作为估值指标,统计了 9 家可比上市公司的相关数据,得出了平均值和中值两个指标。由于影视行业属于轻资产行业,在账面价值外,还具备创意、IP、运营经验、渠道资源等要素,以账面价值为基础的市净率指标难以体现其真实价值。因此,在上述比较中,更关注市盈率指标。乐视影业 2015 年净利为 1.36 亿元,根据市盈率法,对乐视影业估值为 98 亿元。然而,这张可比上市公司估值表真的可以说服中小股东吗?首先,市盈率指标采用前一年的净利润计算而来,不是滚动的,也没有采用过去年份的平均净利润计算。碰巧的是,乐视影业 2015 年刚扭亏为盈,因此这不能代表它过往的真实盈利能力。其次,乐视网拟用 98 亿元收购上年净利为 1.36 亿元的乐视影业,高达 70 倍的市盈率,这真的是一笔好买卖吗?如果没有高速增长,那么投资回报率将会极低,回收期会很长。为了再次验证定价合理性并说服中小股东,评估机构又列出了动态市盈率(见表 6—2)。

表 6—2 乐视影业交易市盈率水平

项目	2015 年	2016 年	2017 年	2018 年
乐视影业 100%股权预估值(亿元)	98.45			
乐视影业 100%股权作价(亿元)	98			
乐视影业承诺净利润(亿元)	1.36	5.2	7.3	10.4
交易市盈率(倍)	72.06	18.85	13.42	9.42
平均承诺净利润(亿元)	7.63			
平均承诺净利润对应市盈率(倍)	12.84			

表 6-2 展示了市盈率如何调整到可接受的低水平,并仍然保持 98 亿元的高估值。首先,要给出远高于报告期水平的业绩承诺金额,从 2015 年的 1.36 亿元到 2016 年的 5.2 亿元,1 年内完成近 3 倍的净利飞跃;其次,业绩承诺还要不断增长,达到 2018 年的 10.4 亿元,即用三年实现净利润增长 10 倍。采用承诺净利润来计算市盈率,彻底脱离了目标公司的基本面情况,这样的估值指标没有太多价值。因为这既不是基于历史数据,也不是基于行业发展的预测数据。此外,乐视网对乐视影业的收购在 2018 年年初仍然被终止。原因不仅是融创接盘、乐视控股持有的乐视影业股权被冻结,而且更重要的是乐视影业本身的问题,对乐视控股 17.1 亿元应收账款难以收回,很有可能成为一笔坏账。

市盈率法在并购估值中是常用的估值方法之一,但在上述案例中被操纵,用已经确定的价值倒推出可接受的市盈率,已然失去了估值的意义。因此,投资者要通过理解估值方法,并结合目标公司近几年的经营业绩、财务状况等基本面情况,充分识别并购估值中的风险。

延伸阅读 2　违法实施经营者集中案件的行政处罚

2022 年 7 月,市场监管总局根据《中华人民共和国反垄断法》对阿里巴巴、腾讯、上海幻电(bilibili)等二十八起未依法申报违法实施经营者集中案件做出行政处罚。以阿里巴巴收购优酷土豆行政处罚决定书为例进行说明。

根据《中华人民共和国反垄断法》(以下简称《反垄断法》)《经营者集中审查暂行规定》,本机关于 2021 年 4 月 12 日对阿里巴巴投资有限公司(Alibaba Investment Limited,以下简称阿里投资)收购 Youku Tudou Inc.(以下简称优酷土豆)股权涉嫌未依法申报违法实施经营者集中案进行了立案调查。

1. 基本情况

(1)交易方

收购方:阿里投资。2000 年,该公司在英属维尔京群岛注册成立,其最终控制人是阿里巴巴集团控股有限公司(以下简称阿里巴巴)。阿里巴巴的主营业务包括网络零售平台服务、零售及批发商业、物流服务、云计算、数字媒体及娱乐、创新业务等。2015 年,全球营业额为(略)人民币(币种下同),中国境内营业额为(略)。[①]

被收购方:优酷土豆。2005 年,该公司在开曼群岛注册成立,2010 年于纽约证券交易所上市,其主要通过"优酷"和"土豆"两大平台从事互联网长视频平台业务。2015

[①] 阿里巴巴 2015 年年报显示当期营业收入为 762.04 亿元。年报链接:https://www.sec.gov/cgi-bin/viewer？action＝view&cik＝1577552&accession_number＝0001047469-15-005768&xbrl_type＝v♯。

年,优酷土豆的全球与中国境内营业额均为(略)。[①]

(2)交易概况

本交易系股权收购。2015年11月6日,阿里投资通过旗下Ali YK及其关联实体和优酷土豆签署并购协议,以每股美国存托股(ADS)27.60美元的现金价格收购优酷土豆的全部股权。2016年4月5日,该交易完成股权变更登记。

2.违法事实及理由

(1)本案构成未依法申报违法实施的经营者集中

《反垄断法》第二十条规定:"经营者集中是指下列情形:(一)经营者合并;(二)经营者通过取得股权或者资产的方式取得对其他经营者的控制权;(三)经营者通过合同等方式取得对其他经营者的控制权或者能够对其他经营者施加决定性影响。"阿里投资收购优酷土豆100%股权,属于《反垄断法》第二十条规定的经营者集中的情形。

《国务院关于经营者集中申报标准的规定》第三条规定:"经营者集中达到下列标准之一的,经营者应当事先向国务院反垄断执法机构申报,未申报的不得实施集中:(一)参与集中的所有经营者上一会计年度在全球范围内的营业额合计超过100亿元人民币,并且其中至少两个经营者上一会计年度在中国境内的营业额均超过4亿元人民币;(二)参与集中的所有经营者上一会计年度在中国境内的营业额合计超过20亿元人民币,并且其中至少两个经营者上一会计年度在中国境内的营业额均超过4亿元人民币。"2015年度,阿里投资和优酷土豆全球营业额及中国境内营业额达到上述规定,属于应当申报的情形。

《反垄断法》第二十一条规定:"经营者集中达到国务院规定的申报标准的,经营者应当事先向国务院反垄断执法机构申报,未申报的不得实施集中。"2016年4月5日,上述交易完成股权变更登记,但在此之前未依法申报,违反《反垄断法》第二十一条,构成未依法申报违法实施的经营者集中。

(2)本案不具有排除、限制竞争的效果

国家市场监管总局就阿里投资收购优酷土豆股权对市场竞争的影响进行了评估,评估认为该项经营者集中不会产生排除、限制竞争的效果。

3.行政处罚依据和决定

《反垄断法》第四十八条规定:"经营者违反本法规定实施集中的,由国务院反垄断执法机构责令停止实施集中、限期处分股份或者资产、限期转让营业以及采取其他必要措施恢复到集中前的状态,可以处五十万元以下的罚款。"根据上述规定,基于调查

---

① 优酷土豆年报显示2014年、2013年、2012年营业收入分别为42.23亿元、30.69亿元和19.10亿元。年报链接:https://www.sec.gov/cgi-bin/viewer?action=view&cik=1442596&accession_number=0001104659-15-030850&xbrl_type=v。

情况和评估结论,本机关现决定对阿里投资处以罚款 50 万元的行政处罚。

并购是企业扩张的重要方式,但必须合规。加强反垄断法律意识,积极参与预防和制止垄断行为,有助于保护市场公平竞争,提高经济运行效率,维护消费者利益和社会公共利益,促进社会主义市场经济健康发展。

复习思考题与练习题

一、复习思考题

1. 诺贝尔经济学奖获得者乔治·斯蒂格勒(George Stigler)认为:"没有一家大公司不是通过某种程度、某种方式的并购成长起来的,几乎没有一家大公司是完全依靠内部扩张成长起来的。"结合乔治·斯蒂格勒的观点,比较分析企业并购与内部扩张成长两种扩张方式的利弊。

2. 企业并购有哪几种形式和分类?

3. 什么是企业并购的价值评估?其评估方法有哪些?

二、练习题

1. A 公司、B 公司和 C 公司为国内某家电产品的三家主要生产商。B 公司与 C 公司位于同一省份,而 A 公司在相距 1 000 千米外的另外一省。A 公司和 C 公司规模较大,市场占有率和知名度高,营销能力和管理水平也较高。B 公司 5 年前通过改组后,转产进入家电行业,目前规模较小,资金上存在一定问题,销售渠道不足。然而,B 公司拥有一项该种家电产品的关键技术,而且是未来该种家电的发展方向,需要投入资金扩大规模和开拓市场。A 公司财务状况良好,资金充足,是银行比较信赖的企业,其管理层的战略目标是发展成为行业的主导企业,在市场份额和技术上取得优势地位。目前,A 公司拟并购 B 公司。

要求:

(1)根据并购双方所处的行业分类,判断其并购类型。

(2)分析该并购可能给 A 公司带来的利益。

2. 甲公司是一家医疗设备制造企业,其主要产品为各类医用检测仪器。乙公司是一家小型医疗耗材生产企业,其主要产品为血糖测试纸。甲公司考虑收购乙公司,以扩大公司业务范围。

要求:简要分析甲公司在对乙公司进行尽职调查时,应该关注哪些方面的内容?请列举。

第七章　风险管理

▶ **本章概述**

本章介绍了风险管理的概念、利率风险和外汇风险的类型，并结合实务例题对利率风险管理工具和外汇风险管理工具进行重点分析。同时，本章结合思政案例与延伸阅读进行内容拓展。

▶ **思政目标**

深刻理解利率风险管理和外汇风险管理的方法，合理利用衍生工具，以服务于实体经济。

▶ **育人元素**

树立学生外汇风险防范意识。

第一节　风险管理概述

风险是在一定条件下和一定时期内，由于各种结果发生的不确定性而导致行为主体遭受损失的大小及其可能性的大小。风险管理是指如何在项目或者企业一个肯定有风险的环境里把风险可能造成的不良影响减至最低的管理过程。本节主要讨论的是利率风险和外汇风险（也称汇率风险）。其中，汇率是指一国货币兑换为另一国货币的比率，它体现了一个国家货币对另一国货币的价值。

在开放经济体中，利率与汇率之间是互动关系。虽然两者之间的相互影响存在一定的时差，但汇率变动一定会引起利率的变动，反之亦然。因此，出现汇率风险时，常常伴随着利率风险,而利率风险中也包含着汇率风险。

一、利率风险的概念及类型

(一)利率风险的概念

利率风险(interest rate risk),是指在一定的时期内因外币利率的相对变化,导致涉外经济主体的实际收益与预期收益或实际成本与预期成本发生背离,从而蒙受损失的可能性。利率是资金的价格,其高低受政治、经济、金融状况等因素的影响。经济发展情况、投资者预期及其他国家和地区的利率水平等都会对利率造成影响。

(二)利率风险的类型

公司可能在以下方面面临利率风险:当公司借款时,如果利率上升,将增加融资成本;而当公司进行投资时,如果较低的利率,会降低现金投资的回报。即使一家公司的借款和投资规模相似,但如果出现以下情况,仍可能存在风险。

情况一:投资利息按固定利率赚取,而借款利息则按可变利率支付(因此存在利率上升的风险)。

情况二:投资利息按可变利率赚取,而借款利息按固定利率支付(因此存在利率下降的风险)。

1. 基准利率

基准利率可以通过使用不同国家的银行相互借贷的基准利率的确切名称来指代,例如:美元采用有担保隔夜融资利率(SOFR),英镑采用英镑隔夜指数平均利率(SONIA,该利率过去被称为LIBOR),日元采用东京隔夜平均利率(TONAR),瑞士法郎采用瑞士隔夜平均利率(SARON),欧元采用欧元短期利率(ESTR)。

知识链接

伦敦银行间同业拆借利率(LIBOR)从2022年1月1日起逐步停用,这标志着其正逐步退出历史舞台。这是全球金融市场数十年来最为重大的改革之一,标志着全球基准利率迎来多元化时代。

LIBOR起源于20世纪60年代末,随着利率市场的发展和各种衍生品的出现,投资者越来越希望有一份统一的基准利率,LIBOR应运而生。1986年,英国银行家协会(BBA)将LIBOR正式化,后来涵盖美元、英镑、欧元、瑞士法郎、日元五种货币,并搭配隔夜、1周、1个月、2个月、3个月、6个月、1年7种期限,共有35种不同的报价。英国银行家协会选择了近20家参考银行,这些银行在每个交易日的伦敦时间11点前向美国洲际交易所(ICE)提交自己的同业拆借利率,美国洲际交易所去掉一些最高值和最低值后,将余下的报价进行算术平均，就形成了 LIBOR 利率，这一利率成为全球基准利率。

2.基准风险和时间不匹配

即使一家公司既有现金资产，又有类似规模的负债，而且投资和借款的利率都是可变的，但如果出现以下情况，公司仍可能存在风险。例如，当可变利率不是由相同的基准决定时，就会产生基准风险。具体而言，一个利率可能与中央银行基准利率挂钩，而另一个与 SONIA 挂钩，这种情况也被称为基准风险。又或者存在产生风险的时间差，也被称为时间不匹配风险。以下两种情况可能会产生时间不匹配风险：(1)投资和借款的利率调整时间点不同，如资产可能根据基准利率浮动每三个月调整一次，而负债可能根据基差浮动每六个月调整一次。(2)在某一时间点，到期的资产的价值与到期的负债的价值之间存在差异。如果负债大于资产，则存在利率上升的风险；如果资产大于负债，则存在利率下降的风险。

二、外汇风险的概念及类型

外汇风险(foreign exchange risk)，又称汇率风险(exchange rate risk)或汇兑风险(exchange risk)，是指企业的成本、利润、现金流或市场价值因外汇汇率波动而面临的潜在的上涨或下落的风险。汇率变动的影响因人因时而异，不能一概而论。换言之，它有可能产生外汇收益，也可能导致外汇损失，其最终结果取决于有关当事人的净外汇头寸及汇率变动的方向。如果持有的是多头头寸，即投资者看好汇率市场，预计价格将上涨，于是趁低价时买进，待价格上涨至某一价位时再卖出，以获取差额收益。在这种情况下，外汇汇率上升对其有利，而下跌则不利。反之，如果持有的是空头头寸，即投资者认为现时价格较高，对价格前景看空，预计汇率价格将会下跌，于是先卖出，待价格跌至某一价位时再买进，以获取差额收益。在这种情况下，外汇汇率上升对其不利，下跌则有利。如果外汇净头寸为零，即头寸轧平，那么无论汇率怎样变动，都不会产生外汇损益。

外汇风险有三种基本类型：交易风险、折算风险和经济风险。

(一)交易风险

交易风险是指公司以某种外币计量的交易，在买卖成立到货款收付结算过程中，由于汇率变动而引起的以本国货币或另一种外币计算的差异，这种差异可能给公司带来收益或损失的风险。由于外汇汇率的不稳定性，交易风险是公司外汇风险的主要风险之一。

当公司发生外汇业务时，通常以一种货币作为结算货币。然而，从外汇业务发生到结算时，汇率变动会使公司多付或少付某国货币。

例如，中国的 ABC 公司签订了价值 100 万美元的出口合同，6 个月后交货、收汇。

假设该公司的出口成本费用总计约为 670 万元人民币，目标利润为 60 万元人民币。假设双方签订合同时的汇率为 1 美元＝7.3 元人民币，6 个月后当该公司收到 100 万美元的货款时，如果美元对人民币的汇率发生了变动，则该公司将面临交易风险。若美元对人民币的汇率升高，则该公司不仅可收回成本，获得 60 万元人民币的利润，还可获得超额利润；若汇率不变，则该公司收回成本后，刚好获得 60 万元人民币的利润；若汇率降低，则该公司收回成本后所得的利润少于 60 万元人民币。若汇率低于 1 美元＝6.7 元人民币，则该公司不仅没有利润，而且还会亏本。

交易风险对某个特定公司是否有利取决于具体情况。在以外币计价的交易中，当一国货币对外币贬值时，拥有债权的本国公司可以获得利益，在收回一定数量的外币时，可以换取更多的本国货币。而当本国货币升值时，如果公司拥有债务，则会使公司少支付本国货币，具体如表 7－1 所示。

表 7－1　　　　　　　　　货币变动对债权债务的影响分析

货币变动情况	拥有外币债权	拥有外币债务
本国货币升值	少收本国货币	少付本国货币
本国货币贬值	多收本国货币	多付本国货币

在测算交易风险时，首先要分清公司是外币流入还是流出，然后考虑外汇汇率变动的方向及其大小，最后确定外汇交易风险会使公司的现金流量增加还是减少。

一国货币汇率的变动还会影响该国公司的生产经营情况。当一国货币升值时，在国内市场上由于受到国外商品价格（以外币计价的国外商品价格不变，折算成本国货币就减少）竞争的影响，国内商品销售量会减少。另外，由于该国货币升值，商品的外币价格上升，导致该国出口量减少，进而影响公司的销售规模，减少公司的销售收入。相反地，当一国货币贬值时，在其他条件不变的情况下，该国公司的销售规模会扩大，销售收入会增加，从而增加公司的未来收益和现金流量。

(二)折算风险

折算风险也称会计风险，是指公司在编制报告和合并报表时，需要将跨国经营的财务报表从当地货币转换成母国货币。如果在报告期内汇率已经发生了变化，那么对那些以外币表示的资产、负债、收入、费用、利润或损失的换算就会产生外汇的损益。这种由于汇率变动而引起外汇换算损益的不确定性就是折算风险。

跨国公司在编制合并报表时，由于控股公司和其下属子公司是独立实体，且分布在不同的国家和地区，因此平时各公司按照不同的货币对经济事项进行反映。但在编制合并报表时，要把每一种不同货币换算成统一的货币形式。随着汇率的变动，合并报表的数值也会受到不同程度的影响。外汇汇率变化会引起资产负债表、利润表中的某些外汇项目金额变动,从而产生风险。这种风险具体表现为资产、负债、收入和费用的增加或减少。然而,这种风险是一种账面风险,只出现在编制合并报表过程中,并不影响公司的现金流量。

[实务题7-1] 中国的甲公司持有银行往来账户金额100万美元,原汇率为＄1＝￥7.3,折算成人民币为730万元。若未来美元贬值,人民币升值,新汇率为＄1＝￥7。计算该公司100万美元的银行往来账户余额折算成人民币有多少万元?变化了多少?

[解析]

100×7＝700(万元)

730－700＝30(万元)

该公司100万美元的银行往来账户余额折算成人民币700万元。

在两个折算日期之间,甲公司这100万美元的价值按人民币折算减少了30万元。

(三)经济风险

经济风险,是指非预期(意料之外)汇率变动对以本国货币表示的跨国公司未来现金流量现值的影响程度。它用来衡量汇率变动对整个企业盈利能力和公司价值产生潜在影响的程度。

经济风险的特点主要表现在以下三个方面。第一,经济风险不能被准确识别和测量,其在很大程度上取决于销售量、价格或成本的变动对汇率变动的反映程度。对于跨国经营的企业来说,汇率变动引起的不仅是临时的价格变化,而且对一些环境变量(如利率、需求结构等)产生长期的甚至永久性的影响。环境变量的变化,会引起公司产品价格、市场份额、生产成本等指标变化,从而引起收益波动,给企业带来经济风险。第二,经济风险是通过间接渠道产生的,即汇率变化——经济环境变化——收益变化,即使是纯粹的国内企业也会面临经济风险。第三,经济风险在长期、中期和短期内都存在,而不像交易风险和折算风险是短期的、一次性的。

第二节 风险管理重点问题的理解与应用

一、利率风险管理

利率风险是一种系统性风险,很难通过分散化策略加以管理和控制,但可以利用金融衍生产品进行风险管理。常见的用于利率风险管理的金融衍生产品包括远期利率协议、利率衍生产品。

(一)远期利率协议

远期利率协议(Forward Rate Agreements,FRA)是指协议双方约定在未来某一日期,根据名义本金进行协议利率与参照利率差额支付的远期合约。协议利率是双方在合同中约定的固定利率,是对名义本金额的计息基础。

远期利率协议是一种远期合约,买卖双方商定在将来一定时间点(指利息起算日)开始的一定期限内的协议利率,并规定以某种利率为参照利率,在将来利息起算日,按规定的协议利率、期限和本金额,由当事人一方向另一方支付协议利率与参照利率利息差的贴现额。值得注意的是,虽然远期利率协议的基础是未来贷款和存款双方之间的一个名义合约,但并没有存款或贷款本金金额的承诺,双方只是以合约利率和实际参考利率的差额交割。

在实际交易中,远期利率协议主要涉及以下几种要素:(1)协议金额,即借贷的名义本金额;(2)交易日,即远期利率协议成交的日期;(3)协议利率,即协议中双方商定的固定利率;(4)参照利率,即某种市场利率。

[实务题7-2] 假定 A 公司预期在未来 3 个月将借款 500 万美元,借款期限为 6 个月。该公司准备以 SONIA 获得资金,现在 SONIA 为 6%,公司希望筹资成本不高于 6.5%。为了控制筹资成本,该公司与 B 银行签署了一份 FRA,假定远期利率协议的协议利率为 6.3%,名义本金为 500 万美元,协议期限为 6 个月,自现在起 3 个月内有效。这在市场上被称作 3×9 远期利率协议。

要求:假定 3 个月后参照利率 SONIA 为 6.7%,则 B 银行应向 A 公司进行利差支付,支付金额是多少?

[解析]

$$\frac{5\,000\,000\times(6.7\%-6.3\%)\times\frac{6}{12}}{1+6.7\%\times\frac{6}{12}}\approx 9\,675.86(美元)$$

即 3 个月后,银行向 A 公司支付利差 9 675.86 美元,A 公司通过该 FRA 补偿按市场利率 6.7% 借款 500 万美元而增加的成本损失。由于这个利差损失是在借款之日发生的,而不是在借款到期时,因此必须支付利差的现值。

知识链接

远期利率协议交易具有以下几个特点:一是具有极大的灵活性。作为一种场外交易工具,远期利率协议的合同条款可以根据客户的要求"量身定做",以满足个性化需求;二是并不进行资金的实际借贷,尽管名义本金额可能很大,但由于只是对以名义本金计算的利息差额支付,因此实际结算量可能不大;三是在结算日前不必事先支付任何费用,只在结算日发生一次利息差额的支付。

(二)利率衍生产品

利率衍生产品包括利率期货(Interest Futures)、利率期权(Interest Options)、利率互换(Interest Rate Swap)。

1. 利率期货

利率期货是指买卖双方按照事先约定的价格在期货交易所买进或者卖出某种有息资产,并在未来的某一时间交割的一种金融期货业务。利率波动使得金融市场上的借贷双方均面临利率风险,为了避免或减少利率风险,因此而产生了利率期货。

知识链接

期货是一种跨越时间的交易方式。买卖双方通过签订标准化合约(期货合约),同意按指定的时间、价格与其他交易条件,交收指定数量的现货。期货通常集中在期货交易所买卖,但部分期货合约可透过柜台交易(Over the Counter,OTC)买卖。根据合约标的物的不同,期货合约分为商品期货和金融期货两大类。商品期货又分工业品(可细分为金属商品、能源商品)、农产品以及其他商品。金融期货主要是传统的金融商品(工具),如股指、利率、汇率等。

例如,某公司3个月后贷款1 000 000元,该公司可以通过利率期货降低风险,具体操作如表7—2所示。

表7—2　　　　　　　　　　现货市场与期货市场

	现货市场	期货市场
5月2日	市场利率9.75%	卖出1份9月到期的国债期货合约,成交价90.25点
8月2日	市场利率12%	买入1份9月到期的国债期货合约,成交价88点
结果	现货市场亏损:1 000 000×(9.75%−12%)×90/360=−5 625	期货市场盈利:1 000 000×(90.25%−88%)×90/360=5 625

注:短期利率期货的报价方式是"100减去利率水平"。

与远期利率协议相同,投资者可以通过购买利率期货来锁定未来的利率水平。然而,与远期利率协议不同的是,期货的结算是通过其保证金账户进行日结算,因此,期货的违约风险相对远期合约而言更小。

2. 利率期权

利率期权是指买方在支付了期权费后,即取得在合约有效期内或到期时,以一定利率(价格)买入或卖出一定面额的利率工具的权利。期权费是指期权合约买方为取得期权合约所赋予的某种金融资产或商品的买卖选择权而付给期权合约卖方的费用。企业通过购买利率期权,可以在利率水平向不利方向变化时得到保护,而在利率水平向有利方向变化时受益。

利率期权是一项与利率变化相关联的期权。买方支付一定金额的期权费后,可以获得这项权利,在到期日按预先约定的利率,在一定的期限内借入或贷出一定金额的货币。这样,当市场利率向不利方向变化时,买方可固定其利率水平;而当市场利率向有利方向变化时,买方可获得利率变化带来的好处。利率期权的卖方向买方收取期权费,同时,承担相应的责任。

利率期权有多种形式,常见的主要有利率上限、利率下限、利率上下限。

利率上限,适用于借款业务。客户与银行达成协议,双方确定一个利率上限水平。在此基础上,利率上限的卖方(通常为银行)向买方(通常为客户)承诺:在规定的期限内,如果市场参考利率高于协定的利率上限,则卖方向买方支付市场利率高于协定利率上限的差额部分;如果市场利率低于或等于协定的利率上限,则卖方无支付义务。买方由于获得了上述权利,必须向卖方支付一定数额的期权手续费。

利率下限,适用于存款业务。客户与银行达成协议,双方确定一个利率下限水平。在此协议下卖方向买方承诺:在规定的有效期内,如果市场参考利率低于协定的利率下限,则卖方向买方支付市场参考利率低于协定的利率下限的差额部分;若市场参考利率大于或等于协定的利率下限,则卖方没有支付义务。同样地,卖方向买方收取一定数额的手续费。

利率上下限,是指将利率上限和利率下限两种金融工具结合使用。具体来说,购买一个利率上下限,是指在买进一个利率上限的同时,卖出一个利率下限,以收入的手续费来部分抵销需要支出的手续费,从而达到既防范利率风险又降低费用成本的目的。类似地,卖出一个利率上下限则是指在卖出一个利率上限的同时,买入一个利率下限。企业可根据存贷业务需求进行合理决策。

[实务题7-3] A 公司有 300 万美元,期限为 6 个月,以 SONIA 计息的浮动债务,从公司的角度出发,既希望在市场利率降低的时候能够享受低利率的好处,又想避免市场利率上涨时利息成本增加的风险。

要求:假定银行提供 6 个月的利率期权、协定利率为 5% 的利率上限和利率下限产品,请分析 A 公司应该购买哪种利率期权以规避风险。

[解析]

A 公司应该选择向银行买入 6 个月,协定利率为 5%的利率上限期权。如果 6 个月之后,SONIA 利率上升至 6%(大于原来的协定利率),那么 A 公司就会选择行使该期权,作为期权卖方的银行就应当向其支付市场利率和协议利率的差价 3 万美元[300×(6%-5%)],作为期权合约的买方,A 公司由于判断正确,有效地固定了其债务成本。反之,如果 SONIA 出现了下跌的走势,比如低于 5%,A 公司就可以选择放弃执行该期权,以较低的市场利率支付债务利息,其损失就仅仅是一笔期权费。此外,A 公司也可以选择购买一个利率上下限以降低风险管理成本。

3. 利率互换

利率互换是指信用等级、筹资成本和负债结构存在差异的两个借款人,利用各自在国际金融市场上筹集资金的相对优势,在双方债务币种相同的情况下,相互交换不同形式的利率以降低筹资成本或规避利率风险的互换业务。通过这种互换行为,交易一方可将某种固定利率资产或负债转换成浮动利率资产或负债,而另一方则取得相反的结果。利率互换的主要目的是降低双方的资金成本(即利息),并使之各自得到自己需要的利息支付方式(固定或浮动)。

利率互换包括息票互换和基础互换两种形式。息票互换是指固定利率与浮动利率之间的互换。基础互换是指双方互换不同参照利率的利息支付,即一种浮动利率对另一种浮动利率的互换,如美国优惠利率对 SONIA 的互换。虽然利率互换的产生出于降低筹资成本的需要,但它也可用于管理利率风险。借款机构通过利率互换合同锁定利差,从而避免利率波动风险。

[实务题7-4] A 公司由于资信等级较高,在市场上无论是筹措固定利率资金,还是筹措浮动利率资金,均比 B 公司优惠。A、B 两家公司面临的借款利率如表7-3 所示。假设利率互换时,中介机构银行分别向双方收取 0.2%的服务费,请问如何通过利率互换降低筹资成本?

表 7—3　　　　　　　　　　A、B 两家公司借款利率

	浮动利率	固定利率	利差比较
A 公司	SONIA+0.4%	8%	
B 公司	SONIA+1.4%	9.8%	
利差	1%	1.8%	0.8%

[解析]

A 公司虽然在浮动利率和固定利率贷款方面都占有优势,但是 B 公司在浮动利率

贷款方面占有相对优势，A公司在固定利率贷款方面占有相对优势。如果A公司用浮动利率贷款，B公司用固定利率贷款，那么两家公司总利率是[（SONIA＋0.4％）＋9.8％]＝SONIA＋10.2％。如果让A公司用固定利率贷款，B公司用浮动利率贷款，那么两家公司总利率是[8％＋（SONIA＋1.4％）]＝SONIA＋9.4％。因此，A公司借入固定利率贷款，B公司借入浮动利率贷款，然后双方以某银行作为中介商安排互换。经过互换，可获得的总收益为0.8％[（9.8％－8％）－（1.4％－0.4％）]，扣除银行赚取的0.2％，两个公司各得收益为0.3％[（0.8％－0.2％）/2]。通过利率互换，A、B两家公司将各自拥有的筹资相对优势转化成利率上的优势，从而降低了筹资的成本。

二、外汇风险管理

外汇风险管理，是指外汇资产持有者通过风险识别、风险衡量、风险控制等方法，预防、规避、转移或消除外汇业务经营中的风险，从而减少或避免潜在的经济损失，进而实现在风险可控条件下的收益最大化或收益确定条件下的风险最小化。

（一）外汇波动的预测

为了识别和测量各种外汇风险，我们需要了解汇率变动的趋势和幅度，因此，必须进行外汇波动的预测。汇率是开放经济运行中居于核心地位的变量，各种宏观变量及微观因素都会通过种种途径引起它的变动，而其变动又会对其他经济变量产生重要的影响。因此，只有在了解汇率与其他经济变量相互关系的基础上，我们才能全面地认识开放经济的运行特点。

1. 国际收支理论

国际收支，是指一国在一定时期内全部对外经济往来的系统的货币记录。国际收支平衡（Balance of Payments，BOP），是指一国国际收支净额（即净出口与净资本流出的差额）为零。国际收支净额的计算方式为：国际收支净额＝净出口－净资本流出。国际收支平衡被视为衡量一国相关价值的经济指标之一，包括贸易余额、境外投资和外方投资。

国际收支理论是从国际收支变动对汇率影响的角度探讨汇率决定问题。该理论假设汇率完全自由浮动，汇率通过自身变动使国际收支始终处于平衡状态。该理论认为，在纸币流通条件下，汇率主要是由外汇的供求决定，而外汇的供求状况主要取决于一国的国际收支状况。当一国国际收支出现逆差（即国际收支净额小于0）时，该国的外汇需求大于供给，此时外汇汇率将上升，本币贬值；反之，当国际收支出现顺差（即国际收支净额大于0）时，外汇需求小于供给，外汇汇率将下降，本币升值。

2. 购买力平价理论

购买力平价理论(Purchasing Power Parity,PPP),是一种研究和比较各国不同的货币之间购买力关系的理论。购买力平价理论的基本思想是,人们之所以需要外国货币,是因为它在该国国内具有对一般商品的购买力。同样地,外国人之所以需要本国货币,也是因为它在本国具有购买力。因此,在纸币流通条件下,决定两国货币汇率的基础是两国纸币所代表的购买力。汇率反映了两国物价的对比,即两国货币所代表的购买力之比。购买力平价理论预测,外汇的交换价值取决于每种货币在本国的相对购买力,即期汇率将随着时间的推移根据相对价格的变化而变化。因此,如果一个国家的通货膨胀率相对较高,那么从长期来看,这个国家的货币就会贬值。

购买力平价理论公式为:

$$S_1 = S_0 \times \frac{1+h_a}{1+h_b}$$

式中,S_1是预期即期汇率,S_0是当前即期汇率,为直接标价法;h_a是国内通货膨胀率;h_b是国外通货膨胀率。

知识链接

直接标价与间接标价是汇率表示的两种主要方法。汇率是两国货币的比价。对两国货币进行折算,根据采用的标准不同,分为直接标价与间接标价两种方法。

直接标价法又称应付标价法,是以一定单位的外国货币为标准,折合为若干单位的本国货币。这种方法相当于计算购买一定单位外币应付多少本币,因此得名应付标价法。在直接标价法下,外国货币作为基准货币,本国货币作为标价货币;标价货币(本国货币)数额随着外国货币或本国货币币值的变化而变化。包括中国在内的世界上绝大多数国家都采用直接标价法,例如＄1＝￥7.275 9。在国际外汇市场上,日元、瑞士法郎、加元等均为直接标价法。

间接标价法,又称应收标价法。它是以一定单位(如1个单位)的本国货币为标准,来计算应收若干单位的外国货币。在国际外汇市场上,欧元、英镑、澳元等均为间接标价法。例如欧元1.082,即1欧元兑1.082美元。

[**实务题7-5**] 中国(货币为人民币)和美国(货币是美元)之间的即期汇率为＄1＝￥7.3,即中国价值730元的商品在美国价值100美元。在接下来的一年里,假定美国的通货膨胀率预计为4%,中国的通货膨胀率预计为3%。根据购买力平价理论,一年后预期即期汇率是多少?

[解析]

$$S_1 = 7.3 \times \frac{1+3\%}{1+4\%} = 7.23$$

3. 利率平价理论

利率平价理论(Interest Rate Parity, IRP)认为,两个国家利率的差额等于远期兑换率及现货兑换率之间的差额。该理论认为,两国之间的即期汇率与远期汇率的关系与两国的利率有密切的联系。只要两国间相同时期的利率存在差距,投资者就可利用套汇或套利等方式赚取价差,两国货币间的汇率将因为此种套利行为而产生波动,直到套利的空间消失为止。

利率平价理论公式为:

$$F_0 = S_0 \times \frac{1+i_a}{1+i_b}$$

式中,F_0是远期汇率,S_0是当前即期汇率,为直接标价法;i_a是本国利率;i_b是外国利率。

[**实务题 7-6**] 中国的一家公司在1年后将收到货款美元。当前即期汇率为 $1=¥7.3。假设中国年利率为6%,美国年利率为5%。请计算12个月后的远期汇率。

[**解析**]

$$F_0 = 7.3 \times \frac{1+6\%}{1+5\%} = 7.37$$

4. 国际费雪效应

国际费雪效应(International Fisher Effect)所表达的是两国货币的汇率与两国资本市场利率之间的关系。它认为,即期汇率的变动幅度与两国利率之差相等,但方向相反。

国际费雪效应公式表达如下:

$$(S_1 - S_0)/S_0 = i_d - i_f$$

其中,S_0是当前即期汇率,S_1是一定时间结束后的即期汇率,i_d是国内资本市场利率,i_f为国外利率。

国际费雪效应理论的核心思想是,用利率而不是通货膨胀率差额来解释汇率的波动。根据费雪效应,如果所有国家的投资者要求得到相同的实际收益,则国家之间的利率差额反映的是预期通货膨胀率的差额。购买力平价理论表明,汇率波动幅度反映的是通货膨胀率差额。把费雪效应与购买力平价定理结合起来,即得国际费雪效应:货币汇率波动幅度应该等于两种货币之间的名义利率差额。

(二)外汇风险管理的工具

在外汇风险管理方面,由于企业的经营方式多种多样,且它们对外汇市场和其他市场不甚了解,因此往往会处于被动地位。企业为管理外汇风险所采取的措施及相应的操作办法形式较多,并且比较复杂。

在实际操作过程中,企业要针对本身持有的或可能要持有的受险部分,综合考虑其具体的业务特点、自身的资历状况以及外汇银行的态度等因素,以确定应采取的风险管理措施。企业不仅要预测未来的汇率变动趋势,还需根据具体情况选用相应的避险措施。

1. 远期外汇合约

远期外汇合约(Foreign Exchange Forward Transaction)又称期汇交易,是指买卖外汇双方先签订合同,规定买卖外汇的数量、汇率和未来交割外汇的时间,到了规定的交割日期,双方再按合同规定办理货币收付的外汇交易。

远期外汇合约的交易地点并不固定,通常通过现代通信手段进行,交易时间也不受限制,可以24小时交易,因此属于无形市场。远期外汇合约是交易双方经协商后达成的协议,在交易币种、汇率、交割方式、金额等方面能够灵活地满足交易双方的偏好,因此是非标准化的合约。

[**实务题7-7**] 中国进口商从美国某出口商进口一批价值为200万美元的货物,经同意于90天后付款。签约时,120天的远期汇率$1＝¥7.3。中国进口商为了防止进口付款时支付成本增加,如何通过远期外汇合约规避风险?

[**解析**]

首先,进口商通过签订的远期外汇合约$1＝¥7.3的远期汇率购买200万美元,共支付人民币1 460万元;3个月后,人民币同美元的比率变动为$1＝¥7.4,200万美元需要支付人民币1 480万元,通过远期外汇合约,进口商少支付了20万元。同时,如果人民币同美元的汇率变动为$1＝¥7.2,则进口商无法通过汇率有利变动而获益。

2. 货币市场对冲

货币市场对冲是指通过一系列的货币市场交易来对冲汇率风险的行为。货币市场对冲利用不同货币的利率之差保值,使得本国公司在与海外公司贸易往来时,降低其承受的汇率风险。本国公司可以通过提前换汇的方式锁定外币的价值,帮助公司将未来交易时的收入和支出在现期就确定下来。

(1)外汇收入(如出口)

由于远期汇率和货币利率之间的密切关系,因此可以通过使用即期汇率和货币市场借贷来"制造"远期汇率。在预期有外币收入的情况下,公司可以通过以下方法管理汇率风险:方法一,现在借入外币,按现在即期汇率将这些资金兑换成人民币(本国货币),规避未来汇率变动的风险;方法二,将来用收入(外币)偿还外币贷款。

例如,中国A公司向英国B公司出口价值100 000英镑的商品,3个月后A公司将收到货款。即期汇率为£1＝¥9.42。假设A公司可以按照4%的年利率存入3个月的人民币,也可以按照4.8%的年利率借入3个月的英镑。该公司可以通过货币市场对冲控制汇率风险。

A公司可计划将3个月后所收100 000英镑外币货款用于偿还等额外币贷款。其中,3个月的利率可通过将年利率乘以3/12调整计算得出,这使得A公司可按照1%的利率存入人民币,1.2%的利率借入英镑。

第一步:A公司现在借入外币98 814.23英镑[100 000÷(1+1.2%)],3个月后将偿还本利和100 000英镑;

第二步:将借入英镑按照即期汇率换算成人民币930 830.05元(98 814.23×9.42);

第三步:A公司将这笔款项存入本国3个月,到期本利和为940 138.35元[930 830.05×(1+1%)]。

3个月后A公司可将收回的外币货款偿还到期的英镑借款,同时,公司"制造"了9.401 4的远期汇率(940 138.35/100 000)。

(2)外汇支出(如进口)

当外币支出到期时,货币市场对冲可以通过以下方式管理汇率风险:一是现在从本地银行账户提取本国货币(如人民币),并将其存入外币银行账户,规避未来汇率变动的风险;二是将来用这些资金(加上利息)支付外汇费用。

3.金融衍生产品

金融衍生产品是与金融相关的派生物,通常是指从原生资产派生出来的金融工具。其共同特征是采用保证金交易,即投资者只要支付一定比例的保证金就可进行全额交易,无需实际上的本金转移。合约的了结一般采用现金差价结算方式,只有在期满日以实物交割方式履约的合约才需要买方交足货款。因此,金融衍生产品交易具有杠杆效应。保证金越低,杠杆效应越大,投资者面临的风险也就越大。

(1)外汇期货合约

外汇期货合约是指在约定的未来日期以特定的汇率购买或出售标准数量的货币的合约。具体做法是,进口商为了防范计价结算货币未来升值而多付货款所带来的损失,在签订贸易合同时,可在期货市场上先买进期货合约,待合同到期支付时,再卖出期货合约进行对冲。出口商为了防范结算货币未来贬值而少收货款所带来的损失,可采用签约时先卖出期货合约,支付时再买进期货合约的方式对冲。这样,期货市场上"先卖后买"的盈利(损失)可与现货市场上的损失(盈利)相互抵补,能减少进出口商面临的外汇风险。外汇期货交易是在交易所集中公开竞价交易的一种合约,通常交易场所固定,交易时间有限制。外汇期货合约是标准化合约,实行保证金制度。

[实务题7-8] 中国A公司于6月1日向美国某公司进口一批货物,货款金额为500万美元,付款期限为30天。已知6月1日的即期汇率为$1=¥7.3,外汇期

货市场汇率为$1=¥7.32。该公司预测6月份后美元会升值,为避免美元升值带来的风险,A公司决定从外汇期货市场中购买价值500万美元的外汇期货合约。假设30天后,现货市场汇率为$1=¥7.4,期货市场汇率为$1=¥7.41。请问,该公司实际支付的货款为多少万元?

[解析]

期货市场收益:$500×(7.41-7.32)=45$(万元)

现货市场支付:$500×7.4=3\ 700$(万元)

实际支付的货款:$3\ 700-45=3\ 655$(万元)

(2)外汇期权

外汇期权也称为货币期权,是指合约购买方在向出售方支付一定期权费后,所获得的在未来约定日期或一定时间内,按照规定汇率买进或者卖出一定数量外汇资产的选择权。当市场发展对持有人有利时,持有人有权买卖外汇;当市场发展对持有人不利时,持有人可以放弃买卖外汇的权利。外汇期权是期权的一种,相较于利率期权、期货期权等其他种类的期权,外汇期权买卖的是外汇。从买方的权利来划分,期权主要分为以下两种:看涨期权、看跌期权。看涨期权是指期权的购买者拥有在期权合约有效期内,按执行价格买进一定数量标的物的权利。看跌期权是指期权的购买者拥有在期权合约有效期内,按执行价格卖出一定数量标的物的权利。

签订外汇期权合同是降低外汇风险的方法之一。这种方法灵活性较高,期权持有人到期自行决定是否行使权利。通过选择是否行权,持有人可以减少和避免因汇率变动带来的风险,损失的最大额是购买期权所支付的成本。

[实务题7-9] 假设某公司在中国有一笔定期将于3个月后到期的外币支付交易,金额为100万美元。为了规避外汇市场的风险,该公司购买了一份3个月到期的外汇看涨期权,行权价为$1=¥7.1。3个月后,市场汇率为$1=¥7.3。请问,该公司是否会行使该期权?

[解析]

首先,该公司需要计算使用期权和不使用期权的成本差异。如果不使用期权,该公司将以市场汇率购买100万美元,总成本为730万元人民币(100万美元×7.30元人民币/美元)。而如果使用期权,该公司将以约710万元的价格购买100万美元。因此,该公司决定行权购买100万美元。

(3)货币互换

货币互换是指两笔金额相等、期限相同,但货币不同的债务资金之间的调换,同时也进行不同利息额的货币调换。在货币互换中,双方同意在一段时间内交换等值的货币,这实际上涉及债务从一种货币向另一种货币的交换。主要债务(本金)的责任发生转移,当事人承担交易对手风险。如果另一方不履行支付利息的协议,则原借款人仍对贷款人承担责任。货币互换双方互换的是货币,它们之间各自的债权债务关系并没有改变。货币互换的目的在于降低筹资成本以及防止汇率变动风险造成的损失。

第三节　本章课程思政案例及延伸阅读

为扩展对本章内容的理解,本章课程思政案例侧重于外汇风险管理的深入探讨,并结合目前实务中风险管理存在的一些问题进行分析和阐述。

一、本章课程思政案例

(一)案例主题与思政意义

[案例主题]

从福耀玻璃案例[①]中理解企业面临的外汇风险,学会规避和防范风险,从而提升企业外汇风险管理能力和企业竞争力。

[思政意义]

我国企业的进出口总额不断增长,外币结算业务日益增多,导致各企业在开展国际贸易的过程中所面临的外汇风险也随之不断上升。结合案例,深刻认识汇率风险管理的重要性,掌握相关的风险防控手段,对于逐步提升中国企业在国际贸易中的影响力至关重要。

(二)案例描述与分析

[案例描述]

福耀玻璃工业集团股份有限公司(以下简称"福耀玻璃"),作为我国汽车安全玻璃领域的龙头企业,于 1993 年在上海证券交易所主板上市(A 股代码:600660),并于 2015 年在中国香港交易所上市(H 股代码:3606),是我国制造业企业中具有代表性的大型跨国集团。经过 30 多年的发展,福耀玻璃已在中国 16 个省市以及美国、德国、日本、韩国、俄罗斯等 11 个国家和地区设立了现代化生产基地和商务机构,同时在中美德三国建立了 6 个研发中心,拥有全球雇员 2.7 万余人。其玻璃产品得到包括大众、

---

① 郭飞,李柯漫,张桂玲."敞口之谜":对冲如何降低汇率风险?——基于福耀玻璃的案例研究[J].清华金融评论,2021(4):62—66.

奥迪、宝马、奔驰、宾利等全球一线汽车制造公司及厂商的认可和选用,并被汽车制造行业评为"全球优秀供应商"。

[案例分析]

1. 福耀玻璃的外汇风险

通过对福耀玻璃2010—2019年营业收入及内外销情况分析整理(见表7—4),可以看出,福耀玻璃的海外收入占总收入的比例逐年上升,在2019年达到49.06%。这些外销收入会形成巨大的外币货币资金和应收账款等外币资产,从而使福耀玻璃面临外汇交易风险。

表7—4　　　　　　　福耀玻璃营业收入的区域结构　　　　　　单位:百万元

年度	营业收入	外销收入	占比	内销收入	占比
2010	8 365.5	2 360.83	28.22%	6 004.67	71.78%
2011	9 552.72	3 047.02	31.90%	6 505.7	68.10%
2012	10 070.54	3 330.61	33.07%	6 739.93	66.93%
2013	11 276.12	3 666.81	32.52%	7 609.31	67.48%
2014	12 655.97	4 305.53	34.02%	8 350.44	65.98%
2015	13 272.70	4 476.74	33.73%	8 795.96	66.27%
2016	16 290.57	5 615.81	34.47%	10 674.76	65.53%
2017	18 190.91	6 618.56	36.38%	11 572.35	63.62%
2018	19 883.84	8 312.11	41.80%	11 571.73	58.20%
2019	20 765.09	10 188.08	49.06%	10 577.01	50.94%

数据来源:基于各年的年度报告整理得出。

2019年,福耀玻璃的海外销售收入已占一半左右,尤其在俄罗斯、墨西哥等新兴市场中拥有显著的份额。然而,这些新兴市场的经济发展不稳定,汇率波动幅度大且难以预测,导致外汇交易风险较大。

外汇交易风险在公司的汇兑损益科目中反映,而外汇折算风险可从其他综合收益科目下的外币报表折算差额看出,整理如表7—5所示。从表7—5可以看出,当人民币升值时,公司会遭受一定程度的汇兑损失,例如2012年至2014年;而当人民币贬值时,公司会获得大量的汇兑收益,如2015年和2016年。福耀玻璃在2017年年报中披露,与2016年4.6亿元的汇兑收益相比,2017年由于人民币升值,造成汇兑损失3.88亿元,扣除汇兑损益后的利润总额同比增长率为17.52%,而实际上福耀玻璃2017年的利润总额比同期减少6.12%。由此可见,汇率波动对跨国企业利润的影响巨大。

表 7—5　　　　　　　　福耀玻璃汇兑损益和外币报表折算差额　　　　　　　单位：百万元

年份	汇兑收益（损失为负值）	外币报表折算差额（发生额）
2010	29.17	29.32
2011	39.46	47.93
2012	−17.17	−53.90
2013	−42.15	−45.13
2014	−48.66	−262.59
2015	466.73	−17.55
2016	458.72	362.41
2017	−387.51	−295.45
2018	258.52	162.93
2019	135.76	162.49

数据来源：基于各年的年度报告整理得出。

2. 福耀玻璃的外汇风险对冲实践

福耀玻璃使用远期外汇合同、货币掉期和外汇期权来管理公司的外汇风险，以减少汇率波动对利润的不利影响。

表 7—6 显示了福耀玻璃在 2010 年至 2019 年使用的外汇衍生品名义金额及其已结算损益，其中，2013 年之前的是公允价值变动损益。从表 7—6 可以看出，2015 年至 2019 年，福耀玻璃签订远期外汇合同未能持续减少汇率波动给企业利润造成的不利影响，其损益情况随着人民币汇率的波动而变动。目前，货币掉期合同主要是人民币和美元的交换。2017 年，人民币汇率经历了双向大幅波动，以及在 2019 年人民币升值的影响下，签订货币掉期合同给福耀玻璃造成了亏损。

表 7—6　　　　　　　　外汇衍生品当期变动金额及已结算损益　　　　　　　单位：百万元

年度	2019	2018	2017	2016	2015	2014	2013	2012	2011	2010
远期外汇合约	−0.15	0.57	−2.28	−2.78	−2.81	8.46	−6.82	1.05	−0.71	—
已结算损益	−11.72	0.57	−2.28	−2.78	−2.81	8.46	−6.82	1.05	−0.71	—
货币掉期合同	−44.22	62.99	−18.76	—	—	—	—	—	—	—
已结算损益	−5.37	62.99	−18.76	—	—	—	—	—	—	—
卖出外汇看涨期权	−3.80	0.53	−0.53	0.10	−0.10	—	—	—	—	—
已结算损益	−2.31	—	—	0.10	—	—	—	—	—	—
对投资收益的总影响	−19.40	63.56	−21.04	−2.68	−2.81	8.46	−6.82	1.05	−0.71	—

数据来源：基于各年的年度报告整理得出。

自 2015 年以来，随着对人民币升值预期的降低，福耀玻璃明显加大了对美元资产的配置力度,以获得更多的汇兑收益。货币多元化可以降低公司的外汇交易风险。然而,由于美元在全球贸易和投资中的主导地位,货币多元化的效果可能有限。表7—7呈现了福耀玻璃三年年报中披露的货币资金的币种结构以及外币余额。从表中可以看出,由于美元在外币资金中占据的压倒性地位(美元在应收账款等外币资产和应付账款等外币负债的比重也很高),因此,尽管实施了货币多元化政策,但其降低交易风险的效果可能有限。

表7—7　　　　福耀玻璃2013年、2016年和2019年货币资金期末外币余额　　　单位:百万元

币种	2019年	2016年	2013年
美元	6 445.22	6 254.99	150.30
欧元	260.54	90.00	38.20
港元	0.29	0.47	0.20
日元	38.83	26.13	33.11
韩元	1.25	2.32	2.92
卢布	20.39	1.16	1.37

数据来源:基于2013年、2016年和2019年的年度报告整理得出。

3. 福耀玻璃外汇风险管理效果的整体评价

福耀玻璃的外汇风险管理是否达到了降低外汇风险的效果?除外币资产和外币负债形成的汇兑损益外,外汇衍生品的损益包含两部分:公允价值变动损益(和外汇衍生品相关部分)和已结算合约损益(表现为投资收益的一部分)。仅考察汇兑损益金额或者外汇衍生品的公允价值变动损益是不恰当的,必须综合考虑相关科目的对应和勾稽关系。

从表7—8可以看出,福耀玻璃外汇交易风险的管理效果整体很好。除了2012年、2014年和2017年外,福耀玻璃的交易风险对冲净收益(即公允价值变动收益+投资收益+汇兑收益)都为正数。值得一提的是,2015年和2016年,福耀玻璃都实现了超过4亿元的对冲净收益。2017年,福耀玻璃的对冲净收益表现不佳,其原因可能在于人民币对美元大幅升值,而公司的美元资产配置过多。

表7—8　　　　汇兑收益和外汇衍生工具使用收益(损失为负数)　　　单位:百万元

年份	汇兑收益	外汇衍生品投资收益	外汇衍生品公允价值变动收益	对冲净收益
2010	29.17	—	—	29.17
2011	39.46	—	−0.71	38.75
2012	−17.17	—	1.05	−16.12

续表

年份	汇兑收益	外汇衍生品投资收益	外汇衍生品公允价值变动收益	对冲净收益
2013	−42.15	—	−6.82	48.97
2014	−48.66	8.46	6.41	−33.79
2015	466.73	−2.81	0.88	464.80
2016	458.72	−2.68	0.83	456.87
2017	−387.51	−21.04	−19.12	−427.67
2018	258.52	63.56	63.89	385.97
2019	135.76	−19.40	−44.38	71.98

数据来源：基于各年的年度报告整理得出。

外汇风险对冲的目的并非获得净收益，而是为了降低或者消除汇率敞口带来的风险。从这个角度来看，福耀玻璃的整体对冲效果非常好。福耀玻璃使用了大量的美元外币债务（如表 7—9 所示）。当人民币升值时，美元债务可以带来汇兑收益（降低美元资产的汇兑损失）。而当人民币贬值时，美元债务会产生汇兑损失（同时公司负债率上升）。美元债务和美元资产的搭配会降低美元净资产头寸，从而产生自然的对冲效应。因此，只要美元资金利率不高于人民币资金利率，且公司需要负债经营，使用美元债务基本就是合理的。但一定要关注美元汇率和利率的变化，防止美元综合资金成本（考虑汇率和利率的影响）超过人民币的资金成本。也就是说，在使用美元债务来对冲美元资产的交易风险时，必须综合考虑利息支出和汇兑收益（汇兑损失的减少额）的净额。

表 7—9　　　　　　　　　福耀玻璃美元资金和美元负债的匹配　　　　　　单位：百万元

年度	货币资金	短期借款	美元净资金额
2010	36.47	292.99	−256.52
2011	60.76	447.25	−386.49
2012	107.53	69.70	37.83
2013	32.21	11.42	20.79
2014	197.11	69.91	127.20
2015	5 584.73	44.17	5 540.56
2016	6 206.68	62.43	5 820.14
2017	4 851.03	386.54	4 464.49
2018	4 742.26	313.49	4 428.77
2019	4 601.66	—	4 601.66

数据来源：基于各年的年度报告整理得出。

（三）案例讨论与升华

[案例讨论]

通过以上对福耀玻璃的分析,该公司面临的外汇风险有哪些?

[案例升华]

福耀玻璃面临的外汇风险包括交易风险、经济风险和折算风险。经济全球化的时代,政府鼓励本土企业走出国门。对企业而言,对外贸易既是机遇又充满挑战,它既能给企业带来巨大收益,也可能由于汇率风险让企业遭受巨大损失。企业应加强管理者对外汇风险的认识,提高企业相关管理人员的知识水平,不断完善和优化现有的风险管理政策与方法,关注市场动态。同时,政府要不断完善外汇政策,以减轻企业的外汇政策负担。

二、本章延伸阅读

延伸阅读1　外汇风险对冲影响企业绩效吗?[①]

（一）研究背景

随着人民币汇率机制改革的推进,特别是在2015年的"8·11"汇改之后,人民币汇率弹性明显增强,汇率双向波动逐渐加剧,对我国许多企业产生了显著的汇率波动风险影响。汇率波动不仅可能使企业产生汇兑损失,造成直接的经济损失,还使企业面临较大的不确定性,不利于企业正常的经营管理。自2005年我国首次引入外汇衍生品以来,外汇衍生品市场发展迅速,越来越多的企业开始利用外汇衍生工具进行套期保值,以对冲外汇风险。然而,与许多其他国家相比,我国外汇衍生品市场起步偏晚,因此,我国开展外汇风险对冲的企业所占比例相对较小。2017年,我国A股上市企业中具有海外收入的企业占比约为60%,而在2001年至2017年间,进行外汇风险对冲的企业数量仅占2017年年底上市企业总数的15.2%。由此可见,我国大多数具有海外收入的企业尚未有效管控外汇风险。汇率波动除了对外币计价的现金流产生影响之外,当企业对外直接投资、借入外币债务或向海外订购原材料时,均有可能形成外汇风险敞口,加大企业承担的风险。

当前,国际贸易摩擦升级,新兴市场不稳定性加剧,但我国企业进出口贸易及海外投资等业务依然保持着强劲的发展势头。据此,可预计我国外汇衍生品市场规模将会继续增长,帮助越来越多的企业应对汇率波动风险。那么,我国企业外汇风险对冲行为是否会影响企业绩效? 这种影响在哪类企业中更加明显? 外汇风险对冲

---

① 杨胜刚,李海彤,成程.外汇风险对冲影响企业绩效吗?[J].经济管理,2021(4):139—154.

影响企业绩效的作用机制是什么？为解答上述重要问题，作者通过搜集 2011—2017 年 A 股上市企业在年度报告和公告中披露的外汇风险对冲相关信息，整理得到企业各年度的外汇风险对冲数据，并进行实证分析，以探究外汇风险对冲与企业绩效之间的关系。

（二）研究结论与建议

研究发现，外汇风险对冲能够显著提升企业整体的绩效水平，且该影响在海外业务收入占比高和具有外币债务的企业中更为明显。在作用机制上，企业进行外汇风险对冲，显著提升了企业的营运效率和商业信用融资能力，进而促进了企业绩效的提升。外汇风险对冲对企业绩效的提升作用在金融业市场化水平较高的环境中会更加显著，并且在企业开展远期结售汇业务的情况下更为明显；对冲措施减少了企业绩效波动，有效降低了企业承担的整体风险。为此，提出以下建议：

1. 完善外汇衍生品交易机制

我国外汇衍生品市场为企业对冲外汇风险提供了便利，在服务实体经济发展和防范化解风险方面发挥了重要作用。尽管本研究发现企业外汇风险对冲对促进企业绩效提升的作用，但我国进行外汇风险对冲的企业比例仍然较低。因此，应当继续推动我国外汇衍生品市场建设，进一步完善外汇衍生品交易机制，提高企业参与外汇市场套期保值的效率，逐步增强外汇衍生品市场服务我国实体经济的能力。

2. 增强企业外汇风险管理意识

尽管我国许多企业开展国际贸易和海外投资等活动，但与其他国家相比，我国企业参与外汇风险管理的积极性较弱，仍有大量企业尚未管控既有的外汇风险。考虑到外汇风险对冲有利于提高企业营运效率和商业信用水平，具有风险敞口的企业应当重视外汇风险管理，及时采取有效的风险对冲措施，提高风险管理能力，以提升企业经营效率，改善外部融资环境。

3. 监管遵循"实需"原则

监管部门在对外汇风险对冲活动进行监管时，应遵循"实需"原则，充分考虑企业的套期保值实际需求。对于受汇率波动影响较大的进出口企业，可以在外汇衍生品交易规范化的前提下，适当放宽不必要的限制措施，使企业能够利用外汇衍生工具对冲外汇风险，提高企业风险防范能力和绩效水平。此外，对外汇衍生品的审批也需要考虑市场需求，支持金融机构推出兼具市场需求和风险可控性的外汇衍生工具品种，推动金融机构通过产品创新等途径满足实体企业的风险管理需求。

延伸阅读 2　全面抗战时期厉德寅外汇管理思想研究[①]

1937年8月13日,淞沪会战在中国经济最发达的上海开启,日本随即展开对中国金融的多维度攻击。在危局之中,中国法币(1935年11月4日至1948年8月19日流通的货币)的国际汇率关系到战时中国财政金融的维持,对中国的抗战事业意义重大,成为这一时期中国政府与社会各界最为关切的财经问题之一。本文以经济学家厉德寅为案例,阐述他在全面抗战时期的研究工作和外汇管理思想,从外汇管理的角度为理解国民政府战时外汇政策得失提供新的参照。

一、研判外汇管理政策的失利——预警外汇官价的崩溃

从19世纪下半叶起,上海国际汇兑业务逐渐发达,外汇市场形成了统一行市,成为东亚地区重要的国际化金融中心。1935年,国民政府实行币制改革,为稳定法币对外汇价,明确规定应由中央银行、中国银行、交通银行无限制买卖外汇。此后,中国的法币汇率总体保持平稳。然而,全面抗战爆发后,一些中外进出口商人和持有法币的投机者纷纷购买外汇,企图规避风险或追逐投机。1937年下半年,中日战事不断扩大,沿海交通被阻断,中国经济遭到重大打击。随后,日伪华北联合准备银行成立,并发行了大量伪政权钞券,套取法币,调换外汇。1938年3月14日,中国被迫采取外汇审核办法,统制汇兑,进入以限制存款提现、阻止资金外逃的半放任政策时期。

国民政府实行外汇统制以后,官方挂牌价格和外汇市场实际交易价格最初并无差别,一度挫败了敌伪套取外汇的企图。为了抵御日元集团对英国在华既有经济利益的攘夺,上海的英商银行开始暗中支持法币的汇率。其具体做法是:根据此前汇率自由变动的趋势,拟定一个略高于八便士的合理标准汇率;当市场汇率高于标准汇价时,无限制买进外汇;当市场汇率低于标准汇价时,无限制卖出外汇。此举暂时平息了外汇投机热潮,减轻了资金外逃的现象,并坚定了华北、华中地区对法币的信心。

此时,尚在中央政治学校任教的厉德寅意识到,外汇价格的暂时稳定可能会误导财政部相信维持市场实际汇价的可行性,从而选择维持市场实际汇率(即"黑市价格")的外汇管理政策。他发表文章指出,外汇管理的主要目的通常是在不丧失黄金和外汇准备的条件下,维持比自由市场汇价更高的汇率;但战时中国的外汇市场不能依靠自身力量维持外汇供需平衡,政府应当采取更严格的外汇统制,以防止日伪通过吸收法币、套取外汇来发动金融战。

[①] 徐昂.全面抗战时期厉德寅外汇管理思想研究[J].上海经济研究,2023(9):117-128.

1938年5月以后,市场汇率开始下跌,与官方汇价的差价逐渐显著。6月14日,市场汇率跌至当月汇价最低点8.125便士,跌破官价的60%。为稳定市场情绪,中央银行、中国银行、交通银行共同抛售外汇。对此,国民政府一方面通过"请准审核"制度基本禁止了普通平民的购汇途径,并坚持原定法币官价(即合英币1先令1.25便士);另一方面,中国银行、交通银行与英商汇丰、麦加利银行签订协议,中、英各出资500万英镑,于1939年3月成立中英平准基金,以期支持8.25便士的市场实际汇价。中英平准基金成立后,依照8.35便士的平准汇率,无限制地承兑外汇,试图以此稳定汇价。然而,国民政府在名义上固定原有的法定汇价,在实际操作中承认市场汇率,并全力维持后者。

正如厉德寅担心的那样,市场汇率虽然最初保持稳定,但其代价是中英平准基金消耗巨大且迅速。两个月内,该基金耗用了大部分外汇准备。平准基金不得不于5月中增资1 500万英镑(按市价折合法币72 700万元)。然而,敌伪套取外汇、贸易入超和资本外逃组合成无底的外汇漏洞。6月7日,平准基金停止按8.25便士汇率提供外汇供给,汇价由此大幅下跌。两日后,平准基金会下调汇率至6.5便士,但仅坚持了40天即告失败。7月18日,外汇平准基金委员会停止出售外汇,法币信用发生动摇。对此,厉德寅评论道:"财政当局只顾港沪少数商贾的利益,或别有苦衷,而忽略了民族利益。"国民政府企图以外汇审核办法稳定市场汇价,但耗损了两千余万镑的外汇储备,仍无法控制汇价跌落,并引发了民众的悲观情绪。

1939年7月1日以后,国民政府开始实行主动贬值政策,以期恢复法币信用,试图挽救不断下跌的黑市汇率。然而,厉德寅对此并不赞同。此时国民政府已迁都重庆并失去了对所有沿海城市的控制权,尚存的上海租界法币市场成为政府难以有效管控的自由市场。因此,他认为有必要切断官方汇市(以重庆政府官价为核心)与黑市(以上海租界市价为核心)的联系。

二、重订外汇管理方案

(一)总结中英平准基金教训

中英平准基金运作的失利,源于中英双方对黑市汇价的处置出现误判。厉德寅指出,官方汇价的"钉住"政策、国内物价上涨以及自由的私营进口贸易,是形成外汇黑市的重要因素。通过对战时国民政府货币发行数额的跟踪研究与统计分析,他发现通货膨胀导致战时国内物价不断上涨,但涨幅小于第一次世界大战时期的西欧物价水平。在此情况下,法币官价未能跟随购买力平价而变动,进口商将从物价上涨中获得巨大利益。进口受到刺激,国内外汇需求将随之增加,超出政府准许额度的部分便形成"黑市"需求。

1938年12月1日,厉德寅在中国经济学社年会上表示:"假使外汇黑市无法解决,法定汇率以及法币信用是不能维持的";以无限制买卖的方式维持黑市汇率,不仅难以实现,而且害多利少。换言之,要巩固法币的信用,必须推行隔离黑市政策,切断抗战大后方与黑市的经济联系,消除黑市汇率变动对法币信用的影响,同时在后方查禁黑市,统制外汇与贸易。遗憾的是,国民政府当局并没有很快采纳这一意见。厉德寅指出,与当时苏联、德国等国的外汇黑市不同,战时中国黑市汇价的变动大致与购买力平价相符,反映了实际的货币价值;外国黑市因政府严密查禁,只能进行秘密交易,而中国黑市是民众唯一可获得外汇的汇市,"无异于公开自由汇市,政府不加查禁,亦无法禁止"。平准基金向黑市供给外汇,事实上等同于承认黑市;公开交易的"黑市",反过来直接威胁到法币价值的稳定——只要日本打击黑市汇率,法币信用就会自然动摇。

1939年7月18日以后,法定汇价作用丧失,市场汇率崩溃。7月20、21日的汇价分别为5便士、4.25便士,8月12日的汇价跌至3.25便士。国民政府支持黑市汇价的政策伴随中英平准基金的暂停兑付而宣告失败。

通过调查黑市外汇供给的三种来源(走私出口的货款、逃资和华侨汇款),厉德寅特别指出外汇黑市的存在对中、日两国战力产生的深远影响:黑市直接增强了日本的战争能力。中国的平准基金一旦向黑市投入外汇,日本得以大规模地直接利用黑市外汇,从而改从上海大量进口物资。当时,占进口货总值约四分之一的棉花多数是由驻沪日本纱厂购进。此外,日军在华机械化部队和空军使用的平滑油及燃料也从上海购入,并利用平准基金结汇。黑市外汇转化而成的贸易外汇也会进一步流入日本。

通过反思中英平准基金的运作,厉德寅总结了国民政府在全面抗战初期的政策教训。他认为,中英平准基金的运作,实际上使黑市汇价变成半官方的汇价,等于承认其实际汇价的地位,反而使中国政府所定官价失去效力。

(二)设计"隔离黑市政策"

在外汇黑市无法禁绝且市场汇价无法维持稳定的情况下,黑市汇价的"跌风摇动"将直接削弱法币的信用。厉德寅认为,为预防黑市汇价进一步剧烈波动,必须切断黑市与未沦陷地区的联系,因此,提出了"隔离黑市政策"。退而言之,一旦黑市汇价无法拖累官价,则重订的官方汇价才可能得到支撑,黑市汇价也可能在一定价格上不受攻击。厉德寅拟具了一系列具体措施:

第一,依据经济现状,重新厘定法币汇价,并照新定法价切实管理维持之;第二,管理外汇以非陷敌区域为限，陷敌区域之外汇市场任其管理维持之；第三，对于陷敌区域之汇款和贸易，严加限制或课重税或禁止；第四，中交总行（中国银行与交通银行）之未迁渝者，由政府命令其立即迁入，使金融重心归宿于政府所在地，不得停留于港沪；第五，设法增加并集中政府权力所及地域（陷敌区域除外）之外汇供给，同时征发逃资及在外国之资产；第六，审核外汇需要之性质，分别限制或禁止外汇之购买；第七，在生产消费方面，对于有外国市场之货物（如桐油、红茶等）奖励生产并节约甚或禁止在国内消费，以增加出口货物，以换得外汇；第八，关于财政者，增开新税并提高旧税之税率，以增加税收，而减少入不敷出之赤字财政差额，来缓和钞票发行额之增速；第九，在金融方面，依照民国二十六年九月颁布的办法，限制银行存户之提款，以降低流通量；第十，由国库津贴华侨汇款千分之五，以资鼓励，使华侨汇款，得集中于政府之手。

其中，第一、六条是为了确立新的外汇官价，开展外汇管理；第二、三、四条是从空间上切断黑市与中国政府控制下的外汇市场的物理联系；第五、七、十条是通过回笼逃逸外汇、增加出口、集中侨汇等方式，增强政府储备外汇和维持汇价的能力；第八、九条是抑制通胀速度，维持购买力平价，缓和汇市压力。

新的外汇官价仍需要大量外汇资源的支持。1939年7月以后，国民政府每周核准的外汇数额多在五万英镑以下，不足请购数额的5%，导致民间的外汇需要基本依靠黑市的供给。到了1940年春季，国民政府中央银行的海外资产仅能维持在保障周转的最低限额（约2 500万美元）左右。厉德寅从两个方面建议扩充外汇供给，以满足"正当需要"。一方面，通过举借外债或从黑市秘密收购外汇，并筹备充足的外汇基金；只有外汇补充到一定数量，新的官方汇价才可能确立并维持。另一方面，通过促进国际收支平衡，改善外汇短缺的情况，具体方法有：（1）激励国内生产事业，增加生产量，以供应消费和出口；（2）开辟西南交通路线，特别是要整理内河运输及修筑湘黔与川滇缅铁道，以便利输出；（3）征收逃逸资金，充实外汇基金；（4）开辟川湘金矿，以补充外汇基金；（5）限制法币发行额，以维持法币的购买力。

此后，厉德寅又从"研究外汇统制的新方案"及"转向以物质为中心的观点"积极向中美英平准基金会献策。全面抗日战争时期，厉德寅积极投身于外汇政策的研究，发挥了经济学家的重要作用，对抗战各个阶段的外汇政策提供了深刻而翔实的分析。厉德寅的"隔离黑市"和重订外汇管理的方案，具有历史的合理性，证实了购买力平价理论的科学性，准确把握了汇价波动造成的市场与政策预期，对于战时中国政府具有重要的资政价值。

复习思考题与练习题

一、复习思考题

1. 外汇风险的类型有哪些?
2. 什么是利率期货、利率期权、利率互换?
3. 什么是远期利率协议?
4. 外汇风险管理的工具包括哪些?

二、练习题

1. 中国 A 公司将于 4 个月之后组织员工赴美国旅游,8 月 1 日须备妥旅游费用 50 万美元。为避免美元升值,导致购汇成本上升,公司决定购买 9 月份到期的美元期货合约,买价为 \$1=¥7.28,当日即期汇率为 \$1=¥7.25。若 8 月 1 日,9 月份到期的美元期货合约价格为 \$1=¥7.39,8 月 1 日即期汇率为 \$1=¥7.35。

要求:计算 A 公司购买 50 万美元的实际购汇成本是多少?

2. 中国某公司在 3 月 1 日向美国出口一批产品,应收款项 50 万美元,约定 6 月份付款。该公司当日通过柜台交易市场购买了 50 万美元 6 月份到期、履约价格 \$1=¥7.2 的看跌期权,期权费 30 000 元。假设 3 月 1 日即期汇率为 \$1=¥7.3,3 个月后即期汇率为 \$1=¥7.05。

要求:简述该公司 6 月份是否行权,如行权,净收益是多少?

附 录

附表 1 复利终值系数表

期数	1%	2%	3%	4%	5%	6%	7%	8%	9%	10%	11%	12%	13%	14%	15%	16%
1	1.010 0	1.020 0	1.030 0	1.040 0	1.050 0	1.060 0	1.070 0	1.080 0	1.090 0	1.100 0	1.110 0	1.120 0	1.130 0	1.140 0	1.150 0	1.160 0
2	1.020 1	1.040 4	1.060 9	1.081 6	1.102 5	1.123 6	1.144 9	1.166 4	1.188 1	1.210 0	1.232 1	1.254 4	1.276 9	1.299 6	1.322 5	1.345 6
3	1.030 3	1.061 2	1.092 7	1.124 9	1.157 6	1.191 0	1.225 0	1.259 7	1.295 0	1.331 0	1.367 6	1.404 9	1.442 9	1.481 5	1.520 9	1.560 9
4	1.040 6	1.082 4	1.125 5	1.169 9	1.215 5	1.262 5	1.310 8	1.360 5	1.411 6	1.464 1	1.518 1	1.573 5	1.630 5	1.689 0	1.749 0	1.810 6
5	1.051 0	1.104 1	1.159 3	1.216 7	1.276 3	1.338 2	1.402 6	1.469 3	1.538 6	1.610 5	1.685 1	1.762 3	1.842 4	1.925 4	2.011 4	2.100 3
6	1.061 5	1.126 2	1.194 1	1.265 3	1.340 1	1.418 5	1.500 7	1.586 9	1.677 1	1.771 6	1.870 4	1.973 8	2.082 0	2.195 0	2.313 1	2.436 4
7	1.072 1	1.148 7	1.229 9	1.315 9	1.407 1	1.503 6	1.605 8	1.713 8	1.828 0	1.948 7	2.076 2	2.210 7	2.352 6	2.502 3	2.660 0	2.826 2
8	1.082 9	1.171 7	1.266 8	1.368 6	1.477 5	1.593 8	1.718 2	1.850 9	1.992 6	2.143 5	2.304 5	2.476 0	2.658 4	2.852 6	3.059 0	3.278 4
9	1.093 7	1.195 1	1.304 8	1.423 3	1.551 3	1.689 5	1.838 5	1.999 0	2.171 9	2.357 9	2.558 0	2.773 1	3.004 0	3.251 9	3.517 9	3.803 0
10	1.104 6	1.219 0	1.343 9	1.480 2	1.628 9	1.790 8	1.967 2	2.158 9	2.367 4	2.593 7	2.839 4	3.105 8	3.394 6	3.707 2	4.045 6	4.411 4
11	1.115 7	1.243 4	1.384 2	1.539 5	1.710 3	1.898 3	2.104 9	2.331 6	2.580 4	2.853 1	3.151 8	3.478 5	3.835 9	4.226 2	4.652 4	5.117 3
12	1.126 8	1.268 2	1.425 8	1.601 0	1.795 9	2.012 2	2.252 2	2.518 2	2.812 7	3.138 4	3.498 5	3.896 0	4.334 5	4.817 9	5.350 3	5.936 0
13	1.138 1	1.293 6	1.468 5	1.665 1	1.885 6	2.132 9	2.409 8	2.719 6	3.065 8	3.452 3	3.883 3	4.363 5	4.898 0	5.492 4	6.152 8	6.885 8
14	1.149 5	1.319 5	1.512 6	1.731 7	1.979 9	2.260 9	2.578 5	2.937 2	3.341 7	3.797 5	4.310 4	4.887 1	5.534 8	6.261 3	7.075 7	7.987 5
15	1.161 0	1.345 9	1.558 0	1.800 9	2.078 9	2.396 6	2.759 0	3.172 2	3.642 5	4.177 2	4.784 6	5.473 6	6.254 3	7.137 9	8.137 1	9.265 5

附表 2 复利现值系数表

期数	1%	2%	3%	4%	5%	6%	7%	8%	9%	10%	11%	12%	13%	14%	15%	16%
1	0.990 1	0.980 4	0.970 9	0.961 5	0.952 4	0.943 4	0.934 6	0.925 9	0.917 4	0.909 1	0.900 9	0.892 9	0.885 0	0.877 2	0.869 6	0.862 1
2	0.980 3	0.961 2	0.942 6	0.924 6	0.907 0	0.890 0	0.873 4	0.857 3	0.841 7	0.826 4	0.811 6	0.797 2	0.783 1	0.769 5	0.756 1	0.743 2
3	0.970 6	0.942 3	0.915 1	0.889 0	0.863 8	0.839 6	0.816 3	0.793 8	0.772 2	0.751 3	0.731 2	0.711 8	0.693 1	0.675 0	0.657 5	0.640 7
4	0.961 0	0.923 8	0.888 5	0.854 8	0.822 7	0.792 1	0.762 9	0.735 0	0.708 4	0.683 0	0.658 7	0.635 5	0.613 3	0.592 1	0.571 8	0.552 3
5	0.951 5	0.905 7	0.862 6	0.821 9	0.783 5	0.747 3	0.713 0	0.680 6	0.649 9	0.620 9	0.593 5	0.567 4	0.542 8	0.519 4	0.497 2	0.476 1
6	0.942 0	0.888 0	0.837 5	0.790 3	0.746 2	0.705 0	0.666 3	0.630 2	0.596 3	0.564 5	0.534 6	0.506 6	0.480 3	0.455 6	0.432 3	0.410 4
7	0.932 7	0.870 6	0.813 1	0.759 9	0.710 7	0.665 1	0.622 7	0.583 5	0.547 0	0.513 2	0.481 7	0.452 3	0.425 1	0.399 6	0.375 9	0.353 8
8	0.923 5	0.853 5	0.789 4	0.730 7	0.676 8	0.627 4	0.582 0	0.540 3	0.501 9	0.466 5	0.433 9	0.403 9	0.376 2	0.350 6	0.326 9	0.305 0
9	0.914 3	0.836 8	0.766 4	0.702 6	0.644 6	0.591 9	0.543 9	0.500 2	0.460 4	0.424 1	0.390 9	0.360 6	0.332 9	0.307 5	0.284 3	0.263 0
10	0.905 3	0.820 3	0.744 1	0.675 6	0.613 9	0.558 4	0.508 3	0.463 2	0.422 4	0.385 5	0.352 2	0.322 0	0.294 6	0.269 7	0.247 2	0.226 7
11	0.896 3	0.804 3	0.722 4	0.649 6	0.584 7	0.526 8	0.475 1	0.428 9	0.387 5	0.350 5	0.317 3	0.287 5	0.260 7	0.236 6	0.214 9	0.195 4
12	0.887 4	0.788 5	0.701 4	0.624 6	0.556 8	0.497 0	0.444 0	0.397 1	0.355 5	0.318 6	0.285 8	0.256 7	0.230 7	0.207 6	0.186 9	0.168 5
13	0.878 7	0.773 0	0.681 0	0.600 6	0.530 3	0.468 8	0.415 0	0.367 7	0.326 2	0.289 7	0.257 5	0.229 2	0.204 2	0.182 1	0.162 5	0.145 2
14	0.870 0	0.757 9	0.661 1	0.577 5	0.505 1	0.442 3	0.387 8	0.340 5	0.299 2	0.263 3	0.232 0	0.204 6	0.180 7	0.159 7	0.141 3	0.125 2
15	0.861 3	0.743 0	0.641 9	0.555 3	0.481 0	0.417 3	0.362 4	0.315 2	0.274 5	0.239 4	0.209 0	0.182 7	0.159 9	0.140 1	0.122 9	0.107 9

附表 3

普通年金终值系数表

期数	1%	2%	3%	4%	5%	6%	7%	8%	9%	10%	11%	12%	13%	14%	15%	16%
1	1.0000	1.0000	1.0000	1.0000	1.0000	1.0000	1.0000	1.0000	1.0000	1.0000	1.0000	1.0000	1.0000	1.0000	1.0000	1.0000
2	2.0100	2.0200	2.0300	2.0400	2.0500	2.0600	2.0700	2.0800	2.0900	2.1000	2.1100	2.1200	2.1300	2.1400	2.1500	2.1600
3	3.0301	3.0604	3.0909	3.1216	3.1525	3.1836	3.2149	3.2464	3.2781	3.3100	3.3421	3.3744	3.4069	3.4396	3.4725	3.5056
4	4.0604	4.1216	4.1836	4.2465	4.3101	4.3746	4.4399	4.5061	4.5731	4.6410	4.7097	4.7793	4.8498	4.9211	4.9934	5.0665
5	5.1010	5.2040	5.3091	5.4163	5.5256	5.6371	5.7507	5.8666	5.9847	6.1051	6.2278	6.3528	6.4803	6.6101	6.7424	6.8771
6	6.1520	6.3081	6.4684	6.6330	6.8019	6.9753	7.1533	7.3359	7.5233	7.7156	7.9129	8.1152	8.3227	8.5355	8.7537	8.9775
7	7.2135	7.4343	7.6625	7.8983	8.1420	8.3938	8.6540	8.9228	9.2004	9.4872	9.7833	10.0897	10.4047	10.7305	11.0688	11.4139
8	8.2857	8.5830	8.8923	9.2142	9.5491	9.8975	10.2598	10.6366	11.0285	11.4359	11.8594	12.2997	12.7573	13.2328	13.7268	14.2401
9	9.3685	9.7546	10.1591	10.5828	11.0266	11.4913	11.9780	12.4876	13.0210	13.5795	14.1640	14.7757	15.4157	16.0853	16.7858	17.5185
10	10.4622	10.9497	11.4639	12.0061	12.5779	13.1808	13.8164	14.4866	15.1929	15.9374	16.7220	17.5487	18.4197	19.3373	20.3037	21.3215
11	11.5668	12.1687	12.8078	13.4864	14.2068	14.9716	15.7836	16.6455	17.5603	18.5312	19.5614	20.6546	21.8143	23.0445	24.3493	25.7329
12	12.6825	13.4121	14.1920	15.0258	15.9171	16.8699	17.8885	18.9771	20.1407	21.3843	22.7132	24.1331	25.6502	27.2707	29.0017	30.8502
13	13.8093	14.6803	15.6178	16.6268	17.7130	18.8821	20.1406	21.4953	22.9534	24.5227	26.2116	28.0297	29.9847	32.0887	34.3519	36.7862
14	14.9474	15.9739	17.0863	18.2919	19.5986	21.0151	22.5505	24.2149	26.0192	27.9750	30.0949	32.3926	34.8827	37.5811	40.5047	43.6720
15	16.0969	17.2934	18.5989	20.0236	21.5786	23.2760	25.1290	27.1521	29.3609	31.7725	34.4054	37.2797	40.4175	43.8424	47.5804	51.6595

附表 4

普通年金现值系数表

期数	1%	2%	3%	4%	5%	6%	7%	8%	9%	10%	11%	12%	13%	14%	15%	16%
1	0.9901	0.9804	0.9709	0.9615	0.9524	0.9434	0.9346	0.9259	0.9174	0.9091	0.9009	0.8929	0.8850	0.8772	0.8696	0.8621
2	1.9704	1.9416	1.9135	1.8861	1.8594	1.8334	1.8080	1.7833	1.7591	1.7355	1.7125	1.6901	1.6681	1.6467	1.6257	1.6052
3	2.9410	2.8839	2.8286	2.7751	2.7232	2.6730	2.6243	2.5771	2.5313	2.4869	2.4437	2.4018	2.3612	2.3216	2.2832	2.2459
4	3.9020	3.8077	3.7171	3.6299	3.5460	3.4651	3.3872	3.3121	3.2397	3.1699	3.1024	3.0373	2.9745	2.9137	2.8550	2.7982
5	4.8534	4.7135	4.5797	4.4518	4.3295	4.2124	4.1002	3.9927	3.8897	3.7908	3.6959	3.6048	3.5172	3.4331	3.3522	3.2743
6	5.7955	5.6014	5.4172	5.2421	5.0757	4.9173	4.7665	4.6229	4.4859	4.3553	4.2305	4.1114	3.9975	3.8887	3.7845	3.6847
7	6.7282	6.4720	6.2303	6.0021	5.7864	5.5824	5.3893	5.2064	5.0330	4.8684	4.7122	4.5638	4.4226	4.2883	4.1604	4.0386
8	7.6517	7.3255	7.0197	6.7327	6.4632	6.2098	5.9713	5.7466	5.5348	5.3349	5.1461	4.9676	4.7988	4.6389	4.4873	4.3436
9	8.5660	8.1622	7.7861	7.4353	7.1078	6.8017	6.5152	6.2469	5.9952	5.7590	5.5370	5.3282	5.1317	4.9464	4.7716	4.6065
10	9.4713	8.9826	8.5302	8.1109	7.7217	7.3601	7.0236	6.7101	6.4177	6.1446	5.8892	5.6502	5.4262	5.2161	5.0188	4.8332
11	10.3676	9.7868	9.2526	8.7605	8.3064	7.8869	7.4987	7.1390	6.8052	6.4951	6.2065	5.9377	5.6869	5.4527	5.2337	5.0286
12	11.2551	10.5753	9.9540	9.3851	8.8633	8.3838	7.9427	7.5361	7.1607	6.8137	6.4924	6.1944	5.9176	5.6603	5.4206	5.1971
13	12.1337	11.3484	10.6350	9.9856	9.3936	8.8527	8.3577	7.9038	7.4869	7.1034	6.7499	6.4235	6.1218	5.8424	5.5831	5.3423
14	13.0037	12.1062	11.2961	10.5631	9.8986	9.2950	8.7455	8.2442	7.7862	7.3667	6.9819	6.6282	6.3025	6.0021	5.7245	5.4675
15	13.8651	12.8493	11.9379	11.1184	10.3797	9.7122	9.1079	8.5595	8.0607	7.6061	7.1909	6.8109	6.4624	6.1422	5.8474	5.5755

参考文献

[1]BPP Learning Media. ACCA Financial Management（FM）Course Book[M]. London：BPP House，2024.

[2]中国注册会计师协会.财务成本管理[M].北京：中国财政经济出版社，2022.

[3]财政部会计财务评价中心.财务管理[M].北京：经济科学出版社，2024.

[4]陆正飞，辛宇，朱凯，许晓芳.财务管理学：中国视角[M].北京：中国人民大学出版社，2022.

[5]荆新，王化成，刘俊彦.财务管理学[M].7版.北京：中国人民大学出版社，2015.

[6]王化成，佟岩.财务管理[M].6版.北京：中国人民大学出版社，2020.

[7]王化成，刘俊彦，荆新.财务管理学[M].9版.北京：中国人民大学出版社，2021.

[8]孙茂竹，范歆.财务管理学[M].4版.北京：中国人民大学出版社，2015.

[9]肖万.公司财务管理[M].3版.北京：中国人民大学出版社，2018.

[10]闫华红.财务成本管理[M].北京：北京科学技术出版社，2023.

[11]斯尔教育.只做好题·财务成本管理[M].广州：广东经济出版社，2023.

[12]韩复龄.公司并购重组：理论·实务·案例[M].北京：首都经济贸易大学出版社，2013.

[13]马永斌.公司并购重组与整合[M].北京：清华大学出版社，2020.

[14]朱淑珍.金融风险管理[M].4版.北京：北京大学出版社，2020.

[15]奚君羊.国际金融学[M].3版.上海：上海财经大学出版社，2019.

[16]杨胜刚，姚小义.国际金融[M].4版.北京：高等教育出版社，2016.